제물포 각국 조계지 회의록 1

인천학자료총서 17

제물포 각국 조계지 회의록 1

박진빈 역

보고사

본서는 미국 국립문서기록관리청 소장, 『Foreign Settlements, Chemulpo Minutes Vol. I』을 국립중앙도서관이 2009년도 영인한 자료를 바탕으로 하였으며, 사용된 이미지는 국립중앙도서관 소장자료임.

차 례

각국 공동 조계지, 제물포 회의록 제1권
(Foreign Settlements, Chemulpo Minutes Vol. I)

각국 공동 조계지, 제물포 회의록 제1권

(Foreign Settlements, Chemulpo Minutes Vol. I)

들어가며

개항도시 제물포는 한국의 근대적 변화상을 보여주는 공간이자, 외세 침략의 전초기지에서 어떤 일들이 벌어졌는지 알려주는 중요한 장소이다. 이 연구가 다루고 있는 신동공사는 1883년 11월에 체결된 조영수호통상조약 4관에 처음 등장하는 개항장 내 조계지 운영의 주체이다. 신동공사의 존재는 조선이 독일, 러시아, 이탈리아, 프랑스 등과 체결한 조약에서도 확인되는 것으로, 조선은 신동공사에 개항장 내 조계지 운영을 맡긴다는 합의를 서양 강대국들과 보았던 것이다.

이 글은 바로 그 신동공사의 회의록 제 1권(Minutes of Meeting of the Municipal Council of the General Foreign Settlement, Chemulpo. I)의 필사본을 활자화하고 국문으로 번역하는 과정에서 파악한 회의록의 구성과 내용의 특이사항을 정리한 것이다. 기록자는 명시되어 있지 않으며 영어 필기체로 남겨져 있다.

〈그림 1〉 신동공사 회의록 원본의 예(자료 : 국립중앙도서관)

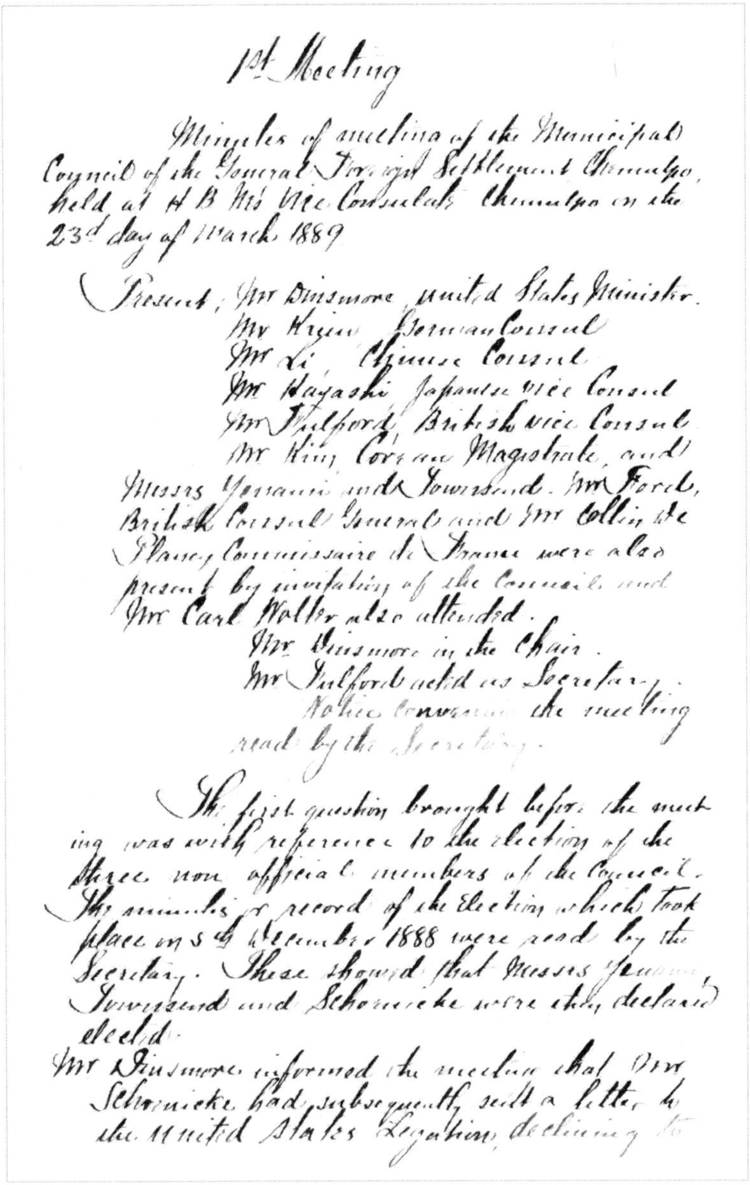

1. 신동공사 회의록의 구성

신동공사의 첫 번째 회의록은 1888년 12월 5일부터 1892년 5월 11일까지 총 33차례에 걸친 회의의 내용을 기록한 문서이다. 총 139쪽의 영어 필기체 필사본으로 존재하고 있다. 회의록이 없는 기간은 1888년 12월 5일-1889년 3월 23일, 1889년 12월 18일-1890년 2월 28일, 1890년 7월 25일-10월 4일, 1890년 12월 17일-1891년 4월 10일, 1891년 7월 27일-10월 6일, 1891년 12월 2일-1892년 2월 2일 등이며, 예외적으로 24번 문서는 1893년 7월 27일의 회의록이 삽입되어 있다.

이를 통해 분석하건대, 신동공사는 사안에 따라 한 달에 두 번 모이기도 하고, 두 달에 한 번 모이기도 하는 등, 부정기적 회의를 개최했으며, 회의는 주로 여름과 겨울의 계절을 피해 열렸던 것으로 보인다.

매 회차 기록의 순서는 우선 참석자 명단이 적혀있고, 지난 회의록을 낭독하고 확인하는 절차 후에, 의제 논의 및 의결을 진행하며, 다음 회의 일자를 정하고 의장과 서기의 서명을 기입하며 마무리된다.

2. 주요 내용

1) 자치회 구성 문제

신동공사가 구성되던 초반의 기록이기 때문에, 우선 자치회의 회원을 구성하는 문제가 상세하게 다루어졌다. 이에 따르면, 우선 '공식 회원(official members)'이라는 직함을 가진 국가별 대표가 있었다. 회의록에 등장하는 미국 대표는 처음에는 딘스모어(Dinsmore)로, 서울에 있는 외국인 대표단 소속이며, 회의 초반에 의장 역할을 도맡았다. 그 후 1891년 4월에 미국 대표는 어거스틴 허드(Augustine Heard)로 교체되었고, 1891년 10월에는 알렌(Allen) 박사가 총영사 대리로서 참석했다.

독일 영사인 크리엔(Krien)이 독일의 대표였는데, 회원 구성 문제로 영국이나 미국과 잦은 이견을 보였다. 독일 공식 회원은 1891년 7월 이후 레인스도프(Reinsdorf)로 교체되었다가, 1892년 2월에는 다시 크리엔이 참석했다. 영국의 경우 부영사인 풀포드(Fulford)가 신동공사에서 활약했고, 1890년 5월 스콧(Scott, 부영사 Campbell을 대신해 참석한다는)이 대신 참석했다가, 1891년 7월 이후로는 프레이저(Fraser)로 교체되었다.

프랑스 대표인 드 플랑시(De Plancy)는 외국인 대표들 가운데 가장 관심이 적어 보이고, 회의에도 가끔씩 참석했으며, 서울에 상주하는 것으로 보였다. 그는 1890년 12월 한국에서 떠났다. 일본 영사는 스즈키(Suzuki)가 잠시 참석했다가 초반부터 하야시(Hayashi)로 교체되었다. 중국 영사 리(Li)는 1889년 12월 헝(Hung)으로 교체되었는데, 제안하거나 발언하는 일이 거의 없는 사람이었다. 한국 대표 김(Kim)은 1889년 12월부터 영어를 못한다는 이유로 제물포 세관원인 존스톤(Johnston)이 한국 대표 자격으로 참석했으며, 이것을 명령한 것은 "서울에 있는 외국인 대표단"이라고 했다.

공식 회원 이외에는 비공식 회원이라는 선출직 주민 위원(elected members)이 있었다. 1888년 11월 서울의 외국인 대표단에서 만들었다는 선거 규칙에 따라 제물포 토지 소유자들 가운데 3인을 3년 임기의 "비공식 위원"으로 선출한다. 투표권은 모든 토지 소유자들에게 있었다. 첫 선거가 1888년 12월, 즉 이 회의록에 나오는 첫 회의에서 치러졌고, 참여한 투표의 수는 42표였으며, 예나미(Yenami), 타운센드(Townsend), 쇠니케(Sehonicke) 3인이 당선되었다.

그러나 쇠니케의 선거권 및 피선거권에 대한 설왕설래 끝에 차점자인 볼터(Wolter)를 선정했으나, 크리엔이 절차 문제를 들고 나와, 우리탕(오례당; Woo Li Tang)을 만장일치로 지명했다. 하지만 그는 서울에서 오기 어렵다는 이유로 4월에 사임했고, 그러자 회의 참석자들이 선거를 통해 라포트(Laporte)를 선출했다. 그런데 (무슨 이유인지) 1889년 12월에 다시 주민 선거를 했고 결국 볼터가 당선된다.

1889년 12월에는 신동공사 내에 운영위원회(Executive Committe)를 두기로 결정하고, 신동공사 회의의 결의안을 집행하기 위해 필요한 자금 사용을 담당할 2인의 위원과 재무관(treasurer)으로 구성했으며, 투표 결과 타운센드와 예나미가 위원에, 그리고 존스톤이 재무관으로 뽑혔다.

1890년 12월 선거에서는 예나미가 임기 종료로 비공식 위원 선거가 있었는데, 투표결과 1위인 예나미가 다시 선출되었다. 1890년 12월 17일에는 행정위원회 선거를 통해 타운센드, 예나미, 볼터를 선출하고 스콧을 재무관 및 서기에 임명했다. 1891년 12월에는 타운센드의 임기 종료와 예나미의 사임에 따른 공석 투표가 열렸고 니시와키(Nishiwaki)와 스트리플링(Stripling)이 당선되었다.

2) 법, 규정, 조례

신동공사 회의록에는 조계지 내의 여러 사안을 결정하기 위해 마련되어 1888년 11월 한국 정부와 서울의 외국인 대표단이 서명했다고 언급되는 "Rules and Bylaws signed by the Representatives in Seoul and the Corean Foreign Office"가 종종 등장한다. 이 규정에 의해 신동공사는 선거, 토지 분할, 소유권 지정 등을 결정하는 모습을 볼 수 있다.

신동공사의 권한 문제와 관련하여 1889년 12월, 신동공사 회의에서 의결을 통해 조계지 땅의 조사 및 구획화의 권한을 서울의 대표부로부터 신동공사로 이양해 줄 것을 요청했다. 1890년 조계지 개선사업(도로 건설, 경찰임금, 가로등과 가로수 등)을 위해 신동공사의 기금 3,860달러를 사용한다고 책정하기도 했으며, 1890년 10월 4일에는 세금을 내지 않는 지주들에게 '경고'를 주고 '법적 절차'를 취한다는 결정, 그리고 제방, 도로 등에 1,000달러 책정했다.

규정과 조례의 전문은 없으나, 사안에 따라 회의록에 언급된 법규들은 다음과 같다.

- Act 6 : "위원회는 적절한 직위의 한국 지방 관원과 등록된 토지 소유자들에 의해 선출될 3인의 토지 소유자들을 포함한다." (1888. 12. 5)
- Article 5 : "독일 신민은 독일 영사관을 반드시 거쳐야 한다"는 해석과 "한국 정부가 토지 이양의 주체"라는 해석. (1888. 12. 5)
- Bylaw No.11 : "여기에 언급된 '허가증'들을 서기가 10달러를 받고 발급해 주도록 한다." (1889. 12. 19)
- Section 7 of the Land Agreement에 따르면 해안 간척지는 각국 조계지로 귀속될 것이라 해석된다.
- Japanese Land Agreement에 따르면 일본 조계지를 확장하고자

한다면 한국 당국에 신청하면 된다. (1890. 2. 28)

– Paragraph 7 of Land Regulations에 관련, 해안과 그 확장 문제에 대해 서울 대표부와 의논해야 한다. (1890. 12. 17)

– Article III of Land Regulation에 근거하여 도로 배수 등에 사용한 3394.36 달러 가운데 도로를 완만하게 하고 땅을 고르는 데에 사용된 1,400달러는 한국 정부에 청구하자. (1891. 4. 10)

즉, 조계지에서 도로에 관련된 것은 한국 정부의 책임으로 정해졌던 것으로 보이며, 법규 언급은 없으나 한국 정부에 되풀이 요구되는 또다른 사항은 "조계지 내의 무덤 제거"와 조계지 위에 이미 존재하는 시설물 유지 보수비(1892년 2월 4일) 등이었다.

한국이 조계지 D5 구역의 서쪽에 사전 공지 없이 새 건물을 지으려 하는 데 대한 반대로 신동공사는 1891년 11월 11일 긴급 임시 회의를 개최했으며, 강력하게 불만을 표시하고 이를 중지시키기 위해 연합해서 대처안을 발의하기도 했다.

3) 재산권, 재정과 재무 관련 내용들 예시

등록된 토지 소유자들은 다음과 같았다. (Registered Land holders in the Chemulpo General Foreign Settlement on 2nd December 1891.)

1891년 12월 2일 회의록

Order of Voting	Name	Lots
Absent	F. M. Allmacher	D 31-33
3	R. Borioni	D 18
18	R. Brickmeier	D 7-9
absent	Commissioner of Customs	A 1, 2, 3, D 5, 6, 39, 45
13	A. T. Gorschalki	D 3
7	S. Higuchi	C 19
16	I. Hollingsworth	D 15
14	L. A. Hopkins	D 10
6	K. Hori	C 18, 26, 27
absent	H. D. Hutchison	D 11, 12
absent	I. Kumamoto	C 13, 14
11	E. Laporte	D 24, 48
absent	Li Pei Chien	C 9
9	C. Lührs	B 1, 2
17	W. Luhrss	D 14
1	F. Meyer	C 10, 11 D 42
absent	H. C. E. Meyer	C 1-4 D 25-28, 37
2	F. H. Mörsel	C 17, 20, 22, 29-31 D 13
absent	W. Nakai	C 21
4	C. Nishiwaki	C 25
5	H. Rikitaki	C 12
8	Shindo	C 15-16
12	A. B. Stripling	B 4 D 2, 4
absent	Society for propagation of Gospel	D 43
15	W. D. Townsend	D 20-23-34-36
absent	C. Wolter	C 5-8 D1, 19, 29
10	Woo Li Tang	C 23, 24, 28, 32 D 16, 17, 30
	British Government	D 38
	Pelchangi office	D 40

또한, 조계지 내에서 새로 구획을 만들고 판매하는 일도 신동공사에서 관장했던 것으로 보인다. 다음은 그 회계의 예이다.

1891년 10월 20일 회의록

Lot	Sq. metres	Sold for	uptset price to Corean Govt.	Balance due to Council
D 42	7700	$308.00	$231.00	$77.00
D 43	3780	$251.37	$113.40	$137.97
D 44	3780	$1082.97	$113.40	$969.57
D 48	1807	$58.11	$54.21	$0.90
		$1697.45	$512.01	$1185.44
	Less amount due by Council for D lot 44			$1082.97
	Due by Corean Government to municipal Council			$ 102.47

4) 두 장의 지도

회의록 1권에는 지도가 두 장 나온다. 첫 번째 것은 C 1, 4, 5 구획의 앞쪽에 새로 판매될 토지의 대략적 스케치이다.

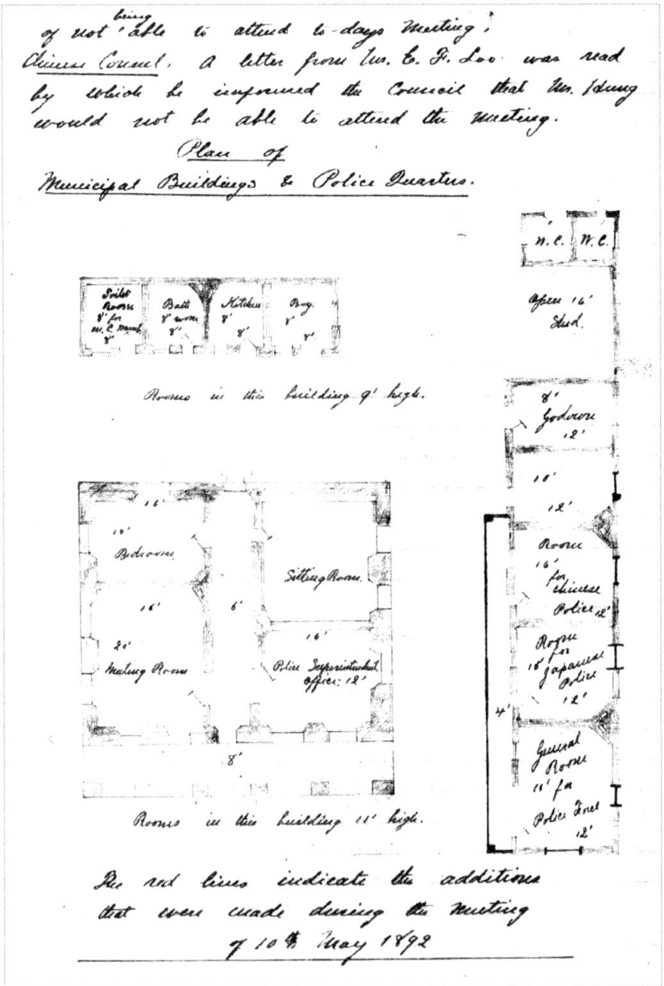
of not being able to attend to-days Meeting;
Chinese Consul. A letter from Mr. E. F. Loo was read by which he informed the Council that Mr. Tong would not be able to attend the meeting.

Plan of
Municipal Buildings & Police Quarters.

The red lines indicate the additions that were made during the meeting of 10th May 1892

또 다른 지도는 신동공사 건물의 건설 계획도로, 1892년 5월 10일 회의에서 제시되었으며, C 부지에 건설 예정이었다.

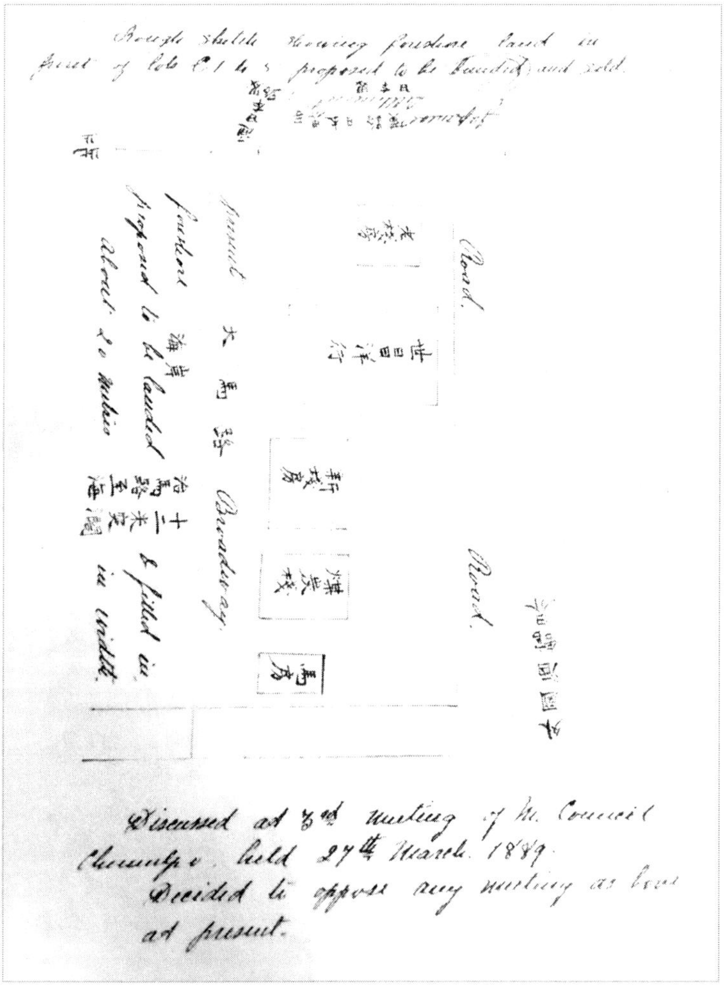

이것은 회원인 볼터의 그림이라고 제시되었고, 건설을 위한 자세한 내용을 논의하기 시작했다. 이에 따르면, 이전 해 7월에 책정한 비용을 초과하겠지만 벽돌을 두 겹으로 튼튼한 건물을 세우는 것이 좋다는 의견이 채택되었다. 그렇게 해야 향후 2층으로 증축이 가능하다는 것이다. 주 건물은 방 네 개였고 바닥은 나무로 했다. 신동공사는 위의 개념도를 바탕으로 설계사와 건축가를 고용하기로 결정했다.

3. 마치는 글

따라서 신동공사 회의록 제1권은 신동공사의 구성원과 구성원들의 관계, 나아가 참여하는 각 국가의 이해관계에 대한 단서를 밝혀줄 소중한 자료가 될 것으로 보인다. 또한 여기서 다루고 있는 법과 규정의 포괄적인 특성을 고려하건대 자치회와 경찰의 운영, 토지 구획과 소유, 간척지의 귀속 문제, 도시 정비 등에 대한 조선 정부와의 협의 및 운영 과정에 대한 연구에 중요한 자료로 사용될 수 있을 것으로 기대된다.

"1"

.. – 번역본 – ..

1888년 12월 5일에 열린 제물포, 각국 공동 조계지에 신동공사에서 공식회원들의 회의록 및 같은 날 열린 상기한 신동공사의 회원으로서 복무할 지주 세 명의 선거.

위에 언급한 회원 세 명의 선거가 오후 3시에서 6시 사이에 일본영사관(Japanese Majesty Consulate)에서 1888년 12월 5일을 위해 서울의 외국인 대표단이 발부한 규칙에 맞춰 진행되었다. 12월 1일에 제물포에 거주하는 고위공식회원인 스즈키(Suzuki) 영사가 선거가 열린다는 공지를 토지 소유자들에게 전했다.

같은 날 2시에 선거와 연관된 다양한 문제를 논의하려고 상기한 영사관에서 신동공사 공식회원들의 회의가 열렸다.

참석 : 딘스모어(Dinsmore) 씨, 미국 대사
크리엔(Krien) 씨, 독일 영사
스즈키 씨, 일본 영사
리(Li) 씨, 중국 영사
풀포드(Fulford) 씨, 영국 부영사
김(Kim) 씨, 한국 관리

풀포드 씨가 임시서기 업무를 보기로 동의했다.

고위 공식회원인 딘스모어 씨가 의장석을 맡았다.

딘스모어 씨: 내가 생각하기에 투표자들이 오기 전에 우리가 결정하는 것이 좋을 문제가 하나 있다. 이 주제를 공개해야 한다고 내가 믿고 있는 이유가 있다. 나는 투표자들 중 한 명이자 세관 위원 대행인 쇠니케(Schoenicke) 씨의 자격에 대해 의문을 제기한다. 그의 투표에 대한 반대가 있다면 선거 전에 정해져야 할 것이며, 나는 이 문제에 대한 회원들의 의견을 들었으면 좋겠다.

크리엔 씨: 나는 쇠니케 씨가 지주로서 등록되어 있지 않기에 투표할 권리가 없다는 의견이다.

풀포드 씨: 내가 생각하기에 어떤 특정한 사람이 지주이냐에 대해 의혹이 있다면 우리는 즉시 해관 감리서 감리로(Kaumi)부터 가져온 공식 토지권리증서를 살펴봐야 한다.

딘스모어 씨: 특정한 부지들이 한국세관으로 예정되어 있다. 권리증서가 세관 위원에게 발급되어 있으므로, 쇠니케씨는 세관원으로 이 증서에 서명했다.

크리엔 씨: 이 땅들은 대한제국세관(the royal Corean Customs)이 소유하고 있다. 대리인으로 투표하는 것은 허용되지 않으며, 쇠니케 씨는 그러므로 세관으로서 투표를 해서는 안 된다. 여러분에게 다음과 같은 협정을 언급하겠다.

"6항. 신동공사는 적절한 지위의 한국지방관리 한 명과 등록된 다른 지주들의 선출에 의해 선택된 등록된 지주 세 명으로 구성될 것이다." 이제 우리가 알다시피, 김 씨는 한국의 이익을 대변하려고 한국정부가 선출한 공식회원이다. 쇠니케 씨 또한 한국 관리이며, 그가 투표하도록 허락돼서 그 결과 신동공사의 회원으로 선출되는 자격이 있다면, 그리고 그가 선출된다면, 협정으로 동의된 신동공사에 한국인이 사실상 두 명의 대표가 있는 것이다. 나는 그것을 전체 협정의 정신에 반대하는 것으로 항의해야만 한다. 비공식회원 세 명은 분명히 외국인 토지 소유자가 되도록 의도되었다. 나는 또한 쇠니케 씨가 모든 측면에서 세관의 대표로 간주될 수 없다는 것을 언급해 두겠다. 재무 사업이나 대표는 분명히 감리서 감리의 손에 있다.

풀포드 씨: 크리엔 씨는 협정의 정신을 언급했다. 협정의 정신과 의도를 수행하도록 우리의 행동의 근거를 명확하게 처방하고 있는 것으로 보이는 규칙과 규약의 문자들을 무시한다면, 우리는 우리의 권한을 훨씬 넘게 되는 것이다. 쇠니케 씨는 제물포 각국 공동 조계지 토지규약의 조항에 부합하여 토지 소유자이거나, 토지 소유자가 아니다. 그가 토지 소유자라면, 우리는 그가 투표하도록 허가해야만 한다. 적절한 한국 세관의 대표 문제나 그의 선출이 일으킬지도 모르는 그 어떤 다른 문제와 관련 없이 말이다.

크리엔 씨: 쇠니케 씨는 독일 신민이다. 그가 그러므로 이 부지

들을 보유한다면, 그리고 그 부지들이 그의 이름으로 있다면, 증서들이 우리(독일) 영사관에 등록되어야만 할 것이다. 증서들은 등록되지 않았고 쇠니케 씨는 그 결과 그 땅의 실제 소유주가 아니다. 그는 단지 세관관리로서 이 부지들을 보유하고 있다.

딘스모어 씨: 우리 모두는 이 문제에서 해야 할 의무가 있다. 나는 나의 의무를 수행하려는 진지한 바람이 있으며 다른 회원들도 또한 그렇다고 확신한다. 그것은 어떤 회원들의 논의에 영향을 주고자 하는 생각이 있는 것이 아니며, 단지 여러분 앞에 쇠니케 씨가 투표권이 있다고 생각하는 이유를 완전히 진술하기를 바라는 것 뿐이다. 이제 우리는 우리 앞에 이 선거에 대하여 우리의 권위인 협정이 있다. 그리고 이에 의해 우리는, 규칙이나 법들의 어떤 조항에 관한 정확한 의미에 대한 서로 다른 의견의 차이들이 조심스런 언어로 제기되더라도, 우리는 다만 최선을 다해 규정의 의미를 결정해야만 한다. 크리엔 씨에 따르면 한국인들은 이미 대표가 있다. 협정에 언급된 한국공식회원이 이미 선출되었고, 그는 김 씨이다. 하지만 쇠니케 씨가 선출된다면 또 다른 한국공식회원이 될 수 없을 것이며, 그는 지주로서 선출될 것이다. 크리엔 씨는 쇠니케 씨가 이 부지들을 보유하고 있다면 쇠니케 씨가 독일 신민이기 때문에 증서들이 독일영

사에 등록되어야 한다고 했지만, 나는 토지규약에서 그와 같은 어떤 규칙도 발견할 수 없다.

크리엔 씨: 당신은 5항을 보시길 바란다. 당신은 독일 신민들에 대한 증서가 독일영사관을 통과해야 한다는 것을 알게 될 것이다.

딘스모어 씨: 이 증서들이 독일영사관을 통과해야 한다는 내용은 어디에도 없다. 쇠니케 씨가 투표하도록 허락된다면, 그는 지주로서 투표할 것이다. 크리엔 씨는 투표자는 토지의 실질적 소유자여야 한다고 말한다. 5항을 다시 봐라. 한국 정부가 그 땅을 넘겨주는 사람인 이 경우에, 그들은 다른 강대국들 앞에 서명하도록 요청되지 않는다. 나는 협약에 문자 그대로에서 벗어나지 않음으로써 우리는 협약의 의도를 진정으로 실행하고 있을 것이라는 의견이다. 이 조계지의 경우에 증서에 딸린 신고서에 서명한 부지의 첫 구입자만이 아니라 전차인들도 투표권이 있어야 한다. 무엇이 이러한 규약의 목적과 목표인가. 분명히 제물포에 외국인 거주자 모두의 이익이다. 실제 토지 소유자만 이 문제에 발언권이 있는가. 규칙들은 거주자 모두를 위해 신동공사가 만들 것이며, 거주자 모두는 다양한 방식으로 비용을 지출할 것이다. 이제 문제가 되는 경우를 보자. 여기 신동공사에 상당한 세금을 지불할 일부 귀중한 부지들이 있다. 그리

고 쇠니케 씨는 세관 위원의 이름으로 작성하고 그 자격으로 서명한 증서를 만들어 낸다. 그는 투표권을 주장하고 있으며, 나는 분명히 투표권이 허락되어야 한다고 생각한다.

스즈키 씨: 세관 위원이 한국인이면 이러한 주장이 유효할 수 있을까요?

딘스모어 씨: 확실히 그렇죠.

크리엔 씨: 대리 투표에 대해 다시 항의합니다.

풀포드 씨: 어떻게 대표를 제외하고 정부가 가능할까요. 이는 규칙이 금지한 바의 대리 투표의 경우가 아닙니다.

크리엔 씨: 한국 정부는 이미 대표되어 있습니다.

풀포드 씨: 하지만 이 부지들은 대표되지 않았습니다.

딘스모어 씨: 독일 정부가 영사로서 당신의 이름으로 부지를 보유한다면 당신은 투표권이 있을까요?

크리엔 씨: 아니오! 나는 투표할 수 없을 겁니다. 나는 공식회원입니다.

풀포드 씨: 정부가 그 정부 대표의 이름으로 부지를 보유한 경우에 그가 공식회원이든 아니든 그 대표는 분명히 투표권이 있는 것 같습니다. 그는 그 권리를 행사하는 것을 꺼릴 수도 있겠지만 나는 그가 권리를 가졌다고 생각합니다.

그 문제를 투표로 하자, 딘스모어 씨, 스즈키 씨, 풀포드 씨, 김 씨

네 명이 쇠니케 씨의 투표권을 허락하자는 쪽이었다. 반대에는 크리엔 씨와 리 씨이다.

크리엔 씨: 나는 다른 문제를 거론하기를 바란다. 내가 알지 못하는 상태에서 통지문이 발부되었고, 스즈키 씨가 신동공사 고위 공식회원으로서 그 승인에 서명을 했다. 그것은 각국 공동 조계지의 임차인에게 보내졌다. 이제 적절한 사람은 지주들이다. 스즈키 씨는 고위공식회원이 아니다. 그(스즈키 씨)는 제물포에 거주하는 고위 영사이다. 신동공사는 아직 존재하지 않는다.

그(크리엔 씨)가 일본과 중국에서처럼 토지 임차권이 아니라 외국인들이 제물포에 토지 소유권을 획득한 것을 지적하기를 원했기에 크리엔 씨의 발언을 기록해 두기로 동의되었다.

그러고 나서 선거가 다음의 결과로 일어났다.

예나미(Yenami) 씨	10표
타운센드(Townsend) 씨	10표
쇠니케(Sehonicke) 씨	9표
볼터(Wolter) 씨	5표
뤼어즈(Lührs) 씨	4표
브릭마이어(Brickmeier) 씨	3표
신동공사 위원	1표

앞의 세 명은 따라서 선출되었다고 공표되었다. 여럿의 투표로 항의가 서명되었으며, 쇠니케 씨가 투표권을 받는 것에 반대하는 다른 사람들은 여기에(표시된 A) 있다.

대리투표들을 받아들이기를 거부하는 것에 반대하는 항의도 쿠퍼 씨와 던칸 씨가 했으며, 모젤이 서명한 항의는 쿠퍼 씨가 의장에게 전달했으며, 던칸 씨가 직접 서명한 것(표시된 B와 C)이다.

다음은 투표용지를 받은 순서대로 매겨진 투표했던 사람들 명단이다. 각 숫자는 의장에 의해 그 투표용지에 쓰여 있으며 투표용지는 그러고 나서 투표함에 놓였다.

1번 J. F. 쇠니케 씨
2번 H. D. 타운센드 씨
3번 브릭마이어 씨
4번 홀링스워스 씨
5번 뤼어즈 씨
6번 호리 킨 씨
7번 오다 씨
8번 에나미 씨
9번 아소 씨
10번 골찰키 씨
11번 볼터 씨
12번 호리구치 씨

13번 요자 씨

14번 시마우치 씨

15번 스트리플링 씨

스타인벡 씨가 투표를 했지만, 공식 회원들은 규약에 정해진 바에 따라 그가 아무런 부동산 권리증서가 없기에 표를 받아들이지 않았다. 볼터 씨는 두 번째 투표용지를 여러 부지들을 보유한 이 메이어 사의 회사의 것으로서 제출했다.

공식 회원 중 세 명이 받아들이기에 찬성했고 세 명은 그들의 투표권을 거부했다. 따라서 결과적으로 그것은 수용되지 못했다.

(서명) 휴 A. 딘스모어
고위 회원이자 의장

(서명) H. E. 풀포드
H. B. M. 부영사 대행이자
서기 대행

제물포 각국 공동 조계지가 토지 규약의 6절에 따라, 그 안에 언급된 외국 당국들 사이에 각곡공동조계지의 등록된 지주 가운데 선출될 제물포 신동공사의 회원 세 명이 다음의 규칙에 따라 선출될 것이라고 합의되었다.

1. 별도의 규정이 없으면 회원 세 명이 3년이라는 기간 동안 공직에 유지될 것이며, 각 해는 1월 1일에 시작되고 12월 31일에 끝나는 것으로 여겨진다.

2. 등록된 지주들만이 제물포 각국 공동 조계지 토지 규약에 따라 선거에 자격이 있다.
3. 이와 같이 등록된 지주들 각각은 상기한 바와 같이 투표권 하나의 자격이 주어질 것이며, 대리로 투표하는 일은 어떠한 경우에도 허락되지 않는다.
4. 1888년 12월 5일 수요일에, 회원 세 명의 선거가 있을 것이다. 거기서 한 명은 1889년 12월 31일에, 다른 한 명은 1890년 12월 31일에, 세 번째는 1891년 12월 31일에 은퇴할 것이다. 가장 적은 득표를 얻어 선출된 회원은 가장 먼저 은퇴할 것이고 그 다음으로 많은 득표를 얻은 회원이, 그 다음에 가장 많은 득표를 얻은 회원이 마지막에 은퇴할 것이다. 득표가 동등한 경우거나 세 명이 지원자만 지명되었다면 은퇴의 순서는 그들이 동의하는 방식으로 선출된 세 명의 지원자 중에서 추첨으로 결정될 것이다.
5. 공직 기간이 끝나는 회원의 은퇴로 일어나는 공직을 채우기 위해서, 여기 규정된 방식에 따라, 이어지는 3년 동안 다음 해에 복무할 위원의 선거가 매년 12월 첫 번째 월요일에 열려야 한다.
6. 선거는 신동공사의 공식회원들의 감독 하에서, 그리고 최소 3인의 공식회원의 입회하에 이루어질 것이며, 이들은 선거 감독관의 역할을 수행하고, 투표가 끝난 후에 득표수를 세고, 가장 많은 득표수를 얻은 후보자가 적법한 절차에 따라 선출되었다고 선언할 것이다.
7. 선거는 투표에 의해 이뤄질 것이며, 선거에 각 투표자는 후보자의, 또는 거기에 인쇄되거나 써진 그가 선택한 후보자들의 이름이나 이름들이 있는 종이 하나를 감독관에게 제출할 것이다. 이 투표용

지들은 투표용지들이 수령되는 시기에 상기한 감독관에 의해 그 목적으로 마련된 밀폐된 상자에 보관될 것이고, 투표가 끝나는 정해진 시간까지 보관되었다가 세어지기 위해 꺼내어질 것이다.

8. 등록된 토지보유자인 공직자는 그의 공직 재임 기간 동안 사망이나 사퇴, 또는 중단으로 공석이 될 수 있다.

이러한 원인들 중 어느 것으로부터 공직이 발생한다면, 남은 신동공사 회원들은 공직이 이러한 규칙에 부합하여 다음 조기 선거까지 공직을 채울 어느 자격 있는 사람을 선출해도 된다. 그때 선출된 사람은 그가 대신한 사람의 공직 기간이 끝날 때 은퇴할 것이다.

(서명)
휴 A. 딘스모어, 미국 대사
콜린 드 플랑시(Colin de Plancy), 프랑스정부 위원
위안 수 카이, 중국 거주자
콜린 포드(Colin ford), 영국 총영사 대행
F. 크리엔, 독일 제국 영사
곤도 마스키(Kondo Masuki), 일본 책임관

1888년 11월 21일 서울

A. 아래 서명한 우리들은 제물포에 각국 공동 조계지에 지주가 아닐 그 어떤 사람이 투표를 하거나 이 항구의 신동공사 회원이 되도록 허락하는 것에 정중하게 항의한다.

1888년 12월 5일 제물포

(서명)	칼 볼터
(서명)	이 메이어 사
(서명)	앨프리드 스트리플링
(서명)	F. H. 모젤
(서명)	C. H. 쿠퍼를 대신해, F. H. 모젤
(서명)	A 골찰키
(서명)	체스니 던칸, T. A. 알마허(Allmacher) 대신
(서명)	칼 뤼어즈
(서명)	I. 스타인벡 (협정에 의거하여 토지보유자가 아니다)

·· – **영문원본** – ··

Minutes of meeting of the official members of the Municipal Council of the general Foreign Settlement at Chemulpo, held 5th December 1888. and Record of the election of three land holders to serve as members of the said Council held the same day.

The election of the three members above mentioned was tried in accordance with rules issued by the Foreign Representatives in Soül for 5th December 1888 at H. I. Japanese Majesty Consulate between the hours of 3 and 6 p.m. A notice to that effect was issued to the land holders in December 1st by H. I. M. Consul M. Suzuki, Senior official member residing at Chemulpo.

A meeting of the official members of the Council was held at the said Consulate at 2 p.m. the same day to discuss various questions in connection with the election

Present : M. Dinsmore, United States Ministe

M. Krien German Consul

M. Suzuki Japanese Consul

M. Li Chinese Consul

M. Fulford British vice Consul

M. Kim Corean official

M. Fulford consented to act as temporary Secretary.

M. Dinsmore Senior official member in the Chair Dinsmore : There is one question which I think it would be well for us to decide before the voters come in. It is a subject which I have reason to believe is certain to be opened. I refer to the doubts as to the Eligibility of one of the voters. M. Schoenicke, the acting Commissioner of Customs. Any objections to his vote had better be made before the election and I shall be glad to hear the opinions of members in the matter.

M. Krien : I hold the opinion that M. Schoenicke has no right to vote as he is not a registered land holder.

M. Fulford : I think, if there is any doubt about any particular person being a land holder we should at once refer to the official deeds which have been brought here from the Kaumi's office.

M. Dinsmore : Certain lots have been reserved for the Corean customs. Title deeds have been issued in the name of the Commissioner of Customs and M. Schoenicke has signed these deeds as Commissioner.

M. Krien : Those lots are owned by the royal Corean Customs. No voting by proxy is allowed and M. Schoenicke should not therefore vote for the Customs. Let me refer you to the agreement which says :

Act 6. The Municipal Council shall consist of a Corean local official of suit able rank etc etc and three registered land holders who shall be elected by the other registered land holders etc etc. Now as we know, M. Kim is the official member, chosen by the Corean government to represent Corean interests. M. Schoenicke is also a Corean official and if he be allowed to vote and be consequently eligible for election as a member of the Council, it will follow, if he be elected, that the Coreans have actually two representatives on the Council instead of the one agreed to in the agreement. That I must protest against as apposed to the whole spirit of the agreement. The three non official members are intended to be bona fide foreign land owners. I would mention also that M. Schoenicke cannot be considered in every respect the Representative at the Customs. The financial business or representation is, I believe, in the hands of the Kaumi(the Superintendent of Trade).

M. Fulford : M. Krien has alluded to the spirit of the agreement. Surely we should be going far beyond our powers if we take upon ourselves to disregard the letter of our Rules and Regulation which seem to me to clearly prescribe our course of action on the grounds that we are carrying out their spirit or intention. Either M. Schoenicke is a Landholder in accordance with the provisions of the Chemulpo Foreign Settlement Land Regulations or he is not. If he is, we are bound to allow him to vote, without regard to the question of the proper representation of the Corean Customs or any other question which his election may raise.

M. Krien : M. Schoenicke is a German subject. If he therefore held these lots if they were in his name, the Deeds would have to be registered in my Consulate. They are not registered and M. Schoenicke is consequently not the real owner of the land; his simply hold the lots as a Customs official.

M. Dinsmore : We all have a duty to perform in this matter. I have a sincere desire to do mine and I am sure the other members have also. It is not with any idea of influencing the discussions of any member but simply to put before you the reasons for my own course of action that I wish to state fully my reasons for thinking that M. Schoenicke has a vote. Now we have an agreement before us which is our authority for this election and by this we must abide strictly, Differences of opinion as to the precise meaning of any act of rules or laws however carefully worded constantly arise, but we can only decide to the best of our ability what the Rules before us mean. According to M. Krien the Coreans have already a Representative. It is time that the Corean official member mentioned in the agreement has already been chosen, he is M. Kim but M. Schoenicke, if chosen, will not be another Corean official member, he will be chosen as a landholder. M. Krien again says if M. Schoenicke hold these lots the deeds should be registered in the German Consulate for M. Schoenicke is a German Subject. I cannot find any rule to that effect in the Land Regulations.

M. Krien : I beg to refer you to Article 5 you will see that Deeds for German subjects should pass through the German Consulate.

M. Dinsmore : There is really nothing to show that these Deeds should have passed through the German Consulate. If M. Schoenicke be allowed to vote, he will vote as a landholder. M. Krien says, he must be the actual owner of the land. Look at Article 5 again. In this instance the Corean Government is the transferer of the lots They are not called upon to sign before the authorities of other powers. I am of opinion that by keeping to the strict letter of the agreement we shall be really carrying out its intention. It seems to me that in the true interest of this settlement not only the first purchasers of lots but also subleasers who sign the declaration attached to the Deeds should also have votes. What is the end and aim of these Regulations; surely the benefit of all the Foreigners resident in Chemulpo. Are only actual land owners to have a voice in the matter; Rules will be made by the municipal Council for all residents and all residents will pay in various ways in defrayment of expenses. Let us look finally at the case in point. Here are some valuable lots which will pay considerable taxes to the municipality and M. Schoenicke produces the Deeds made out in the name of the Commissioner of Customs and signed by himself in that capacity. He claims a vote

	and I certainly think should be allowed a vote.
M. Suzuki :	If the Commissioner of Customs were a Corean would these arguments hold?
M. Dinsmore :	Most certainly.
M. Krien :	Again protested against proxy voting.
M. Fulford :	How can a government except by a representative; This is not proxy voting as prohibited by the Rules.
M. Krien :	The Corean Government is already represented.
M. Fulford :	But these lots are not represented.
M. Dinsmore :	If the German Government held a lot in your name as Consul would you have a vote?
M. Krien :	No! I could not vote. I am an official member.
M. Fulford :	It seems to me that in case of a Government holding a lot in the name of its representative that representative has certainly a vote w[h]ether he be are official member or not. He may not care to exercise the right but I think he has it.

On pulling the matter to the vote four were in favour of allowing the vote of M. Schoenicke, the four were; M Dinsmore, Suzuki, Fulford and Kim - against messrs Krien and Li.

M. Krien :	I wish to mention another matter, a notification has been issued without my knowledge or sanction, signed by M. Suzuki as senior official member of the Municipal Council. It is addressed to the Leaseholder of the General Foreign Settlement. Now the proper person is landholders. M.

Suzuki again is not the senior official member. He is the senior Consul residing at Chemulpo. The Municipal Council does not yet exist.

It was agreed to place M. Krien's remark on record as he wished to point out that Foreigners acquired the ownership of land in Chemulpo and not the lease hold as in Japan and China.

The election then took place with the following result :

M. Yenami	10 votes
M. Townsend	10 votes
M. Schoenicke	9 votes
M. Wolter	5 votes
M. LühHrs	4 votes
M. Brinckmeier	3 votes
M. Commissioner of C.	1 votes

The first three were accordingly declared elected. A protest was signed by several votes and others against the vote of M. Schoenicke being received and is left herewith(marked A).

Protests against the refusal to accept their proxy votes were also made by M. C. H. Cooper and M. C. Duncan and a protest signed by M. F. H. Morsel was left with the Chairman by M. Cooper and one signed by himself by M. Duncan(Marked B and C).

The following is the list of persons who voted numbered in the order in which their voting papers were received. Each voters number was written on his vote paper by the chairman and the paper was then placed in the ballot box.

No 1. M. J. F. Schoenicke.

No. 2. M. H. D. Townsend.

No. 3. M. Brinckmeier.

No. 4. M. Hollingsworth

No. 5. M. Lühers

No. 6. M. Hori Kin

No. 7. M. Oda

No. 8. M. Yonami

No. 9. M. Aso

No. 10. M. Gorschalki

No. 11. M. Wolter

No. 12. M. Horiguchi

No. 13. M. Yoza

No. 14. M. Shimauchi

No. 15. M. Stripling

Mr. Steinbeck rendered a paper, but it was not accepted by the official members as he has no title Deeds as registered by the Regulations. M. Wolter rendered a second voting paper as one of the firms of E. Meyer & Co which holds several lots.

Three of the official members were in favor of accepting and three were for rejecting this vote. It was consequently not received.

(signed) Hugh A. Dinsmore
Senior member &
Chairman

(signed) H. E. Fulford
H. B. M. Acting vice Consul
and Acting Secretary

In pursuance of the provisions of Paragraph 6 of the Chemulpo Foreign Settlement Land Regulations it is agreed between the Foreign Authorities therein referred to that the three members of the Municipal Council of Chemulpo to be chosen from the registered land holders of the Foreign Settlement shall be elected according to the following Rules namely:

1. The three members shall except as herein after provided continue in office during a time of three years, each year being reckoned as beginning on the first day of January, and terminating on the thirty first of December.
2. Only registered land holders in accordance with the provisions of the Chemulpo Foreign Settlement Land Regulations are eligible for election.
3. Each such registered land holder as aforesaid shall be entitled to one vote, but in no case shall voting by proxy be allowed.
4. On Wednesday, the 5th day of December 1888 there shall be an election of three members, one of whom shall retire on the 31st of December 1889, on in the 31st of December 1890 and the third on the 31st of December 1891. The elected member who has polled the smallest number of votes shall retire first the one who has polled the next largest number of votes shall retire next and the member who has polled the largest number of votes shall retire last. In the case of equality of votes or if only three candidates are nominated the order of retirement shall be determined by lot amongst the three elected candidates in such manner as may be agreed upon by them.
5. In order to fill up the vacancy caused by the retirement of a member at the termination of his term of office an election shall be held on the first Wednesday in the month of December in each year of a member to serve for the three years their next ensuing which shall be conducted

in the mode herein provided.

6. The election shall be conducted under the direction of the official members of the municipal Council and in the presence of at least three of the said members who shall act as judges hereof and after the polls are closed shall count the votes and shall declare the candidates having the largest number of votes to be duly elected.
7. The voting shall be by ballot, each voter at the election shall present to the judges thereof a piece of paper with the name or names of the candidate, or candidates of his choice written or printed thereon. These ballots at the time they are received shall be deposited by the said judge in a closed box to be provided for that purpose, and then kept till the time fixed for the close of the poll, when they shall be taken out to be counted.
8. The office of a member shall be vacated by his death, or resignation or by his ceasing, during the term of his tenure of office to be a registered land holder.

When a vacancy occurs from any of these causes the remaining members of the Council may elect any qualified person to fill the office till the next early election when the vacancy shall be filled up in accordance with these Rules. The person then elected shall retire at the termination of the term of office of the member in whose stead he shall have been elected.

(signed)

Hugh. A. Dinsmore. Minister Resident of the United States

V. Collin de Plancy, Commissaire the Government Francaise

Yuan Su Kwai H. L. C. In's Resident

Colin. H. Ford. H. B. M. Acting Consul General

F. Krien, Consul of the German Empire

Kondo Masuki, Charge of Officers the I. M. du L'empereur du Japan

Seoul the 21st of November 1888.

A. We the undersigned respectfully protest against anyone not being a landholder in the General Foreign Settlement of Chemulpo being allowed no vote or to become a member of the Municipal Council of this port.

Chemulpo 5th December 1888.

(signed) Carl Wolter

(signed) E. Meyer & Co

(signed) Alfred B. Stripling

(signed) F. H. Morsel

(signed) for C. H. Cooper, F. H. Morsel

(signed) A. Gorschalki

(signed) Chesney Duncan for T. A. Allmacher

(signed) Carl Lührs

(signed) I. Steinbeck(not a landholder in accordance with agreement)

F. H. 모젤로부터 온 편지

Letter from F. H Morsel

— 번역본 —

제물포 88년 12월 5일

의장께,

나는 합법적으로 대표로 임명된 알마허 씨에 의해 지시 받았으며, 나는 대리 투표를 금지하는 법령이 철회될 때까지 그가 이 회의에서 이뤄진 그 어떤 것도 전적으로 불법이며 그가 오늘 선출된 그 어떤 회원도 인정하지 않을 것이고 그가 그 어떤 신공동사 세금도 납부하지 않을 것이라고 했음을 알린다.

신의롭게.

(서명) 채스니 던칸

명예 의장에게

이 회의가 나의 법적 대리인이 나를 대신하여 투표를 하도록 허락되지 않았기에, 나는 이와 같은 '절차'에 항의했다. 첫째로, 이는 정규적인 것이 아니며, 둘째로는 이 문제가 지주들에게 공개되지도 않았으며, 그들에 의해서거나 과반에 의해 저지된 것도 아니며, 그리고 신동공사는 내가 한국에 없는 짧은 기간 동안에 나의 대리인을 통해 표결하려는 것을 금했기 때문이다. 나는 돌아와서 오늘 수립된 규칙 일부 혹은 전부를 제외하는 것이 나의 권리라고 생각한다.

나는 당신이 참석한 회의에 나의 이 항의를 해주기를 바란다.

그럼,
(서명) H. B. 모젤

제물포, 1888년 11월 30일

.. – **영문원본** – ..

Chemulpo 4 / 12 / 88

The Chairman

Sir,

I am directed by M. Allmacher, whose legally appointed representative. I am to state that until the decree prohibiting voting by proxy is withdrawn he considers that anything done at this meeting is wholly illegal and that he will not recognize any Council elected today and he will not pay any municipal taxes whatsoever

Yours faithfully.

(signed) Chasney Duncan

To the Honorable Chairman

Sir,

As my legal proctor has not been permitted by this meeting to cast my vote, I protest against such 'a proceeding' first as it is not regular secondly as it has never been brought before the land owners and excepted by them either or bloc or by majority and as the Council has prohibited me during my absent from Korea for a short time, only to cast my vote through my agent. I will think it my right to except either some or all of such rules as being established this day on my return.

I hope you will this my Protest make thrown to the meeting present.

I beg to remain

Respectfully yours.

(signed) H. B. Mörsel

Chemulpo, 30th November 1888

첫 회의

1st Meeting

.. – **번역본** – ..

1889년 3월 23일 제물포의 H. B. M. 부영사관에서 열린 각국거주지인 제물포의 지방 의회의 회의록.

참석 : 딘스모어 씨, 미국공사
크리엔 씨, 독일 영사
리 씨, 중국 영사
하야시(Hayashi) 씨, 일본 부영사
풀포드 씨, 영국 부영사
김 씨, 한국 치안판사
예나미, 타운센드 씨

영국 총영사인 포드 씨와 프랑스 위원인 콜린 드 플랑시 씨도 의회의 초대로 참석했으며 칼 볼터 씨도 참석했다.

의장에 딘스모어 씨, 서기에 풀포드 씨.

서기가 읽은 회의에 관한 공고

회의에 올린 첫 문제는 의회의 추가 세 명의 공식 회원의 선출에 관해서였다. 1888년 12월 5일에 실시된 선거에 관해 기록한 회의록을 서기가 읽었다. 이는 예나미, 타운센드, 쇠니케 씨를 그 당시 선출했다고 선언한 것을 보여주었다.

딘스모어 씨는 쇠니케 씨가 그 뒤에 회원으로 복무하기를 거절하는 편지를 미국 공사관에 보냈다고 회의에 알렸다. 볼터 씨도 지주로서 쇠니케 씨 다음으로 가장 많은 득표를 얻었기에 그가 실질적으로 의회 회원으로서 쇠니케 씨의 계승자라고 주장하는 편지를 미국 공사관에 보냈다. 의장은 이 주제에 관하여 회의 참석자들의 의견을 물었다.

크리엔 씨와 타운센드 씨는 볼터 씨가 의회의 회원이 되는 것에 찬성한다고 말했다.

풀포드 씨는 쇠니케 씨가 일하기를 거부했기 때문에, 규칙 8항이 규정한 바에 따라 공석이 만들어졌고 그 빈자리는 그 안에 기술된 방식으로 채워져야 한다고 말했다.

볼터 씨는 규칙 8항에 언급한 결석을 채우는 방식에 의해 선택된다면 그 관직을 수락하지 않을 것이라고 선언했다. 그는 12월 5일에 쇠니케 씨 다음으로 가장 높은 수의 득표를 받은 것으로서 지주들이 그를 공식적인 의원직에 선출한다면 받아들이겠다는 것이다.

타운센드 씨는 볼터 씨가 공석을 채울 공식 회원으로 선출되도 된다는 의견이었다.

크리엔 씨는 12월 5일 투표 결과 볼터 씨가 선출되었다고 선언하는 것에 찬성하여 길게 말했다. 그(크리엔 씨)는 쇠니케 씨가 공직을 거절했기에 의회의 회원이 결코 아니며 그의 거절은 1889년 1월 1일 – 공식 회원이 세 명 더 선거 규칙에 따라 공직을 맡기로 한 날짜 – 이전이라고 주장했다. 이와 같은 것이 사실이라면, 가장 높은 득표수를 받은 볼터 씨가 선출되었다고 공표되어야 한다. 규칙 8항이 규정한 바에 따라 공석이 생긴 것이 아니므로, 이 규칙에 입각하여 취해져야 할 조치는 없다는 것이다.

딘스모어 씨는 그 견해에 동의하지 않았다. 쇠니케 씨는 선출되었었다. 볼터 씨는 아니다[선출되지 않았었다]. 쇠니케 씨는 복무를 거절했고, 그것은 그의 회원직 사임을 뜻한다. 그가 아는 한, 세계의 그 어떤 나라의 법도 선거에서 두 번째로 높은 득표수를 얻은 사람이 규칙에 규정된 선거에서 가장 높은 득표수를 얻은 사람이 가져야하는 자리에 대한 권리를 주장하는 것을 허용하지 않는다. 그는 볼터 씨가 회원이 되기에 매우 적절하고 규칙 8항에 따라 의회에 의해 선출될 준비가 상당히 되어있는 사람임을 고려한다 해도, 크리엔 씨가 옹호한 바처럼 12월 5일에 볼터 씨를 선출했었다고 공표한다면, 불법적이고 무효한 과정일 것이라 생각한다. 비교를 위해 지난 11월 미국 대통령 선거 이후에 선출된 해리슨 씨가 복무하는 것을 거절하는 바람에 3월에 새로운 사람이 공직을 맡았을 경우를 생각해보자. 가장 높은 수의 득표를 얻었던 클리블랜드 씨로 대체 될 수고 있는가? 절대로 안 된다. 그리고 그(딘스모어 씨)는 지금이 바로 비슷한 경우라고 여긴다.

포드 씨는 회의에서 연설할 것을 허락해달라고 요청하고서 딘스모어 씨의 관점에 동의했다. 그는 규칙이 규정한 바대로 가장 높은 세 득표수를 얻은 사람들 중 한 사람이 아니라면 그 누구도 선출되었다고 공표할 수 없다는 의견을 가지고 있었다. 그는 이와 같은 선거를 허용하는 것은 공정한 절차가 아닐 것이라는 점을 지적했는데, 왜냐하면 선거에서 득표를 얻은 사람들의 이름 중 하나가 선거에서 기권한다면 투표가 똑같은 방식이나 똑같은 비율로 배분될 것이라는 확실함이 없기 때문이다.

크리엔 씨는 그때 결의안을 발의했다.

칼 볼터 씨가 의회의 공식 회원들에 의해 의회의 회원임을 선언한다.

풀포드 씨는 수정안으로 발의했다.

칼 볼터 씨는 쇠니케 씨가 공직을 수락하기로 거절하여 발생된 공석을 채울 지방 의회 회원으로 공표한다.

결의안은 수정된 바처럼 회의에 붙여졌고 통과되었다.

그 주제에 관해 볼터 씨의 이전 언급을 고려하여, 풀포드 씨는 볼터 씨가 공식적으로 상기된 결의안이 통과되었음을 통보받아야 한다고 제안했다. 볼터 씨는 그러자 상기된 방식으로 부여된 공직을 수락하기로 거부한다고 말했고 회의에서 빠져나갔다.

크리엔 씨는 그가 그때 지난 12월 5일에 열린 선거의 합법성을 조사하는 위원회를 제안해야 한다고 말했다. 그는 표를 획득하는 부적절한 수단이 소위 "호객"에 의존했다고 알고 있었는데, 왜냐하면 선거가 있고 부적절한 영향이 고용자와 고용인에 관하여 행사되었기 때문이었다. 더욱이 땅의 이전은 선거 바로 전에 이뤄졌다. 12월 1일, 투표 넷이 일본인 소유자로부터 다른 일본인에게 넘겨졌다. 그가 발의했다.

> "지난 12월 5일 선거의 합법성을 조사하기 위해 위원회가 임명되어야 한다."

하야시 씨는 이와 같은 조사에 불필요하고 시간 낭비라며 반대했다. 그래서 각 투표자가 그가(각 투표자) 원하는 대로 투표하도록 유도하는 그 사적인 수단에 대한 조사는 어렵고 부당한 업무다. 누구든 빠져나가기 훨씬 좋을 방법들을 사용했을 것이다.

딘스모어 씨는 투표를 요청하는 것으로 선거가 불법이 되지 않는다고 지적했다. 사기 치거나 뇌물이 오가거나, 어떤 종류의 강압 하에 투표가 되었다면, 그 경우는 어렵겠지만, 투표를 독려하는 것은 잘못된 일이 아니다. 크리엔 씨가 투표를 얻으려고 불법적인 영향이나 수단이 사용되었다고 입증할 수 있다고 주장한다면, 그는 조사에 반대하지 않을 것이다.

타운센드 씨는 어떤 사람이 자신의 의지와는 다르게 투표하도록 강제될 수 있다고 말했냐고 물었다.

크리엔 씨는 그것을 말할 수 없지만, 과거에 한 경우에서 한 사람이 특정한 방식으로 투표하라고 들었고 하급자이기에 그가 거절하기 쉽지 않았다.

타운센드 씨는 없는 사기에 대한 조사를 할 필요가 제안되었다고 보지 않았다.

결의안은 회의에 붙여졌고 부결되었다.

타운센드 씨는 의회의 공석이 채워져야 한다고 생각했다. 그는 의회에서 볼터 씨를 보면 좋을 것이지만, 볼터 씨가 그에게 제안된 자리를 거절했기 때문에 또 다른 선택을 해야만 한다고 했다.

여러 제안 후에 우리탕 씨 이름이 언급되었고 중국 영사 리 씨가 서울의 우 씨에게 전보를 보내 그가 공직을 맡을 수 있을지를 물어보도록 요청했다.

회의는 오후 3시까지 정회했다.

회의를 재개하면서 리 씨는 그의 전보에 응답을 아직 받지 못했다고 말했다. 우 씨의 동의는 후에 받았다.

풀포드 씨는 이로써 쇠니케 씨가 수행하기를 거절하여 만들어진 공석을 채울 의회의 회원으로 우리탕 씨를 선출하자고 제안했다.

표결에 붙여지고 통과되었다.

크리엔 씨는 공석이 없다고 생각하므로 찬성이건 반대건 투표하지 않았다고 말했다.

회의는 그러고 나서 규칙 제도와 공직자 임명에 관하여 토론하는 것에 이르렀고, 약간의 토의 후에 크리엔 씨는 참석할 다른 긴박한 공적 업무로 그가 떠나야만 한다고 말했다. 크리엔 씨는 의회가 어떤 목적으로 위원회를 임명해야 한다면 그가 받아들이지 않을 것이기에 그의 이름이 포함되지 말아야 한다고 요청했다.

크리엔 씨는 그러고 회의에서 나갔다.

그러자 딘스모어 씨는 크리엔 씨에게 시의회 공직에 관한 그의 의도를 물어보는 서신을 보내야한다고 제안했다.

다음 결의안은 타운센드가 발의하고 풀포드 씨가 재청했다.

결의했다.

독일 영사는 1888년 12월 5일에 제물포에서 외국 대표들이 채택한 규칙 8항에 의해 제물포 시의회의 세 명의 추가 공식 회원으로 선출하기 위해 열린 지주들의 선거에서 선출된 J. F. 쇠니케 씨의 사퇴로 인해 공석이 생겼음을 부인했으며, 그들에 의해 임명된 위원회에서는 복무하지 않겠다고 회의에서 선언했으며, 그리고 오늘 회의에서 나가버렸음을 고려하여, 의회는 독일 영사관으로부터 그의 공식적 역할로 의회의 심의에 참여하고 외국 거주지 협약의 목적을 수행도록 돕는 공식적 직무를 그만두는 것인지를 확인하기를 희망한다.

결의했다. 의회의 서기대행은 이 결의문과 그에게 정보를 정중히 요구하는 표결을 동봉하여 독일 영사에게 전달될 것이다.

표결에 붙여지고 만장일치로 통과되었다.

딘스모어, 하야시, 풀포드 씨가 외국인 조계지와 다음 회의에 의회에 대한 보고서에 필요할지 모르는 이와 같은 임시 규칙을 고려하고 진술할 위원회에 임명되도록, 타운센드 씨가 발의하고 예나미 씨가 재청했다.

타운센드 씨의 이름이 그 위원회에 추가되어야 한다고, 하야시 씨가 발의하고 풀포드 씨가 재청했다.

수정안은 붙여지고 통과되었으며, 그리고 그 결의안은 수정된 바처럼 붙여지고 만장일치로 통과되었다.

회의는 그러고 나서 이달 26일 화요일 10시까지 정회했다.

(서명) 휴 A. 딘스모어 (서명) H. E. 풀포드
의장 대행 서기 대행

영문원본

Minutes of Meeting of the Municipal Council of the General Foreign Settlement, Chemulpo, held at H. B. M. Vice Consulate, Chemulpo on the 23th day of March 1889.

Present : M. Dinsmore, United States Minister.
M. Krien, German Consul.
M. Li, Chinese Consul.

M. Hayashi, Japanese Vice Consul.
M. Fulford, British Vice Consul.
M. Kim, Corean Magistrate.
and Messrs Yenami and Townsend.

M. Ford, British Consul General and M. Collin de Placy, Commissaire de France were also present by invitation of the Council and M. Carl Wolter also attended.

M. Dinsmore in the Chair. M. Fulford acted as Secretary.

Notice concerning the meeting read by the Secretary.

The first question brought before the meeting was with reference to the election of the three more official members of the Council. The minutes on record of the election which took place on the 5th December 1888 was read by Secretary. These showed that Messrs Yenami, Townsend and Schoenicke were then declared elected.

M. Dinsmore informed the meeting that M. Schoenicke had subsequently sent a letter to the United States Legation declining to serve as a member. M. Wolter had also sent a letter to the U.S. Legation claiming that by reason of having received a landholder the most highest number of votes after M. Schoenicke, he becomes de facto M. Schoenicke successes as a member of the Council. The Chairman asked for opinions of the meeting on the subject.

M. Krien and M. Townsend spoke in favour of M. Wolter's becoming a becoming a member of the Council.

M. Fulford said that M. Schoenicke having refused to serve, a vacancy was created as contemplated by rule 8 for the guidance of the election, and that the vacancy should be filled as therein described.

M. Wolter announced that he would not accept office of the office if he was to be chosen by the Council as mentioned in rule 8 to fill a vacancy. He would take office of the official members declared him elected by the landholders on the 5th December as having received the most highest number of votes to M. Schoenicke.

M. Townsend was of opinion that M. Wolter might be chosen by the official member to fill the vacancy.

M. Krien spoke at length in favour of M. Wolter's being declared elected on 5th December cast. He contended that M. Schoenicke was never a member of the Council as he had refused to take office, and his refusal was dated prior to the 1st January 1889, the day on which the three more official members were to assume office in accordance with the election rules. If such were the case then M. Wolter having received the most highest number of voters should be declared elected. No vacancy as defined by Rule 8 having occurred there was no occasion for action as laid down in that Rule.

M. Dinsmore did not agree with that view. M. Schoenicke had been elected. M. Wolter had not. M. Schoenicke had declined to serve, which was a resignation of his membership In his knowledge the laws of no country in the world would permit the person receiving the second highest number of votes in an election to claim the seat which it was provided by Rules should be taken by the person receiving the highest number of votes. Through considering M. Wolter a very proper person to become a member and being quite ready to vote that he be chosen as such by the Council in accordance with Rule 8, he thought that if M. Wolter were to be declared to have been elected on 5th December as advocated by M. Krien, it would be an illegal and invalid proceeding. So give an instance supposing that subsequently to the late election in November last of a President of the United States of America and prior to March instant when the new President assumes office M. Harrison who was elected declined to serve, would M. Cleveland who had received the most highest number of votes be declared elected. No, by no means. And he held that the present was an exactly similar case.

M. Ford, having asked permission to address the meeting, agreed with M. Dinsmore views. He was of opinion that no one could be declared elected who was not one of those who had received the three highest numbers of votes as provided in the Rules. He pointed out that it would not be a fair proceeding to allow such an election, for there was no certainty that if one of the person's names who had received votes from the election had been withdrawn from the election the votes would have been distributed in the same way or in the same proportion.

M. Krien then moved the resolution.

That M. Carl Wolter be declared by the official members of the Council to be a member of the Council.

M. Fulford moved as an amendment.

That M. Carl Wolter be declared member of the Municipal Council to fill the vacancy caused by the refusal of M. Schoenicke to accept office.

The resolution as amended was put to the meeting and carried.

In view of M. Wolter's previous statement on the subject, M. Fulford suggested that M. Wolter be formally informed of the passing of the above resolution. M. Wolter thereupon stated that he declined to accept office conferred in the above manners and withdrew from the meeting.

M. Krien then said that he should move for a committee to enquire into the legality of the election held on 5th December last. He had been informed that improper means of obtaining votes had been resorted to what was called "touting" for votes had taken place and undue influence exercised in the case of employers and employed. Moreover that transfers of Land had been made immediately prior to the election. On 1st December four votes were transferred from Japanese holders to other Japanese. He moved

"That a Committee be appointed to enquire into the legality of the election of 5th December last"

M. Hayashi objected to such an enquiry as unnecessary and a waste of time. So enquire into the private measures which induced each voter to vote as he did was a difficult and invidious task.

He would introduce personalities which it would be much better to avoid.

M. Dinsmore pointed out that asking for votes does not make election illegal. If fraud were used, or bribery practised or votes given under duress of any kind the case would be difficult, but soliciting votes is no abuse. If M. Krien contends that he can show that illegal influence or means were used to obtain votes them he would be the last to refuse enquiry.

M. Townsend asked if any man had said that he was forced to vote as he did against his will.

M. Krien could not say that, but in one case at past a man was told to vote in a certain way and being a subordinate he did not like to refuse.

M. Townsend did not see the use of an enquiry of no fraud was proposed to be shown.

The resolution was put to the meeting and was rejected.

M. Townsend thought the vacancy on the Council ought to be filled. He would have been glad to see M. Wolter on the council, but as he had refused the seat offered to him another choice must be made.

After several suggestions M. Woo Li Tang's name was mentioned and the Chinese consul M. Li was asked to telegraph to M. Woo in Seoul and enquire if he would accept office.

The meeting adjourned till 3 p.m.

On resuming M. Li said no reply to his telegram had yet been received. M. Woo's consent being subsequently received.

M. Fulford proposed that

M. Woo Li Tang be hereby elected a member of the Council to fill the vacancy caused by the refusal of M. Schoenicke to act.

Put to the meeting and carried.

M. Krien said he did not vote for or against as he considered that no vacancy existed.

The meeting then proceeded to debate the drawing of Rules and the appointment of officers, and after some discussion M. Krien said that having other urgent official business to attend to he must leave. He requested that should any Committee for any purpose be appointed by the Council his name should not be included as he would not accept.

M. Krien then withdrew from the meeting.

M. Dinsmore then suggested that a letter should be sent to M. Krien asking him his intention as regards Municipal official.

The following resolution was proposed by Townsend and seconded by M. Fulford.

Resolved that :

In view of the refusal of the German Consul on the grounds that no vacancy exists to vote in the election held this day, under Rule 8 of the rules adopted by the Foreign Representations for the election of three more official members of the Municipal Council of Chemulpo to fill a vacancy in the Council caused by the retirement of M. J. F. Schoenicke who was chosen a member of the Council at an election by the landholders held at Chemulpo on the 5th day of December 1888, and in view of his statement to the Council in session that he would not serve upon any Committee appointed by them, and in view of his withdrawal from the meeting today, it is the desire of the Council to know from the Consul for Germany if in his official capacity it is his purpose to refrain from participation in the deliberation of the Council and from assistance in carrying out the purposes of the Foreign Settlement agreement.

Resolved that a copy of this resolution be furnished to the consul for Germany by the Acting secretary of the Council, accompanied by a vote respectfully requesting from him the information herein desired.

Put to the meeting and carried unanimously.

Proposed by M. Townsend and seconded by M. Yenami that Messrs Dinsmore, Hayashi and Fulford be appointed a Committee to consider and formulate such provisional rules as may be necessary for the government of the General foreign Settlement and report to the Council at the next meeting.

Amendment proposed by M. Hayashi and seconded by M. Fulford that M. Townsend's name be added to the Committee.

The amendment was put and carried, and the resolution as amended was put and carried unanimously.

The meeting then adjourned till Tuesday 26th instant at 10. a.m.

(signed) Hugh A. Dinsmore
Acting Chairman

(signed) H. E. Fulford
Acting Secretary

두 번째 회의

2nd Meeting

.. – 번역본 – ..

H. B. M. 부영사관에서 1889년 3월 26일에 열린 제물포 지방 의회 회의록.

참석 : 딘스모어, 크리엔, 리, 하야시, 풀포드, 김, 타운센드 씨.
콜린 드 플랑시와 포드 씨도 요청에 따라 참석했다.
의장에 딘스모어 씨. 서기에 풀포드 씨.

이달 23일에 열린 지난 회의의 회의록을 서기가 읽었다.

크리엔 씨는 토요일 회의에서 그가 이 의회로부터 사퇴하는 것과 관련된 문장에 이의를 제기한다고 말했다. 그가 우리탕 씨의 선거에 관한 결의안에 대한 투표에서 기권한 동기를 진술하는 유일한 이유는 우 씨를 회원으로 반대한다는 것을 중국 영사에게 확인하기 위해서이다. 그는 의회가 그에게 결의안에 구체화된 문제를 물을 그 어떤 권리도 없다고 주장했다. 그가 의회에서 그 어떤 위원회에 임명되지 않아야 한다고 했던 것은, 이와 같은 위원회에 복무하는 사람은 편의를 위해 제물포 거주자이어야 한다는 의견에서 비롯된 것일 뿐이라 했다. 의회가 이 질문을 물을 권한이 없다고 확신하며, 또한 그 결의안은 그가 의도한 것 이외의 동기들을 뒤집어 씌우는 것이므로, 그는 그 결의안을 철회할 것을 간청했다.

딘스모어 씨는 결의안이 자신의 제안에 따라 의회에 제출되었기에 그가 이 주제에 관해 몇 마디 언급을 하는 것이 적절하다고 생각한다고 말했다. 그(딘스모어 씨)는 회의록을 인용하면서, 문제의 문단에서 크리엔 씨가 전달하려 했던 의미를 숙고했다. 그렇지만 그 점에서 회의록은 회의의 동의에 따라 수정될 수 있다. 그 자신, 그리고 의회의 모든 회원을 대변해서, 그는 그 일에 관해 크리엔 씨의 행동을 비판하거나 그를 비난하려는 어떠한 바람도 없다고 부정했다. 의회는 크리엔 씨가 향후 회의에 참여하지 않을 것이라 짐작케 하는 모습들이 있었다고 생각했고, 그 결과가 무엇일지 의문을 제기했다. 크리엔 씨가 이의를 제기한다면 중지되는 것이 낫다.

(딘스모어 씨가 계속하는 이야기) 이제 크리엔 씨는 의회가 그의 의도에 관해 이 질문을 할 권리가 없다고 주장한다. 그러나 크리엔 씨에 대해 비난한다는 견해를 부인하고 의회가 단지 의회 의무를 똑똑히 이행한다는 목적으로써 작동한다고 주장하면서, 그(딘스모어 씨)는 의회가 의회의 행동에서 정당화되었으며 사실들이 결의안을 보장한다고 주장한다. 그(딘스모어 씨)는 사실과 그 상관관계에 대하여 크리엔 씨가 주목할 것을 요청한다. 크리엔 씨는 물론 투표를 기권할 완벽한 권리가 있으며 그러므로 어떠한 이유도 말할 필요가 없었다. 하지만 그는 복무하지 않겠다, 혹은 지금 막 수정한 것처럼 어떤 위원회의 어떤 직도 수락하지 않겠다,고 선언했고, 그에 대한 아무런 이유도 대지 않았다. 크리엔 씨가 그때에 설명을 했다면 어떠한 의문도 일어나지 않았을 것이다. 더할 나위 없이 기꺼이 그리고 기쁘게 이제 하게 된 설명을 듣고 받아들일지

라도, 그(딘스모어 씨)는 마지막 회의에서 크리엔 씨의 진술이, 아무런 설명이 없었기에, 그(딘스모어 씨)가 크리엔 씨가 의회 심의에서 향후 참여를 포기했다고 추정하게 하였다. 그(딘스모어 씨)는 그러므로 결의안이 적절하고, 정확하고 정당화될 수 있는 것으로 여겼다. 그(딘스모어 씨)는 더 나아가 의회 결의안에 관한 풀포드 씨의 의견에 대해 논하면서, 크리엔 씨가 이달 24일 풀포드 씨(서기 대행)에게 보내는 쪽지를 언급했다. 그 쪽지가 말하길, "나는 어제 지방 의회의 특정 회원들의 결의안이 내게 제기한 전적으로 부당한 질문에 답변하기를 거부한다." 그 결의안을 발의하고 재청한 사람과 다른 신사들을 대신하여 그(딘스모어 씨)는 참석자 모두에게 완전히 설명된 후에 다수 의견에 반대하는 목소리는 하나도 없이 결의안이 통과되었음이 기록될 것을 요청한다. 그(딘스모어 씨)는 그러므로 그것(결의안)이 회의록으로부터 삭제되는 것에 반대해야 하지만, 크리엔 씨의 설명을 듣고 그 설명을 이번 회의의 의사록에 반영시키게 되어 기쁘다.

특정 미묘한 언어 변경이 지난 회의록에서 이뤄졌다.

크리엔 씨는 그러고 나서 정식으로 제안했다.

"결의한다. 독일 영사에게 제기된 특정 질문에 관하여, 지방 의회가 이와 같은 질문을 할 권리가 없으며 질문 자체가 사실에 보장되지 않기에 1889년 3월 23일 지방 회의에서 통과된 두 결의안이 철회되어야 한다."

풀포드 씨는 전체 회의에서 있던 인상은 크리엔 씨가 회의에 더 이상 참여하지 않으려 한다는 것이었다고 말했다. 크리엔 씨가 조금 전 말했던 바와 같이, 이와 같은 인상이 만들어진 것은 후회스러운 문제이지만 그

인상이 만들어졌다는 건 의심할 바 없으며, 어떤 공석도 없다는 크리엔 씨의 진술은 회의에 참석한 모두에게 그가 어떤 위원회에서도 공직을 맡지 않을 것이라는 그의 발표와 연관되어 그가 의회가 향후 진행할 모든 일에 반대할 것이라는 생각을 갖게 했다. 크리엔 씨가 독일 신민에 관한 토지 협약의 조항을 실행하는 데 있어 중요한 요인라는 사실 때문에 크리엔 씨의 의도를 분명히 확인하기 전에 더 논의를 진행할 가치가 있는지에 대해 의심할 여지가 있었다. 그러므로 당시에는 이 문제에 대해 결의안을 채택하고 크리엔 씨의 견해를 요청하는 것 외에는 할 일이 없었다.

의회의 추정에 유리한 또 다른 문제가 언급될 수 있다. 크리엔 씨가 오전에 그가 오후에 매우 짧은 시간 동안만 참석할 수 있다고 언급했더라면, 의회는 회원의 한 명이 결석한 상태에서 중요한 심의를 처리할 의사가 없었기에, 휴회가 그에 맞춰 이루어질 수 있었다.

크리엔 씨는 그가 아침에는 그가 오후에 독일 군함에 부름을 받을 것임을 알지 못했다고 말했다. 그는 배 선장에게 편지를 썼고 오후에서야 답장을 받았다. 그는 독일 군함의 요청에 24시간 내로 부름에 응하도록 하는 복무 규칙에 속박되었다. 그는 더욱이 "위원회의 공직을 맡는 것을 거절하는 것"과 "의회 심의에 더 참여하는 것을 거부하는 것" 사이에는 큰 차이가 있다고 지적했다.

딘스모어 씨: 하지만 어떤 설명도 하지 않은 당신의 진술이 당신의 의도에 관해 의심을 일으킬 지도 모른다는 생각은 못했나요?

크리엔 씨: 나는 내가 의회 심의에 더 이상 참여하지 않겠다는

이유로 떠났다면 내가 그렇게 말했을 것이라 생각하지 못했는지 의회에 묻고 싶습니다. 나는 여전히 의회가 내게 결의안에 구체화된 문제를 물을 권리가 없다고 믿습니다.

하야시 씨는 잠시 의장을 봤고, 크리엔 씨가 제안한 것을 고려하여 다음의 결의안을 딘스모어 씨가 제안하고 풀포드 씨가 재청했다.

이는 크리엔 씨가 수락했으며 만장일치로 통과되었다.

"결의한다. 23일 회의에서 향후 의회에 독일 영사가 불참하려 의도하는 것인지 묻는 질문을 결의한 것에 대해, 오늘 독일 영사가 한 설명과, 그 경우에 대해 그가 충분히 설명하지 않았다는 데 대해 그가 이번에 표명한 후회가, 위원회가 그런 질문을 통과시키는 근거로 삼았던 의도가 독일 영사에게 없었다는 점을 만족스럽게 설명했음을 인정한다."

크리엔 씨는 풀포드 씨에게 사적으로 보낸 그의 쪽지에서 "의회의 특정 구성원"이라는 문구에서 의회의 어떤 특별한 구성원들에 관한 숙고를 의미했던 것이 아니며, 그것이 의미했던 것은 결의안이 통과 되었을 당시에 마침 참석했던 구성원들이나 결의안을 통과시켰던 사람들이었다고 설명했다.

그러자 리 씨는 우리탕 씨가 서울에 살고 수행할 공식 업무가 있기 때문에 그에게 맡겨진 신동공사의 공직을 맡기를 꺼려한다고 말했다. 하지만 그것이 전반적인 바람이고 제물포에 거주하는 적당한 지주가 없다면 그는 거절하지 못할 것이라고 했다.

의회는 리 씨에게 우 씨에게 그가 만장일치로 선출되었다는 것을 확인시켜 달라고 요청했다.

3월 23일인 지난 회의록을 그러고 나서 확인하고 서명했다.

규칙 등을 만들어내기 위한 3월 23일에 임명된 위원회의 보고서를 풀포드 씨가 읽었다.

이는 그들에 의해 제안된 규칙들로 별도로 구성되어 있었다. 의회는 또한 경찰에 대한 규칙도 논의했다.

타운센드 씨는 지방세 납세자들 사이에서 경찰이 필요 없다는 일반적인 의견이 있는 것처럼 보인다고 말했다. 이 의견이 잘 알아낸 건지 아닌지 확인하는 게 좋을 것이다. 지금까지는 경찰이 거의 필요 없었고, 의회가 임명할 행정 위원회는 상황이 일어나면 일본 거주지 경찰력이 근무하도록 마련해도 되었다.

풀포드 씨는 자, 우리는 어쨌거나 유럽인으로 고용된 경찰서장과 가로등 청소 등을 총 감독하는 사람들을 원한다. 그렇다면 부두에서 경찰은 밤낮으로 필요하며 우리는 일본 경찰이 항상 우리가 원하는 대로 될 거라 기대하기 어려울 수 있다. 우리는 또한 누군가 자발적으로 상기된 의무를 수행할 것이라 기대할 수 없다. 그건 일본 경찰의 시간을 너무 많이 요구하게 될 테니, 우리는 유급 경찰관이 있어야만 한다.

딘스모어 씨는 의회에서 대표되는 각 정부들은 조계지의 복지에 관심이 있으며, 이주와 상업 등을 끌어들이기 위해 거주지를 개선하고자 한다고 지적했다. 이 같은 목표를 달성하기 위해서는 시를 위해 기금을 조성해야만 하며, 일종의 경찰과 도로 청소를 감독할 누군가 등등이 있어야만 한다. 지주들은 한국 정부와의 조약에서 각국의 정부들에 의해 그것들을 위해 마련된 특정한 조건 하에서 이곳의 땅을 소유할 수 있다. 그들은 특정 세금을 규정하는 이 조건들 내에서를 제외하고는 여기의 땅을 보유하지 않고 보유할 수도 없다. 우리가 물론 사람들이 세금을 내기를 기다렸다면, 여태 아무도 내지 않았을 것이다. 사람들은 어느 곳에나 기회라도 생긴다면 늘 세금 내기를 거부한다. 그들은 일부러 그러는 게 아니며, 결국은 세금을 냄으로써 끝낸다. 결국 제물포에서 그들이 감당해야 하는 세금은 아주 가볍다.

회의는 오후 3시까지 정회했다.

회의를 다시 시작하면서, 우리탕 씨가 참석했고, 그는 그에게 제안된 회원직의 명예를 거부한다고 말했다.

딘스모어 씨는 그가 4월 다음 회의까지 계속 회원이기를 바라며, 그때 그 직위가 좋지 않다고 여기고 여전히 사퇴하기를 원한다면, 그 문제는 다시 고려될 수 있다고 제안했다.

크리엔 씨는 우 씨가 그의 사퇴를 이제 철회했는지를 물었다.

우 씨는 다음 회의 때까지 그렇다고 답했다.

풀포드 씨가 발의하고 **하야시 씨**가 재청했다.

> "의회는 전체 의회 위원회가 규칙과 조례를 만들고 그것에 대해 의회에 보고하기로 결의했다."

붙여지고 통과되었다.

회의를 다시 시작하며, 위원회의 의장인 크리엔 씨는 그 규칙이 주지되었으며 토의된 것으로 보고했다.

풀포드 씨가 제의하고 **하야시 씨**가 재청했다.

> "제안된 규칙과 조례의 사본이 마련되어야 하며 내일 이후 위원회의 다음 회의 이전에 각 위원이 개별적으로 고려할 수 있도록

제출되어야 한다.”

붙여지고 통과되었다.

회의는 3월 27일 오전 10시까지 정회했다.

(서명) 휴 A. 딘스모어 (서명) H. E. 풀포드
의장 대행 서기 대행

·· – 영문원본 – ··

Minutes of meeting of the Chemulpo Municipal Council held 26th March 1889 at H. B. M. Vice Consulate

Present : Messrs Dinsmore, Krien, Li, Hayashi, Fulford, Kim and Townsend
Messrs Collins de Placy and Ford were also present by request.
M. Dinsmore in the Chair. M. Fulford acting as Secretary.

The minutes of the last meeting, held on 23th instant read by the Secretary.

M. Krien said he must take exception to the paragraph regarding his retirement from the meeting on Saturday. The only reason for his stating his motives in abstaining from voting on the resolution concerning the election of M. Woo Li Tang was to assume the Chinese Consul that he had as objection to M. Woo as a member. He contended that the Council had no right to ask him the question embodied in the Resolution. As to his wish not to be appointed on any Committee of the Council it arose simply from his opinion that the persons serving on such Committee should be resident in Chemulpo for the sake of convenience. Being thoroughly convinced that the Council was not justified in putting such a question to him, and the resolution, moreover, imputing to him motives other than those he had assigned, he would beg that the resolution be rescinded.

M. Dinsmore said that as the Resolution had been brought before the Council at his suggestion he thought it proper for him to make a few remarks on the subject. Referring to the Minutes he considered M. Krien in was as to the meaning intended to be conveyed by the paragraph in question; however the Minutes could be amended in that respect with the consent of the meeting. On his own behalf and on behalf of all the members of the Council he repudiated emphatically any desire to criticise M. Krien's conduct in the matter or to reflect upon him in any way. The Council thought that there were appearances that M. Krien would not participate in its proceedings and a question arose as to what would be the result. If M. Krien were going to offer obstruction, it would be better to pause.

Now M. Krien claims that the Council had no right to put this question as to his intentions. But while disclaiming any idea of reflecting upon M. Krien and asserting that the council was actuated simply by the purpose of an intelligent discharge of its duties, he must maintain that the Council was justified in its action, and that facts warranted the Resolution. He would call M. Krien's attention to the facts and their correlation. M. Krien had of course a perfect right to abstain from voting and need not having given any reasons therefore. But he also said he would not serve or as corrected by M. Krien would not accept office on any Committee and gave no reason. If M. Krien had made at the time the explanation he had just given no doubt whatever could have arisen. Though perfectly willing and glad to hear and accept the explanation now offered, he must say that M. Krien's statement at the last meeting, coming as it did without explanation, had led him to suppose that M. Krien intended to abstain from future participation in the deliberations of the Council. He therefore considered the Resolution appropriate proper and justifiable. He would further refer to M. Krien's note of 24th instant to M. Fulford, the Acting Secretary, in answer to the Communication by M. Fulford of the Resolution of the Council : the note says : "I decline to answer the wholly unjustified question put to me in yesterday's resolution of certain members of the Municipal Council." On behalf of himself and the gentlemen who moved and seconded that Resolution he begged to state that it passed without one dissentious voice after being fully explained to all present. He must therefore object to its being rescinded from the Minutes but was glad to hear M. Krien's explanation and to have it embodied in the Minutes of the present meeting.

Certain slight verbal alteration were then made in the Minutes of the last meeting.

M. Krien then formally proposed :

"Resolved that the two Resolutions passed at the Municipal meeting of 23th March 1889 with regard to a certain question put to the Consul for Germany shall be rescinded, as the Municipal council has no right to ask such a question, and the question itself is not warranted by the facts."

M. Fulford said that the impression produced upon the entire meeting was that M. Krien did not intend to participate further in their proceedings. In view of what M. Krien had just state it was a matter for regret that such an impression had been produced, but there was no doubt it had been produced, and upon all present M. Krien's statement that no vacancy existed taken in connection with his announcement that he would not accept office on any committee gave rise to the idea that he might make objection to anything which the Council might go on to do, and in view of the fact that M. Krien was an important factor in carrying out the provisions of the Land Agreement as far as regards German subjects, it was open to doubt whether it were worthwhile going further before ascertaining distinctly M. Krien's intentions. There was no case left then, but to adopt some resolution to the effect of the one under discussion and request M. Krien's views. Another matter might be mentioned which favored the supposition of the Council. Had M. Krien mentioned in the forenoon that he could only attend for a very short time in the afternoon adjournment could have been made accordingly, as the Council had no wish to proceed with its important preliminaries in the absence of one of its members.

M. Krien stated that he did not know in the morning for certain that he would have to go to call on the German man of war "Illis" that afternoon. He had written to the captain for a boat and only received his answer in the afternoon. He was bound by the regulations of his service to call on German men of war within 24 hours of their arrival. He would further point out that there was a great difference between "declining to accept office on a Committee" and "refusing to participate further in the deliberation of the Council."

M. Dinsmore : But did it not occur to you that your statement made without any explanation was calculated to raise doubts as to your intentions?

M. Krien : I would like to ask if it did not occur to the Council that, if I had left for the reason that I did not intend to participate further in the deliberations of the council, I would have said so. I still hold that the Council had no right to ask me the question embodied in the Resolution.

M. Hayashi temporarily look the chair, and M. Dinsmore proposed and M.

Fulford seconded that following resolution in view of the one proposed by M. Krien.

This was accepted by M. Krien and carried unanimously.

"Resolved that the explanation made today by the Consul for Germany of his course at the session of the Council on the 23th instant as set forth in an resolution passed by the council on that date making enquiry of him whether it was his purpose to refrain from further participation in the deliberations of the council; and his regret expressed at this time that he did not fully explain on that occasion, are accepted by the Council as satisfying the members that the Consul for Germany did not intend as the Council inferred in passing such Resolution."

M. Krien explained that he meant no reflection on any particular members of the Council in the words "certain members of the Council" need in his note, which he looked upon as a private one to M. Fulford, what he meant was those members who happened to be present at the time the resolution was passed or those who had passed it.

M. Li then said that M. Woo Li Tang on hearing of the wish of the Municipal Council that he should become a member was very unwilling to accept office as he lived Seoul and had official duties to perform. But if it were the general wish and no suitable landholders resident in Chemulpo could be found to accept office he would not refuse.

M. Li was asked by the council to assure M. Woo that he was chosen unanimously.

The minutes of the last meeting, 23th March, were then confirmed and signed.

The report of the Committee appointed 23th March to Formulate Rules etc. was read by M. Fulford.

This consisted of the Rules proposed by them as drawn up separately. The

Committee also alluded to rules for a Police Force.

M. Townsend said that there seemed to be a general opinion among the rate payers that there was no need of a Police force. It would be well to ascertain if this opinion were well founded or not. There had hitherto been little need of police, and the executive Committee proposed to be appointed by the council might be able to arrange to get the services of the Japanese Settlement Police when occasions arose.

M. Fulford. Well, in any case we should want a European employé- head constable and general supervisor of street lighting cleaning etc. Then a policeman is wanted day and night on the jetty and we can hardly expect the Japanese Police to be always at our disposal. We cannot either expect anyone to voluntarily undertake the overlooking duties above mentioned. It would involve too much demand on his time, so we must have a paid officer.

M. Dinsmore pointed out that the respective Governments represented on the council were interested in the welfare of the Settlement, and it devolve upon the Council to improve the Settlement and place it in such a condition as to attract immigration, commerce etc. There must be appropriaton of funds for municipal purposes and to carry out such purposes there must be a police force of some kind and some one to superintend cleansing of road etc. etc. The landholders were allowed to acquire land here under certain condition arranged for them by their Governments in Treaty with the Corean Government. They did not and could not hold land here except under these conditions which prescribe certain taxes. If we waited for people to agree to pay taxes of course nothing would ever be done. People always refuse everywhere to pay taxes if they have the chance to make themselves heard. They don't really mean it, and end by paying them. The taxes they have to bear are very light after all in Chemulpo.

Meeting adjourned till 3 p.m.

On resuming M. Woo Li Tang was present and stated that he wished to decline the honour of membership offered to him.

M. Dinsmore suggested that he continue to be a member till next meeting in April and if he found he did not like the position and still wish to resign, the matter could again be considered.

M. Krien asked if M. Woo had now withdrawn his resignation.

M. Woo. yes, till next meeting.

M. Fulford proposed and M. Hayashi seconded:

"That the Council resolved itself into a Committee of the whole council to consider the formation of Rules and Bye Laws and to report thereon to the Council."

Put and carried.

On resuming the Chairman of Committee M. Krien reported the Rules as read and discussed.

M. Fulford proposed and M. Hayashi seconded.

"That a copy of the proposed Rules and Bye Laws be prepared and submitted for the private consideration of each member previous to the next meeting, after tomorrow, of the Council."

Put and carried

Meeting adjourned till 10 a.m. 27th March.

(signed) Hugh A. Dinsmore
Acting Chairman

(signed) H. E. Fulford
Acting Secretary

세 번째 회의

Third Meeting

-- 번역본 --

1889년 3월 27일 H. B. M. 부영사관에서 열린 제물포의 각국 공동 조계지 신동공사 회의록.

참석 : 딘스모어, 리, 크리엔, 풀포드, 김, 하야시, 타운센드, 우리탕 씨, 콜린 드 플랑시 씨와 포드 씨도 요청에 의해 참석했다.

딘스모어 씨가 의장석에 풀포드 씨가 서기 대행에.

지난번 회의의 작성되지 않은 회의록 부분은 다음 회의까지 남겨두었다.

그리고 나서 D 29에서 36 구역의 북쪽에 있는 땅의 부지들을 분할하는 문제와 그 안에 도로를 표시하는 문제가 논의되었다.

풀포드 씨는 앞서 언급된 땅의 일부에 대한 영국 신민의 신청을 언급하면서 무역 감독이 그에게 보낸 전보를 읽었는데, 그 전보는 프랑스 신민도 그 땅 일부를 임차하기를 바라며 그가 한국 외무부에 그 땅을 부지들로 나누고 특정 도로들은 남겨두어야 한다고 제안했다고 진술했다.

몇몇 두서없는 대화와 그 계획 점검을 한 후에

풀포드 씨가 발의했다.

신동공사는 D 29에서 36까지의 부지 뒤편에서 논의 중인 땅이 실행 가능한 선에서 동일한 규모의 부지 넷으로 나누어야 하며, 문제가 되는 전체 구역의 남쪽, 서쪽, 동쪽을 따라 현존하는 길에 상응하는 폭의 길을 남겨둔다.

하야시 씨가 수정안으로 발의했다.

길 하나는 거기[문제가 되는 구역의 중간]에 이르는 현존하는 길의, 그리고 그만큼 같은 폭의, 연장으로 문제가 되는 구역의 중간에 남겨져야 한다.

신동공사는 신동공사 회원들이 직접 그 부지를 조사할 때까지 결정을 연기하기로 동의했다.

풀포드 씨는 그러고 나서 한국 치안판사 김이 메이어 씨가 보유한 C 부지 앞 땅의 구획화 문제를 그에게 언급했다고 말했다. 이 부지는 해안의 일본안 거주지에 인접해있다. 일본인들은 임대자가 들어와 개발할 수 있게끔 그 해안가를 경매에 붙였었다.

신동공사는 그러고 나서 상기된 이 부지들과 언덕 부지를 조사하기 위해 휴회했다.

오후 3시에 회의를 재개하면서.

풀포드 씨는 하야시 씨의 수정안을 수용하고, 하야시 씨의 중간 도로 설치에 대한 항복은 빼고 결의안을 제안했다.

하야시 씨가 재청했다.

크리엔 씨는 그 중간 도로가 남겨져야 한다고 생각하는 한편 언덕 위로 도로가 올라간다면 마차에겐 너무 가파르기 때문에 미래에 수레길이 필요라도 한다면 굽어지거나 지그재그인 길이 대비돼야 할지 모른다는 의견이었다.

풀포드 씨는 경사도가 아주 가파르지 않으며 마차도로가 꼭 필요하다면 언덕 마루를 약간 깎는 것으로 올라가는 것을 아주 쉽게 할 것이라고 지적했다. 지그재그 길은 쓸데없이 양쪽의 구역들로 쪼개며 건축 부지를 망칠 것이다.

발의안이 붙여지고 통과되었다.

풀포드 씨는 그러고 나서 발의했다.

> "회의의 의견으로, 조계지의 C 부지 앞 어떤 해안 부지도 현재 경매에 붙여지는 것은 바람직하지 않다."

하야시 씨가 재청했다.

발의안이 붙여지고 통과되었다.

크리엔 씨가 제안했다.

> "한국 당국이 바로 7번 부지의 동쪽에 있는 6미터 너비의 부지를 조사하고 표시하도록 요청되었다. 그와 같은 부지의 서쪽 경계는 7번 부지의 동쪽 경계의 전체 길이일 것이며, 남쪽과 북쪽의 경계는 지도에 표시된 바처럼 현존하는 도로일 것이다.

크리엔 씨는 D 7 부지를 보유한 브릭마이어 씨가 그의 집 뒤 공간이 충분치 않아서 추가적인 땅 조금을 구입하기를 원한다고 설명했다.

풀포드 씨는 재청했다.

발의안이 붙여지고 의결되었다.

타운센드 씨가 발의했다.

> "임시 신동공사 서기는 한국 당국에게, 가능한 빨리, 지금 제물포 각국 공동 조계지 경계 내에 모든 한국인 묘지를 제거하도록

요청하는 것을 지시받도록 한다.

하야시는 재청했다.

풀포드 씨의 제안에 다음의 문구가 위의 결의안에 덧붙여졌다.

"이제 조사된 부지와 땅 안에 있는 이와 같은 무덤으로 시작으로 그리고 각국 공동 조계지의 경계 내에서 더 이상의 매장을 막기 위해"

결의안은 덧붙여진 바와 같다.

회의에 붙여지고 시행되었다.

제안된 일부 조례를 그때 꼼꼼히 읽었으며 비공식적으로 논의했다.

서기가 D 29부터 36까지 부지의 북쪽에 땅과 D 7 부지 동쪽의 땅과 조계지의 무덤 제거에 관하여 한국 당국과 신동공사의 의견과 소통하도록 요청되었다.

딘스모어 씨가 서울에 외무 대표의 통지에 대하여 첫 두 주제를 소개하는 것과 그들에게 그것에 대해 신동공사의 의견을 알리는 것을 맡았다.

타운센드 씨가 신동공사는 1889년 4월 24일 수요일 오전 10시까지 정회한다고 제안했다.

크리엔 씨가 재청했다.

발의안은 붙여지고 통과되었다.

(서명) 휴 A. 딘스모어 의장 대행	(서명) H. E. 풀포드 서기 대행

Minutes of meeting of the muncipal Council, General Foreign Settlement of Chemulpo Held at H. B. M. Vice Consulate, 27th March, 1889.

Present : Mess. Dinsmore, Li, Krien, Fulford, Kim, Hayashi, Townsend and Woo Li Tang. Messrs. Collin de Placy and Ford were also present by request.

M. Dinsmore in the chair. M. Fulford Acting Secretary.

The minutes of the last meeting not having been written out were left over till the next meeting.

The questions of the division into lots of the land to the north of Lots D. 29 to 36 and the marking out of roads therein was then discussed.

M. Fulford read a dispatch addressed to him by the superintendent of Trade with reference to the application of a British subject for part of the said land, stating that French subjects also wished to rent some of the land and that he was suggesting to the Corean Foreign office that the land be divided into two lots and certain roads left.

After some desultory talk and inspection of the plan.

M. Fulford moved :

That the council advise that the land under consideration at the back of lots D. 29 to 36 be divided into four lots of as equal sizes as practicable, roads being left of corresponding width to existing roads along the south, west and east sides of the whole block in question.

M. Hayashi moved as an amendment.

That a road be also left in the middle of the block in question in continuation of, and of the same width as, the existing road leading thereto.

The council agreed to postpone its decision till its members had personally inspected the site.

M. Fulford then said that the question of bunding in front of the C lots held by messrs E. Meyer & Co. had been mentioned to him by the Corean magistrate Kim. These lots adjoin the Japanese Settlement on the sea front. Japanese had applied that the foreshore be put up to auction, the renter to fill at and bund his land.

The Council then adjourned to inspect these lots and the hill lots above mentioned.

On resuming at 3 p.m.

M. Fulford accepted M. Hayashi's amendment and proposed the resolution as before written, with the abolition thereto of M. Hayashi's clause providing a middle road.

M. Hayashi seconded.

M. Krien while thinking that a middle road should be left was of opinion that if it went straight up the hill it would be too steep for carriages; should a cart road be needed in the future, a curved or zigzag road might be provided for.

M. Fulford pointed out that the gradient was not very steep and should a carriage road ever be needed a slight cutting in the crest of the hill would render the ascent a very easy one. A zigzag road would needlessly cut into the lots on each side and spoil the building site.

Motion put and passed.

M. Fulford then moved:

"That in the opinion of this meeting it is not desirable that any of the foreshore land in front of the C. Lots of the Settlement should be at present put up for auction."

M. Hayashi seconded.

Motion put and passed.

M. Krien proposed.

"That the Corean authorities be requested to survey and mark off a lot 6 metres in width immediately to the east of lot D No. 7. The western boundary of such lot would be the whole length of the eastern side of lot No. 7 and the southern and northern boundaries would be the existing roads as marked on the plan.

M. Krien explained that M. Bruckmeiser who holds lot D. 7 wished to buy this extra slip of land as the space at the back of his house is insufficient.

M. Fulford seconded.

Motion put and carried.

M. Townsend moved :

That the temporary Secretary of the Municipal Council be instructed to request of the Corean authorities that steps be taken by them, as soon as possible, to remove all Corean graves now within the boundaries of the Chemulpo General Foreign Settlement.

M. Hayashi seconded.

At the suggestion of M. Fulford the following words were added to the above resolution :

"beginning with such graves as are within lots and streets now surveyed and to prevent further burials within the limits of the General Foreign Settlement."

Resolution as added to

Put to meeting and carried.

Some of the Byelaws proposed were then read over and informally discussed.

The Secretary was requested to communicate to the Corean authorities the opinion of the Council regarding the land to the north of lots D 29 to 36, and also the land to the east of lot D 7. and the removal of graves from the Settlement.

M. Dinsmore undertook to introduce the first two subjects to the notice of the Foreign Representation in Seoul and inform them of the opinion of the council thereon.

Proposed by M. Townsend

That the Council adjourn till Wednesday 24th April 1889 at 10 a.m.

Seconded by M. Krien.

Motion put and carried.

(signed) Hugh A. Dinsmore
Acting Chairman

(signed) H. E. Fulford
Acting Secretary

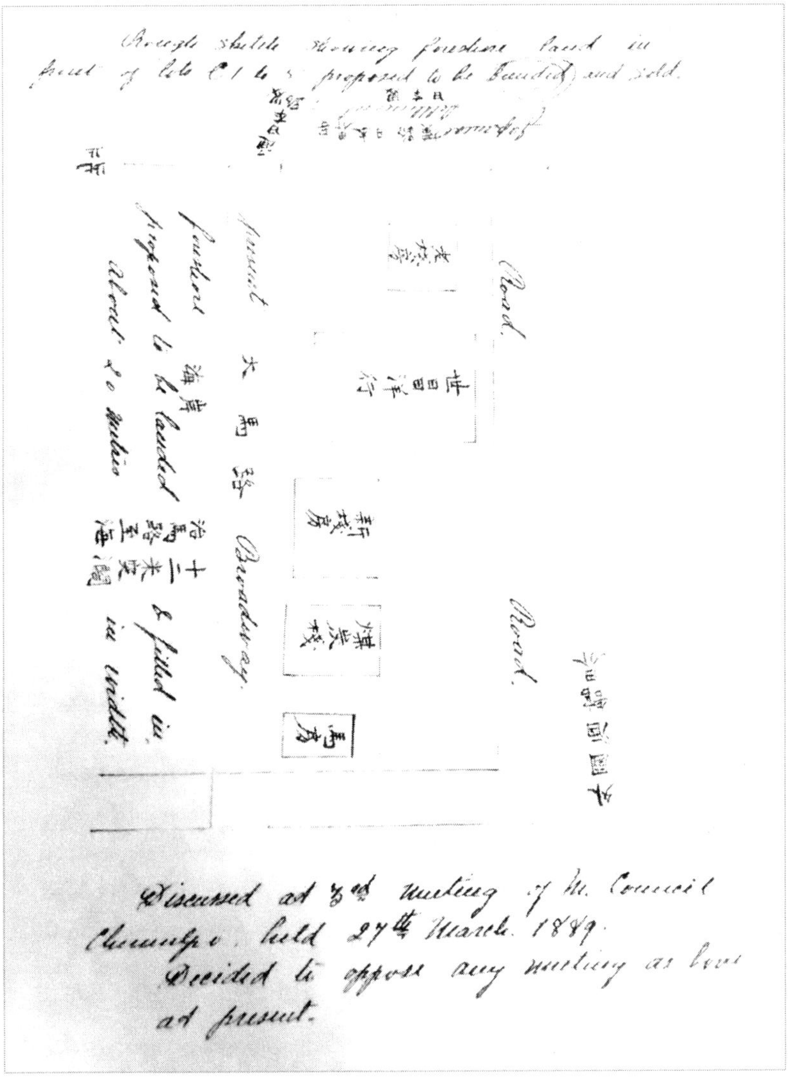
Rough sketch showing foreshore land in front of lots C1 to 5 proposed to be bunded and sold.
Road.
Road.
present 大馬路 Broadway.
foreshore 海岸 proposed to be bunded & filled in about 20 metres in width.
Discussed at 3rd meeting of M. Council Chemulpo held 27th March 1889.
Decided to oppose any

네 번째 회의

Fourth Meeting

·· – **번역본** – ··

1889년 4월 24일 H. B. M. 부영사관에서 열린 제물포의 각국 공동 조계지 신동공사 회의록.

참석 : 딘스모어, 크리엔, 드 플랑시, 리, 하야시, 풀포드, 김,
예나미 씨.
오후에 타운센드 씨도 참석했다.
딘스모어 씨가 의장석에, 풀포드 씨가 서기 대행으로.

지난 두 회의록을 읽고 확인했다.

또한 무덤을 제거하고 새로운 부지를 설정하는 것에 관하여 서기 대행인 풀포드 씨가 무역 감독관에게 편지 세 통을 보냈으며, 이는 지난 회의에서 통과된 결의안에 따랐고 이 편지들 중 둘에 감독관의 답장이 있었다. 브릭마이어 씨가 보유한 D 7 부지에 인접하는 새로운 부지를 설정하는 주제에 관한 그 편지에 대하여 어떤 답장도 받지 못했다.

딘스모어 씨는 D 29부터 36까지 부지 북쪽의 땅과 D 7 부지의 동쪽 땅에 대해 그가 서울의 외국인 대표단의 의견을 묻도록 임무를 맡았던 지난 회의록 보고를 언급하며 발언했다. 거기서 그는 오해가 좀 있었기 때문에 이 임무를 수행하지 않았다. 하지만 다른 한편으로는 무역 감독

관에게 이 문제에 대해서 편지를 썼다. 그는 가능한 빨리 그의 업무를 수행하려고 애쓸 것이었다. 그는 한국 당국이 경험이 없는 이 조계지 문제에 대해 돕는 관세 수석 위원인 멀빌(Mervill) 씨를 보러 다녀왔으며, 그에게 부지에서 표시되지 않거나 조사되지 않은 것을 지도에서 조사하고 표시하여 완전한 지도를 만들어 한국 당국 대표와 합의한다면, 미래에 어려움을 피할 수 있는 좋은 계획일 것이라고 그에게 제안했다. 그 부지는 땅의 자연적 특징에 주의하여 바람직한 부지를 형성하도록 주이 깊게 설정되어야 할 것이다. 큰 어려움은 유능한 조사관을 찾는 것이었다. 세관의 브릭마이어 씨가 그 일을 할 수 있을지도 모른다.

풀포드 씨는 외국 대표들이 향후 도로 문제와 경매에 붙여질 부지 규모 문제를 결정할 권리를 신동공사에 부여한다면 대표들에게 지연되는 것과 문제가 되는 것을 많이 덜 것이라고 제안했다. 신동공사는 한국 당국, 즉 무역 감독관에 어떤 추가적인 조사가 필요하다는 결정을 알리고, 그러면 감독관은 부지와 도로의 설정에 대한 의회의 의견을 서울에 있는 외국인 대표들의 의견으로서 수용할 수 있을 것이다. 대표들은 실제로 신동공사 회의가 소집되었을 때 그런 문제들을 결정하는 것이 더 편리할 것이다. 이와 같은 준비는 현재 완전한 조사, 즉 유능한 조사관이 부족하고 조사될 땅의 성격 모두로부터 어려움이 있는 조사에 대한 필요성을 배제할 것이다. 그 땅은 아주 경사졌으며, 구입자에게 최대한 현실적으로 맞추어 설계되어야하며, 그것은 경매에서 경쟁력 있게 할 땅 도로와 부지 규모의 배치를 의미한다.

딘스모어 씨는 하지만 결국 계획에 대해 필요한 변경은 각각 서울의 대표들에게 제출되어야 할 것인데, 이는 매우 골칫거리가 될 수 있다고 발언했다.

풀포드 씨는 그의 생각은 신동공사가 계획에 변경에 동의하는 권한을 부여받아야 한다는 것이었다고 말했다. 이는 대표들에게 계획에 대해 사소하게 추가하는 모든 것에 대해 상의해야 하는 골칫거리를 덜어줄 것이었다.

딘스모어 씨는 그러한 관점에서 그 문제를 생각하지 않았었다. 대표들은 물론 이와 같은 제안을 고려할 수 있을 것이다.

신동공사는 그러고 나서 규칙과 조례를 만들 위원회로 전환했다.

12시 정오부터 오후 3시까지 휴회했다.

회의를 재개하면서 **타운센드 씨**도 참석했다.

크리엔 씨와 **드 플랑시 씨**는 신동공사에 반대하여 제기된 사건들을 심의하는 영사 법정의 문제에 대해 말했다.

딘스모어 씨는 이와 같은 법정이 바람직하지만 대표들이 결정할 문제라는 의견이었다. 외국인 대표들은 한국 당국과 연계하여 토지협약에 한 조항을 덧붙일 수 있을 것이었다.

규칙과 조례를 다시 위원회에서 고려했다.

많은 토의 후에 **풀포드 씨**가 발의하고 **하야시 씨**가 재청했다.

> "신동공사에서 숙고되도록 제출된 조례의 형성은 이전에 이와 같은 목적으로 임명되었던 위원회에 회부한다."

붙여지고 통과되었다.

4월 25일 목요일 오전 10시까지 정회.

(서명) 휴 A. 딘스모어　　　　　(서명) H. E. 풀포드
의장 대행　　　　　　　　　　서기 대행

.. – 영문원본 – ..

Minutes of Meeting of the Municipal Council of the General Foreign Settlement at Chemulpo, held 24th April, 1889. at H. B. M. Vice Consulate Chemulpo.

Present : Messrs. Dinsmore, Krien, De Plancy, Li, Hayashi, Fulford, Kim and Yenami.

In the afternoon. M. Townsend was also present.

M. Dinsmore in the chair, M. Fulford acting as Secretary.

The Minutes of the last two meetings were read and confirmed.

Also three letters addressed by the Acting Secretary, M. Fulford, to the Superintendent of Trade with reference to the laying out of new lots and the removal of graves, in accordance with resolutions passed at the last meeting, and the replies of the superintendent to two of these letters. No reply had been received to the letter on the subject of the laying out of a new lot adjoining lot D 7 held by M. Bruckmeiser.

M. Dinsmore stated with reference to the record in the Minutes of his having undertaken to communicate to the Foreign Representatives in Seoul the opinion of the council as to laying out the land to the north of lots D 29 to 36 and the land to the east of lot D 7. that he had under some misapprehension, not done this, but had on the other hand written to the superintendent of Trade on the subject. He would however make a point of carrying out his engagement as soon as possible. He had been to see M. Mervill the Chief Commissioner of Customs, who assisted the Corean Authorities in these Settlement matters, in which they themselves lacked experience, and had suggested to him that it would be a good plan to have the whole of the unsurveyed or unmarked in lots, portion of the Settlement, surveyed and marked on the plan so that the complete plan could be passed and agreed to by the Representatives and Corean authorities and future difficulties avoided. The lots would of course have to be laid out in careful accordance with the natural features of the land so as to form desirable sites. A great difficulty was to find a competent Surveyor. M. Bruckmeiser of the Customs might do the work.

M. Fulford suggested that if the Municipal Council were empowered by the Foreign Representatives to decide questions of further roads and the size of lots to be put up for auction, it would save much delay and trouble to the Representatives. The Council could inform the Corean Authorities that is the Superintendent of Trade of its decisions when any additional surveys were required, and the Superintendent could accept the Council's assent to the laying out of the lots and roads as an assent of the Foreign Representatives in Seoul. The Representatives were practically all upon the Council and it would probably be more convenient to them to decide such questions when so assembled. Such an arrangement would obviate the necessity for a complete survey at the present time, a survey which would be a difficulty both from the want of a competent surveyor or and the nature of the land to be surveyed. The land was very hilly and should be laid out as far as practicable to suit purchasers, due regard being paid to the retention of proper roads and lots of a size which would allow of competition in the auction.

M. Dinsmore. But after all, the necessary alterations to the Plan would have to be submitted on each separate occasion to the Representatives in Seoul which would be very troublesome.

M. Fulford said that his idea was that the Municipal Council should be empowered to agree to alterations in the plan. This would relieve the Representatives of the trouble of consulting on every little addition to the plan.

M. Dinsmore had not thought of the matter in that light. The Representatives could of course consider such a proposal.

The Council then resolved itself into a Committee to consider the formation of Rules and Byelaws.

Adjourned at 12 noon till 3 p.m.

On resuming M. Townsend was also present.

M. Krien and M. de Plancy spoke on the subject of a Court of Consuls which could hear cases brought against the Council.

M. Dinsmore was of opinion that such a Court was desirable, but it was naturally a matter for the Representatives to decide. A clause could be added to the Land Agreement by the Foreign Representatives in conjunction with the Corean Authorities.

Rules and Byelaws again considered in Committee.

After much discussion M. Fulford moved and M. Hayashi seconded:

"That the formation of Byelaws for submission for the consideration of the Council be referred to the Committee previously appointed for such purpose."

Put and carried.

Adjournment till Thursday 25th April at 10 a.m.

(signed) Hugh A. Dinsmore
Acting Chairman

(signed) H. E. Fulford
Acting Secretary

다섯 번째 회의

Fifth Meeting

·· – **번역본** – ··

1889년 4월 25일 H. B. M. 부영사관에서 열린 제물포의 각국 공동 조계지 신동공사 회의록.

참석 : 딘스모어, 드 플랑시, 크리엔, 리, 하야시, 풀포드, 김, 타운센드, 예나미 씨.
딘스모어 씨가 의장석에, 풀포드 씨가 서기에.

지난 회의록을 읽고 확인했다.

규칙과 조례에 관한 위원회 보고서를 낭독했다.

신동공사는 그러고 나서 전체 신동공사의 위원회가 규칙과 조례를 고려하도록 결의했다. 의장석에 있는 하야시 씨. 조계지의 도로와 골목을 따라 신동공사가 철저한 배수 체계를 만들 것이라고 명시한 4번 조례와 관련하여, 타운센드 씨는 신동공사가 C 6, 7 부지로 흐르는 수로 통제에 대해 아무런 책임을 맡지 않는다는 단서가 덧붙여져야 한다고 생각했다. 이 수로는 현재로서 충분히 길들여진 것으로 보이지만 우기에는 물살이 거세다. 그로 인하여 재산에 가해지는 피해에 대해 이와 같은 단서를 달지 않는다면 의회에게 배상이 청구될 것이다. 그는 경매자가 그들에게 수로를 돌봐야 한다고 했기 때문에 사람들이 지난 해

미리 이 C 부지들을 사는 것을 그만두게 됐다고 믿었다. 어떤 경우에도 그는 신동공사가 배수 업무를 이러한 관점에서 맡는 것이 옳다고 생각하지 않았다.

딘스모어 씨는 신동공사가 이 배수에 대한 책임을 회피할 수 없다는 의견이었다. 배수는 그들의 통제 하에 있는 조계지의 자연적 특징이므로 그런 것으로서 받아들여지고 권장되는 방식으로 취급돼야 한다. 우리는 한국인들이 수로의 방향을 바꿔서 우리가 손을 떼게 해줄 것이라 기대할 수 없다.

풀포드 씨는 이 단서에 대한 아무런 필요성이 있다고 보지 않았다. 규칙 4번이 신동공사가 이 배수관을 건드리도록 구속하지 않기 때문에, 그것(규칙 4번)은 신동공사가 도로 등을 따라 배수관을 만들어야 한다고 말했다. 수로가 땅의 자연스러운 특징이며 불가피한 만큼 받아들여야 하는 그러한 것이라는 점에서, 그(풀포드 씨)는 수로가 자연 상태 그대로라면 동의했을 것이지만, 인근 한국인 마을의 오수와 하수구가 되어 있으며, 따라서 신동공사는 조계지 일부를 통해 배수관으로 들어간 오물을 제거해낼 것이라고 기대될 수 없다. 조금의 길 내기로 물은 해안을 경계로 한 조계지 경계 밖으로 흘러 바다로 흘러들어 갈 수 있다.

토의를 좀 한 후에 규칙은 필요한 것으로 간주되는 이와 같은 수로를 신동공사가 만들어야 한다는 취지로 읽도록 변경되었다.

12시에 오후 3시까지 휴회.

오후 3시에 회의를 재개. 하야시 씨가 의장석에.

딘스모어 씨는 제안된 6번의 규칙 2절에 지방 자치 기금에 대한 그 어떤 사용과 접근이 방식도 명시되어있지 않다는 사실에 주의를 환기시켰다. 그는 신동공사가 협약에 규정된 세금 비율을 변경할 아무런 권한이 없다고 생각했다. 세금이 일반적으로 받아들여지기에 너무 높기 때문에 낮춰져야 한다. 그는 록힐 씨로부터 1887년 3월 26일자로 미국 신민들에게 보낸 통지를 읽었다. 그 통지는 세금 전액이 징수되지 않을 것이라는 내용이며, 외국인 및 한국인 당국이 이미 세금 감면에 합의했다는 사실을 보여주었다. 동시에 토지 협약에 필요한 어떤 변경도 공식적으로 없었으며, 그(딘스모어 씨)는 그 일에 대해 외국인 대표에게 고려하기를 요청하는 임무를 떠맡을 것이다. 신동공사가 그들(대표들)이 매년 요구할 협약에 언급된 세율을 정하는 권한을 부여받는다면 분명히 더 나을 것이었다. 현재 그들(대표들)은 그렇게 할 권한이 없으며 토지 협약에 의해 대표들에게 부여된 권한을 넘어서는 규칙의 틀을 만들어내지 못한다.

풀포드 씨도 제안된 규칙을 변경하는 것에 찬성했으며, 그렇게 되면 의회가 매년 마지막 정규 회의에서 다음 해를 위한 기금을 책정하도록 할 것이다.

크리엔 씨는 그때 대표들과 한국 당국이 규칙이 시행될 수 있다고 동의한다면 규칙이 처음에 제안된 대로 되는 것이 낫다고 생각했다.

딘스모어 씨는 이것이 대표들에 관하여 부적절한 태도를 취하고 있는 것이라고 생각했다. 그것은 규칙을 만드는 일이다. 우리는 토지 협약의 중요한 부분을 변경하고 또 먼저 일을 해놓고 나중에 허가를 달라고 하는 규칙을 만들 권한이 없다. 그는 협약에 언급된 과도한 세율에 관해 크리엔 씨의 관점에 전적으로 동의했으며 의회가 필요한 만큼만 세금을 징수할 권한을 달라고 대표단에 요청할 생각이다.

크리엔 씨는 이러한 이해에 입각해 제안된 규칙 변경에 동의했다.

신동공사 회의는 딘스모어 씨를 의장석으로 재개했다.

크리엔 씨는 구성원 중 한 명인 우리탕 씨가 결석했다는 사실에 주의를 환기시켰다. 전체 신동공사가 동의하지 않는다면 우리가 이러한 규칙들과 조례를 통과시킬 수 있을까. 토지 협약 6번 조항은 신동공사가 조례 등을 만들 수 있다고 말한다. 그리고 그 조항은 다수결에 대해서는 아무것도 말하지 않는다.

딘스모어 씨는 공적인 업무로 회의에 참서할 수 없었기에 4월 24일부로 신동공사에서 사임한 우 씨로부터의 편지를 읽었다.

신동공사가 우리탕 씨를 대신하는 회원 선거를 진행해야 한다고 리 씨가 제안하고 타운센드 씨가 재청했다.

붙여지고 통과되었다.

크리엔 씨는 볼터 씨가 그가 신동공사에서 자리를 얻는 것의 문제를 다시 생각했으며, 그가 만일 신동공사에서 만장일치로 선출된다면 이 자리를 갖도록 독일 지주들과 영국 지주들에 의해 설득되었다고 말했다. 그(크리엔 씨)는 공석에 볼터 씨를 지명했다.

풀포드 씨는 방금의 진술에 입각하여 크리엔 씨에게 그가 신동공사가 만장일치 투표를 제외하고는 이러한 규칙과 조례를 만들 수 없다고 생각했는지를 물었다. 한 명이라도 반대하는 사람이 아무 규칙이나 조례를 만드는 것을 중지시킬 수 있을까. 그렇다면, 10명의 협의체에서 그 어떤 규칙이라도 통과되는 것은 어려운 문제일 것이다.

크리엔 씨는 이러한 주요 규칙 및 조례들이 만장일치로 통과돼야 한다고 생각했다. 미래 규칙 및 조례에 관해서는 이제 만들어질 규칙을 통해 과반수의 원칙이 정해질 것이라고 발언했다.

하야시 씨가 의장을 맡았고, 딘스모어 씨는 그가 조계지에서 큰 이해관계를 훌륭하게 대변한다고 늘 생각한 볼터 씨의 지명에 아무런 반대가 없을지라도 여전히 그(딘스모어 씨)는 그 문제에 관해 접촉한 바 있고 그리고 복무에 동의하기로 표명한 라포트(Laporte) 씨를 지명해야 한다고 느낀다고 말했다. 그(딘스모어 씨)는 볼터 씨가 신동공사에서 만장일치로 선출되었고 복무하기로 거절했으며 크리엔 씨가 신동공사에서 어떤 독일 신민도 신동공사에 공직을 맡지 않을 것이라고 진술했던 것을 지적해야만 했다. 그(딘스모어 씨)는 그러므로 어떤 독일인도 회원이 되려고 한다고 생각할 수 없으며, 라포트 씨가 적합하고 적절한 사람이자 지주이기에 그(딘스모어 씨)는 그(라포트 씨)를 지명하도록 간청했다.

크리엔 씨는 그러고 나서 그가 볼터 씨의 지명을 철회한다고 말했다.

풀포드 씨는 라포트 씨 지명을 재청했다.

무기명 투표로, 라포트 씨는 7표를 얻었으며, 볼터 씨는 한 표, 한 투표용지는 아무것도 적혀있지 않았다.

의장은 그러고 나서 라포트 씨가 선출되었다고 선언했다.

딘스모어 씨는 라포트 씨에게 그가 다음 회의에서 투표를 준비하도록 제안된 규칙 및 조례 사본이 제공돼야 한다고 제안했다.

의장은 경찰 취직을 요청하는 4월 24일자 골찰키(Gorschalki) 씨로부터의 편지를 읽었다.

크리엔 씨는 신동공사에 볼터 씨가 외견상 그의 견해를 바꿨을 지라도 그 자신이 그렇게 하지 않았다는 것을 알렸다.

풀포드 씨가 제안했고, **타운센드 씨**가 재청했다.

4월 27일 오전 10시까지 휴회.

(서명) 휴 A. 딘스모어　　　　　　(서명) H. E. 풀포드
의장 대행　　　　　　　　　　　서기 대행

.. – 영문원본 – ..

Minutes of Meeting of the Municipal Council of the General Foreign Settlement at Chemulpo, held 25th April 1889 at H. B. Vice Consulate, Chemulpo.

Present : Messrs Dinsmore, De Plancy, Krien, Li, Hayashi, Fulford, Kim, Townsend, and Yenami.

M. Dinsmore in the Chair, M. Fulford, Secretary.

Minutes of last meeting read and confirmed.

The report of the Committee upon Rules and Byelaws read.

The Council then resolved itself into a Committee of the whole Council to consider Rules and Bye laws. M. Hayashi, chairman, with reference to proposed Byelaw no. 4 which stated that the Council would make a thorough system of drainage along the streets and alleys of the Settlement. M. Townsend thought a proviso should be added to the effect that the Council undertook no responsibility for the control of the watercourse running through lots C 6 and 7. This watercourse looked tame enough at the present time, but in the rainy season was a torrent. Claims might be made unless such a proviso were made against the Council for damage done to property thereby. He believed that persons were last year previously, deterred from buying these C lots as they were informed by the Auctioneer that they would have to look after the watercourse themselves. In any case he did not think it right for the Council to undertake the task of drainage in this respect.

M. Dinsmore was of opinion that the council could not avoid its responsibility for this drain. It was a natural feature of the Settlement under their control and should be accepted as such and treated in the manner considered advisable. We could not expect the Coreans to take it off our hands by diverting its course.

M. Fulford did not see the necessity for this proviso, as the rule 4 did not bind the Council to touch this drain. It said the Council shall make drains along the streets etc. On the point of the watercourse being a natural feature of the land and as such to be accepted as unavoidable, he would agree if the watercourse were in its natural condition, but it had been made the cesspool and drain of the Corean village adjoining and the Council could not be expected to carry off the filth thus poured into it by a drain through part of the Settlement. By a small cutting the water could be made to flow outside the Settlement boundary into sea.

After some discussion the rule was altered to read to the effect that the Council shall make such drains as may be deemed necessary.

Adjournment at 12 noon till 3 p. m.

On resuming at 3 p.m. M. Hayashi in the chair.

M. Dinsmore drew attention to proposed Rule 2 of Section 6 no appropriation and assessment of Municipal Funds. He thought the council had no power to alter the rate of taxes fixed in the agreement. It was advisable that taxes be lowered as they were too high as generally acknowledged. He read a notification to American subjects dated 26th March 1887 from M. Rockhill which stated that the tax would not be collected in full for the present, as showing that the Foreign and Corean authorities had already agreed to a reduction of the taxes. At the same time no alteration had been formally made to the Land Agreement, which should be done, and he would undertake to request the consideration of the Foreign Representatives in the matter. It would certainly be better if the Council were empowered to fix the proportion of the taxes mentioned in the agreement which they would require in each year. At present they had no power to do so and ought not to frame a Rule beyond the powers conferred upon them by the Land Agreement.

M. Fulford also spoke in favour of altering proposed rule, which would then merely provide that the Council make appropriations of its Funds for the ensuing year at the last regular meeting in each year.

M. Krien thought the Rule had better stand as frist proposed, then, if the Representatives and Corean authorities agreed it could be carried into effect.

M. Dinsmore thought that this would be assuming an improper attitude with regard to the Representatives. It would be making a Rule : we had no power to make a Rule altering an important part of the Land Agreement, and then afterwards asking permission to do what we had already done. He agreed with M. Krien's views entirely as to the excessive rate of the taxes mentioned in the agreement and fully intended to move the Representatives to give the Council power to collect only so much of them as might be required.

M. Krien signified his consent to the alteration in the proposed Rule on this understanding.

The Council resumed with M. Dinsmore in the chair.

M. Krien drew the attention of the meeting to the fact that one of the members was absent - M. Woo Li Tang. Could we pass these Rules and Bye Laws unless the whole Council passed them. The Land Agreement article No. 6 says the Municipal Council can make Byelaws etc, it says nothing about a majority.

M. Dinsmore read a letter from M. Woo, dated 24th April resigning his seat on the Council, as he could not attend meetings on account of his official duties.

M. Li proposed and M. Townsend seconded that the Council proceed to the election of a member in place of M. Woo Li Tang.

Put and carried.

M. Krien said M. Wolter had reconsidered the question of his taking a seat upon the Council and had been prevailed upon by German landholders and a British landholder to accept a seat if he were elected unanimously by the other members of the Council. He nominated M. Wolter for the vacant seat.

M. Fulford asked M Krien, in view of a statement just made, if he thought the Council could not make these Rules and Byelaws except by the unanimous vote of the Council. Would one dissentient be able to stop the making of any Rule or Byelaw. If so it would be a difficult matter to get any Rules passed in an assembly of ten.

M. Krien thought that these primary Rules and Byelaws must be passed unanimously. As to future Rules and Byelaws the majority which would pass them would no doubt from a part of the Rules now to be made.

M. Hayashi took the chair and M. Dinsmore said that though he had no objection to the nomination of M. Wolter whom he had all along regarded as an excellent representative of large interests in the Settlement, still he felt bound to nominate M. Laporte whom he had caused to be approached on the matter and who had signified his consent to serve. He must point out that M. Wolter had been elected unanimously by the council and had refused to serve and that M. Krien had stated to the Council that no German subject would accept office on the Council. He had therefore no idea that any German was willing to become a Member, and M. Laporte being a fit and proper person and landholder he begged to nominate him.

M. Krien then said he withdrew the nominate of M. Wolter.

M. Fulford seconded M. Laporte's nomination.

Voting by ballot, M. Laporte received seven votes, W. Wolter one and one voting paper was blank.

The Chairman then declared M. Laporte elected.

M. Dinsmore suggested that M. Laporte be furnished with a copy of proposed Rules and Byelaws that he might be ready at the next meeting to vote upon them.

The chairman read a letter from M. Gorschalki, dated 24th April, asking for employment in the police.

M. Krien informed the Council that though M. Wolter had seemingly changed his views, he himself had not done so.

M. Fulford proposed and M. Townsend seconded.

Adjournment till 10 a. m. on 27th April.

(signed) Hugh A. Dinsmore
Acting Chairman

(signed) H. E. Fulford
Acting Secretary

여섯 번째 회의

Sixth Meeting

.. – **번역본** – ..

1889년 4월 26일 H. B. M. 부영사관에서 열린 제물포의 각국 공동 조계지 신동공사 회의록.

참석 : 딘스모어, 드 플랑시, 크리엔, 리, 하야시, 풀포드, 김,
타운센드, 예나미, 라포트 씨.
딘스모어 씨가 의장석에
풀포드 씨가 서기.

지난 회의록을 읽고 확인했다.

신동공사는 그러고 나서 그 목적으로 임명된 위원회가 만들어내고 신동공사 위원회가 토의하고 승인한 규칙과 조례를 채택하는 것에 대해 투표를 진행했다.

규칙들의 A절을 채택하는 것이 풀포드 씨에 의해 제안되고 드 플랑시 씨가 재청했다. A절은 신동공사 공직의 선거와 임명을 규정하고 그들의 의무를 정의한다.

붙여지고 통과되었다.

규칙들의 B절을 채택하는 것을 풀포드 씨가 제안하고 드 플랑시가 재청했다. B절은 신동공사의 심의사항을 규정한다.

붙여지고 통과되었다.

규칙의 C절을 채택할 것을 풀포드 씨가 제안했고 드 플랑시 씨가 재청했다. C절은 시 기금의 사용과 경비에 대해 규정했다.

붙여지고 통과되었다.

17번 조례의 채택은 타운센드 씨가 제안했고 라포트 씨가 재청했다.

붙여지고 통과되었다.

크리엔 씨는 위 발의안 중 어떤 것에도 투표하는 것을 포기했다. 그리고 그것을 제외하면 반대하는 투표는 없었고, 모든 다른 회원들은 찬성하여 투표했다.

딘스모어 씨는 크리엔 씨가 이러한 규칙과 조례를 채택하는 문제에 투표하지 않았다는 것을 지적했다. 그(딘스모어 씨)는 크리엔 씨를 비판하는 어떤 의도를 부인했고, 그(크리엔 씨)가 물론 선거를 포기할 완벽한 권리를 가졌지만, 그는 크리엔 씨가 그의 생각으로 신동공사 편을 들었다면 아주 기뻤을 것이다. 이 규칙 등이 전체 신동공사에서 통과돼야 한다고 크리엔 씨가 어제 말했던 것을 미루어 볼 때, 그(딘스모어 씨)는 크리엔 씨가 투표를 포기하면서 그가 이와 같은 규칙 등을 무효한 것으로 만드는 것을 고려할 것이라고 추론할 수 있다. 이와 같은 것이 크리엔 씨의 의도였는가? 크리엔 씨가 이러한 규칙을 만들고 그것에 대한 토의에 참여하고 그것에 동의를 표하는 신동공사의 업무에 관여해왔기에, 그(딘스모어 씨)는 신동공사 회원이자 그의 정부 대표자로서 지성적으로 그의 역할을 이행하는 것이 그의 의무라고 생각했기에 크리엔 씨에게 투표하지 않은 이유를 말해달라고 요청했다.

크리엔 씨는 규칙이 통과되는 동안 한 회원으로 있는 것과 한 회원이 투표하기를 포기하면서도 참석한 두 상황에는 큰 차이가 있다고 지적했다. 그는 후자 상황에 관해 그 어떤 의견을 제시하지 않았었다. 그가 투표를 포기한 이유에 관해서는 이렇다 : 그는 기술적인 근거로 투표를 하지 않았다. 제안에 반대하는 투표가 있는 경우는 그 어떤 다수에 반대하는 투표가 없는 경우와 꽤 달랐다.

서기 대행이 고위 대표를 통해 그것에 허가를 요청하는 막 승인받은 규칙과 조례 사본을 서울에 외국인 대표에게 제출하도록 지시돼야 한다고 풀포드 씨가 제안했고 하야시 씨가 재청했다.

붙여지고 통과되었다.

타운센드 씨는 제안하고 라포트 씨가 재청했다.

"재무관 대행은 시 기금의 6000달러를 제1은행에 1년짜리 정기예금에 은행이 허용할 가장 좋은 이자율로 예치하며, 예치 날짜로부터 현 계좌들의 이윤으로 은행에 예치된 금액에 이자를 받도록 그의 영향력을 사용하도록 지시받아야 한다. 6천 달러를 초과하는 기금의 잔액은 획득할 수 있는 최고의 조건에 현 계좌에 넣어둔다."

붙여지고 만장일치로 통과되었다.

규칙과 조례 사본이 만들어지는 것에 관한 언급이 통과되었다. 서기 대행인 풀포드 씨는 초고를 직접 복사본으로 만들기를 원하는 회원 누구에게든 보낼 것이라고 말했다.

타운센드 씨가 발의하고 풀포드 씨가 재청했다.

"신동공사는 이제 휴회하며, 규칙과 조례에 관해 외국인 대표자들의 결정이 정해진 후 신속하게 의장 대행의 요청에 따라 다시 회의를 개최한다.

붙여지고 통과되었다.

(서명) 휴 A. 딘스모어 (서명) H. E. 풀포드
의장 대행 서기 대행

1889년 12월 4일 수요일 오후 3시에 제물포, 일본 영사관에서 열린 제물포의 각국 공동 조계지의 신동공사 비공식 회원 선거 기록.

출석한 공식 회원은
딘스모어 씨, 미국 대사
크리엔 씨, 독일 영사
헝(Hung) 씨, 중국 영사
하야시 씨, 일본 부영사
풀포드 씨, 영국 부영사
김 씨, 한국 공식 회원

투표는 무기명이었고 선거는 1888년 11월 21일 서울에 외국인 대표가 동의한 선거 규칙에 따라 시행되었다.

한국 세관 위원 대행인 존스턴(Johnston) 씨가 리의 선거 용지를 회수하는 것에 대해 크리엔 씨는 그에겐 투표권이 없다고 반대했다. 문제는 1888년 12월 선거에서처럼 즉시 다시 논의되었고, 정회원들은 그 문제에 대해 투표했다. 딘스모어, 풀포드, 헝, 김 씨는 존스턴 씨의 투표를 허락하는 것에 찬성했다. 크리엔과 하야시 씨 두 명은 그렇게 하는 것에 반대했다.

존스턴 씨의 투표는 따라서 받아들여졌다.

김 씨는 그의 행동에 반하여 항의하는 표가 되기를 희망했다.

그리고 나서 표결이 진행되었으며 결과는 다음과 같았다.

볼터 씨	12표
라포트 씨	2표
사이츠(Seitz) 씨	1표

칼 볼터 씨가 따라서 선출되었다고 공표되었다.

세관 부지에 대한 부동산 권리증서가 "세관 위원"에게로 작성되며 세관 위원 대행인 쇠니케 씨에 의해 서명되었다.

제물포, 1889년 12월 5일.

(서명) H. E. 풀포드

서기 대행

Minutes of Meeting of the Municipal Council of the General Foreign Settlement at Chemulpo, held at H. B. M. vice Consulate Chemulpo on 26th April 1889.

Present : Messrs Dinsmore, De Plancy, Krien, Li, Hayashi, Fulford, Kim, Townsend, Yenami and Laporte.

M. Dinsmore in the chair.

M. Fulford acting as Secretary.

The Minutes of last meeting were read and confirmed.

The Council then proceeded to vote upon the adoption of the Rules and Bylaws formulated by the committee appointed for that purpose and discussed and approved by the Council in Committee.

The adoption of Section A of the Rules was moved by M Fulford and seconded by M. De Plancy. Section A provides for the election and appointment of officers of the Council and defines their duties.

Put and carried.

The adoption of Section B of the Rules was moved by M. Fulford and seconded by M. De Plancy. Section B provides for (deliberations) regulating deliberations of the Council.

Put and carried.

M. Fulford moved and M. De Plancy seconded the adoption of Section C of the Rules. Section C provides for the appropriation and expenditure of Municipal Funds.

Put and carried.

The adoption of the Byelaws 17 in number was proposed by M. Townsend and seconded by M. Laporte.

Put and carried.

M. Krien refrained from voting on any of the above motions, against which there was no dissentient vote, all the other members voting for them.

M. Dinsmore had noticed that M. Krien did not vote on the question of the adoption of these Rules and Bylaws. He disclaimed any intention of criticising M. Krien's course of action, he had a perfect right, of course, to refrain from voting, but he would be very glad if M. Krien would favor the Council with his views. From what M. Krien had said yesterday, that these Rules etc must be passed by the whole Council, he could only infer that M. Krien would consider that by refraining from voting he would render such Rules etc. invalid. Was such M. Krien's intention? As M. Krien had shared in the labours of the Council forming these Rules, taken part in discussion thereon and signified his consent thereto in Committee, he thought it his duty to enable himself to discharge intelligently his functions as member of the Council and the Representative of his Government, to ask M. Krien to give his reasons for not voting.

M. Krien pointed out that there was a great difference between the two situations, a member being about while the Rules were passed and a member who was present refraining from voting. He had gives no opinion on the latter situation. As to the reasons why he refrained from voting it was this : He did not vote on technical grounds. The case in which there was a vote against a proposal was quite different from that in which there was no dissentient vote.

M. Fulford proposed and M. Hayashi seconded that the Acting Secretary be instructed to submit a copy of the Rules and Byelaws just approved to the Foreign Representatives in Seoul through the Senior Representative, requesting their sanction thereto.

Put and carried.

M. Townsend proposed and M. Laporte seconded:

"That the Acting Treasurer be directed to deposit $6000 of the Municipal Funds on one year's fixed deposit with the First National Bank at the best rate of interest the Bank will allow, and to use his influence with the Bank to obtain interest on the amount now lying in the Bank at the rate for current accounts from the dates of deposit. The balance of funds above $6000 to remain on current account on the best terms obtainable."

Put and carried unanimously.

Mention being made of copies of the Rules and Byelaws passed. M. Fulford the Acting Secretary said he would send the rough copy to any member desiring to make a copy for himself.

M. Townsend moved and M. Fulford seconded:

"That the Council do now adjourn, subject to a call by the Acting Chairman, to meet as soon as convenient after the decision the Foreign Representatives as to the Rules and Byelaws."

Put and carried.

Record of the election of a non official member of the municipal Council of the General Foreign Settlement at Chemulpo held at the Japanese Consulate, Chemulpo at 3 p.m. on the 4th December 1889 - Wednesday.

The official members present were

M. Dinsmore, United States minister

M. Krien, German Consul

M. Hung, Chinese Consul

M. Hayashi, Japanese vice Consul

M. Fulford, British vice Consul

M. Kim, Korean official member

The voting was by ballot and the election conducted according to the Rules of election agreed to by the Foreign Representatives in Seoul Nov. 21st 1888.

On M. g. C. Johnston, acting commissioner of Korean Customs tendering Li's voting paper M. Krien objected that he had no vote. The question was again shortly discussed as at the election in Dec. 1888, and the official members voted on the subject. Yours, messrs Dinsmore, Fulford, Hung and Kim were in favour of allowing M. J. C. Johnston's vote. Two messrs Krien and Hayashi were against doing so.

M. Johnston's vote was accordingly accepted.

M. Kim desired that a vote might be made of his protest against his course of action.

The poll was then counted and found as follow.

M. Wolter 12 votes.

M. Laporte 2 votes.

M. Seitz 1 votes

M. Carl Wolter was accordingly declared elected.

The title deeds for the Customs lots are made out to the "Commissioner of Customs, Jencheon and were signed by M. J. C. Schoenicke, acting commissioner of Customs.

Chemulpo, 5 Dec, 1889.

(signed) H. E. Fulford,
Acting Secretary

일곱 번째 회의

Seventh Meeting

·· – **번역본** – ··

1889년 12월 16일 H. B. M. 부영사관에서 열린 제물포의 각국 공동 조계지 신동공사 회의록.

참석 : 딘스모어 씨가 의장석에, 헝, 하야시, 풀포드, 존스턴, 타운센드 씨

4월 21일 회의록을 읽고 확인했다.

딘스모어 씨는 영어를 몰라서 회의록을 따라가는데 어려움이 있는 김 씨를 대신해 제물포 세관 위원 대행인 존스턴 씨가 한국 신동공사 공식 회원으로 선출되었다고 알리는 편지를 한국외무부장으로부터 받았었다고 진술했다.

존스턴 씨는 서울의 위원장으로부터 신동공사에서 한국 정부를 대변하라는 지시사항을 받았고 그날 한국 공식 회원으로서 참석하기 위해 왔다고 알렸다.

여러 회원들이 결석했고, 신동공사 회원을 선택하는 데 필요한 업무와 다음 해 지출을 위한 기금을 책정하는 업무의 중요성 때문에, 이달 17일 금요일 오전 10시 30분까지 휴회하자는 발의안을 하야시 씨가 제안하고 풀포드 씨가 재청했다.

붙여지고 통과되었다.

(서명) 휴 A. 딘스모어　　　　　　　(서명) H. E. 풀포드
의장 대행　　　　　　　　　　　　서기 대행

.. – **영문원본** – ..

Minutes of Meeting of the Municipal Council of the General Foreign Settlement at Chemulpo, held at H. B. M. vice consulate, Chemulpo, 16th December, 1889.

Present : Messrs Dinsmore in the chair, Hung, Hayashi, Fulford, Johnston and Townsend.

The Minutes of meeting of 21th April were read and confirmed.

M. Dinsmore stated that he had received a letter from the President of the Corean Foreign Office informing him that M. J. C. Johnston Acting Commissioner of Customs in Chemulpo had been appointed Corean official Member of the Council in place of M. Kim who from his ignorance of the English language found difficulty in following the proceedings.

M. J. C. Johnston informed the Council that he had received instructions from the chief Commissioner in Seoul to represent the Corean Government on the Council, and he had come that day to take his seat as Corean official member.

In view of the absence of several members and the importance of the business to be transacted in choosing the officers of the Council and appropriating funds for next year's expenditure, M. Hayashi moved and M. Fulford seconded a motion for adjournment till Friday 17th instant at 10. 30. a.m.

Put and carried.

(signed) Hugh A. Dinsmore Acting Chairman	(signed) H. E. Fulford Acting Secretary

여덟 번째 회의

Eighth Meeting

.. – **번역본** – ..

1889년 12월 17일 제물포의 신동공사 회의록.

참석 : 딘스모어 씨가 의장석에, 드 플랑시, 헝, 하야시, 풀포드,
존스턴, 타운센드 예나미 씨

12월 16일 회의록을 읽고 확인했다.

서울의 대표들이 서명한 규칙 및 조례와 한국 외무부를 의장이 신동공사에서 제시했다.

1890년의 기금 사용 책정 문제가 논의되었으며, 이는 풀포드 씨가 발의하고 드 플랑시 씨가 재청했다.

"다음 액수들은 1890년 동안에 아래에 명시된 필요에 지출하기 위해서 제물포 각국 공동 조계지에 신동공사에 속하는 기금으로부터 사용되기로 한다고 결의했다."

	$
도로 건설	1000.00
경찰 임금	1560.00
도로 조명	200.00
등과 가로등	100.00
가로수	200.00
집세와 사무용 기구	300.00
규칙 및 조례 출력, 도구와 유니폼과 순경 숙박 등등과 같은 잡다한 것들	500.00
	총 3,860.00

회의에 붙여지고 만장일치로 통과되었다.

다음을 타운센드 씨가 발의하고 풀포드 씨가 재청했다.

> "서기는 직무를 수행하기 위해서 행정위원회 회원 두 명의 제안이 있을 시 1890년에 책정한 결의안의 목적과 제한에 종속되는 기금 지출을 실행하도록 한다고 결정되었다."

회의에 붙여지고 만장일치로 통과되었다.

신동공사는 그러고 나서 1890년도 신동공사 공직자를 선출하는 것을 진행했다.

딘스모어 씨는 의장으로 선출되었으나 신동공사에게 감사를 표하고 미국 대사로서 직무가 끝나가기 때문에 복무하기를 거절했다. 드 플랑시 씨는 그러고 나서 회장으로 선출되었으며 존스턴 씨는 재무관으로 선출되었다.

다음 회원은 행정 위원회로 선출되었다.

타운센드, 존스턴, 예나미 씨.

18일 수요일 오전 10시 30분까지 휴회를 타운센드 씨가 발의하고 풀포드 씨가 재청했다.

(서명) 휴 A. 딘스모어
의장 대행

(서명) H. E. 풀포드
서기 대행

.. – **영문원본** – ..

Minutes of Meeting of the Municipal Council, Chemulpo, 17th December 1889.

Present : Messrs Dinsmore in the chair, De Plancy, Hung, Hayashi, Fulford, Johnston, Townsend and Yenami.

Minutes of Meeting of 16th December read and confirmed.

Rules and Byelaws signed by the Representatives in Seoul and the Corean Foreign office were presented to the Council by the chairman.

The question of appropriation for the year 1890 was discussed and it was moved by M. Fulford and seconded by M. De Plancy :

"Resolved that the following amounts be, and they are hereby appropriated out of any funds belonging to the Municipal Council for the General Foreign Settlement at Chemulpo to defray expenses hereinafter mentioned for and during the year 1890."

	$
Making Streets	1000.00
Wages of Police	1560.00
Lighting the streets	200.00
Lamps and lamp-posts	100.00
Trees for the streets	200.00
House rent and office furniture	300.00
Sundries such as printing Rules and Byelaws, providing tools, uniforms, accommodations for Constables etc. etc.	500.00
	Total $3,860.00

Put to the meeting and carried unanimously.

M. Townsend moved and M. Fulford seconded the following :

"Resolved that the Secretary be, and he is hereby, ordered to draw upon the Treasurer at any time upon the suggestion of 2 members of the Executive committee for such sums as they may require to carry out their duties in expenditure of funds, subject to the purposes and limitations of the resolution of appropriation for the year 1890"

Put to the meeting and carried unanimously.

The Council then proceeded to elect its officers for the year 1890.

M. Dinsmore elected President, but thanked the Council and declined to serve in view of his approaching termination of office as Minister of the United States. M. de Plancy was then elected President and M. Hayashi Vice President.

M. Fulford was elected Secretary and M. J. C. Johnston, Treasurer.

The Following members were elected Executive Committee.

Messrs Townsend, Johnston and Yenami.

Adjournment till Wednesday 18th at 10 30 a.m. moved by Townsend seconded by M. Fulford.

(signed) Hugh A. Dinsmore
Acting Chairman

(signed) H. E. Fulford
Acting Secretary

아홉 번째 회의

Ninth Meeting

-- 번역본 --

1889년 12월 18일에 열린 제물포, 각국 공동 조계지의 신동공사 회의록.

참석 : 딘스모어 씨가 의장석에, 드 플랑시, 헝, 하야시, 풀포드, 존스턴, 타운센드, 예나미 씨

12월 17일 회의록을 읽고 확인했다.

다음 결의안을 풀포드 씨가 발의하고 타운센드 씨가 재청했다.

"서기는 이로써 서울에 있는 조약국들의 고위 대표들에게 다음과 같은 내용의 서신을 쓰도록 결정되었다. 만일 신동공사가 구매 신청된 조계지의 땅에 대해 조사하고 지도에 표시하는 임무를 한국의 무역감독관과 협상할 수 있는 권한을 대표단에 의해 위임받는다면, 이는 공식 지도에 여전히 표시되지 않은 조계지 부분을 설정하는 것을 촉진할 것이라는 것이 의회의 의견이며, 외국인 대표단은 이를 위해 요망되는 조치를 취해 줄 것을 요청하는 바이다."

회의에 붙여지고 통과되었다.

풀포드 씨가 발의하고 하야시 씨가 재청했다.

"외국인 묘지를 둘러 막고 개선하는 것에 총 100달러가 행정 위

원회가 지출할 지방 기금에서 책정되어야 한다고 결의했다.”

회의에 붙여지고 통과되었다.

풀포드 씨가 발의하고 존스턴 씨가 재청했다.

“서기는 이로써 11번 조례에 언급된 바와 같이 매년 10달러, 혹은 발급인에 만료되지 않은 부분 만큼을 부고하는 허가서를 적절한 조건 하에서 발급하도록 지시받으며 지시받아야 한다고 결의했다.”

회의에 붙여지고 통과되었다.

신동공사에 인장을 만드는 절차는 행정 위원회에 넘겨졌으며, 이와 같은 인장은 향후 승인과 채택을 하려고 신동공사에 제출될 것이었다.

풀포드 씨의 발의안에 타운센드 씨가 재청하기를, 신동공사는 휴회하고 다음 2월 마지막 주에 다시 만나며, 이는 서기가 미리 1주 전에 발부할 통지에 따른다.

(서명) 휴 A. 딘스모어
의장 대행

(서명) H. E. 풀포드
서기 대행

영문원본

Minutes of Meeting of the Municipal Council of the General Foreign Settlement, Chemulpo, held 18th December, 1889.

Present : Messrs. Dinsmore in the chair, De Plancy, Hung. Hayashi, Fulford, Johnston, Townsend and Yenami.

Minutes of meeting of 17th December were read and confirmed.

The following resolution was moved by M. Fulford and seconded by M. Townsend.

"Resolved that the Secretary be, and is hereby, instructed to write a letter to the Senior Representative of the Treaty Powers in Seoul, laying before him the opinion of the Council that it would facilitate the laying out of the portion of the Settlement still unmarked upon the official plan if the Council were empowered by the Representatives to arrange with the Corean Superintendent of Trade the survey and marking on the plan of any land in the said Settlement for which application to purchase is made, and to request him to move the Foreign Representatives to take such action in the matter as may seem to them desirable."

Put to the meeting and carried.

M. Fulford moved and M. Hayashi seconded.

"Resolved that the sum of $100 be appropriated from the Municipal Funds to be expended by the Executive Committee in enclosing and improving the Foreign Cemetery."

Put to the meeting and carried.

M. Fulford moved and M. Johnston seconded:

"resolved that the Secretary be, and is hereby, directed to issue under proper condition such licenses as are referred to in Byelaw No. 11 charging for each such license the sum of $10 each calendar year or part thereof unexpired at the date of issue of the License."

Put to the meeting and carried.

The order for making seal for the Council was left to the Executive Committee, such seal to be hereafter submitted to the Council for approval and adoption.

On the motion of M. Fulford seconded by M. Townsend, the Council adjourned to meet again during the last week in February next, subject to a notice to be issued one week beforehand by the Secretary.

(signed) Hugh A. Dinsmore
Acting Chairman

(signed) H. E. Fulford
Acting Secretary

1890년 첫 회의

1st Meeting 1890

.. – **번역본** – ..

1890년 2월 28일에 열린, 제물포 각국 공동 조계지의 신동공사 회의록.

참석 : 부의장인 하야시 씨가 의장석에, 그리고 크리엔, 풀포드, 존스턴, 타운센드, 볼터 씨

지난 18일 마지막 회의록을 읽고 확인했다.

풀포드 씨는 지난 조계지의 새로운 부지에 관한 공식적 계획도에 대한 조사와 표시에 관하여 만들어진 신동공사 결의안에 따라 서울에 미국 대사에게 쓴 12월 19일자 편지와 미국 대사가 신동공사 안을 서울의 대표들 앞에 내놓을 것이라는 답장도 읽었다.

딘스모어 씨는 한국 외무부 의장이 한국 정부에 신동공사가 제안한 과정을 추천하기로 동의했으며 그(딘스모어 씨)가 최근 외무부로부터 새로운 부지의 조사와 표시에 관하여 신동공사와 의논하라는 지시 사항을 제물포의 한국 무역 감독관에게 보냈다고 진술하는 편지를 받았다고 알렸다. 그는 이 편지의 사본을 신동공사에 보내기로 했다.

크리엔 씨는 신동공사가 무역 감독관에게 신동공사가 새로운 부지를 표시하고 조사하는 데 그와 협력하기로 준비가 됐다고 알리는 편지를 써야한다고 제안했다.

풀포드 씨는 신동공사가 아직 대표단으로부터 그와 같은 행동을 할 권위를 부여받지 못했다고 지적했다.

딘스모어 씨는 어떤 공식적인 권위가 아직 주어지지 않았지만 대표들 모두 그 제안에 찬성이라고 인정했다. 그는 신동공사가 그 문제에 조치를 취하기 전에 공식적 권위를 기다리지 않기를 바랬다. 동시에 그는 신동공사에 필요한 편지가 도착할 것임을 장담했다.

그리고 크리엔 씨가 제안했다.

> "신동공사 서기는 이로써 공식적 계획에 각국 공동 조계지의 조사되지 않은 부지들을 놓고 배치하기 위해 한국 정부와 조약국 대표들 사이에 이루어진 협약이 무엇이든 실행하는 데 협력하려는 신동공사의 바램을 표현하는 쪽지를 제물포 감독관에게 전달하도록 지시받아야 한다고 결의했다."

딘스모어 씨가 재청했다.

만장일치로 통과되었다.

풀포드 씨가 제안했고 볼터 씨가 재청했다.

> "서기는 이로써 1889년 3월 27일의 회의에 신동공사 결의안에 따라 D 7 부지 동쪽의 새 부지와 D 29부터 36까지의 땅에 관한 조사와 표시에 있어 무역 감독관과 함께 행동하도록 지시 받으며, 지시 받아야 한다고 결의했다. 상기된 네 토지 부지의 남쪽 면의 너비만 8미터가 되도록 한다."

만장일치로 통과되었다.

볼터 씨가 일본전관조계지와 C 부지들 앞의 해안에 대해서 물었다. 만약 이 해안이 메워진다면, 그것[해안]은 각국 공동 조계지의 일부가 될 것인가. 그는 이 견해를 뒷받침하는 것으로 토지 협약 7절을 언급했다.

하야시 씨는 일본이 조계지 앞의 해안가가 각국 공동 조계지의 일부로 고려될 수 없다고 생각했다. 최소 현재 땅 남쪽의 상당한 거리까지는 그렇게 될 수 없다. 역 근처의 경우에는 그렇게 될 수도 있다. 일부 일본인은 이 해안가에 지원을 했고, 그는 그 문제에 관해 한국 정부와 협상할 것을 곤도(Kondo) 씨에게 제안했다. 그(하야시 씨)는 아직 무언가 결정되었다는 이야기를 듣지 못했다. 일본토지협약은 일본인들이 그들의 조계지를 확대하기를 원한다면 한국 당국에 신청할 수가 있으며, 그(하야시 씨)의 의견으로는 이는 해안 쪽으로 확장하는 것으로 추정할 수 있을 것이라고 진술했다.

딘스모어 씨는 모든 해안이 메워지면 각국 공동 조계지의 일부가 되는 것이 의도였다고 생각했다.

풀포드 씨는 전 서울 영국 총영사인 애스톤(Aston) 씨가 작성한 보고서를 읽었는데, 이 보고서는 이를 분명히 진술했다. 이 보고서는 아마도 1884년 5월 날짜이다.

볼터 씨가 그러고 나서 발의했고 타운센드 씨가 재청했다.

> "신동공사 서기는 이후로 메워질지 모르는 일본전관조계지 및 각국 공동 조계지의 남쪽 부분 앞의 땅이 각국 공동 조계지에 속할 것인지 외국인 대표단의 의견을 묻도록 요청받아야 한다고 결의했다."

만장일치로 통과되었다.

볼터 씨가 제안했고 타운센드 씨가 재청했다.

"행정 위원회는 이로써 서울 도로까지 일본전관 조계지에서 이어지는 구획에 대한 견적서를 제출하도록 지시받으며, 지시받아야 한다고 결의했다.”

만장일치로 통과되었다.

내일인 3월 1일 오전 10시까지 휴회.

(서명) H. E. 풀포드 (서명) G. 하야시

명예 서기 부의장

-- 영문원본 --

Minutes of meeting of the Municipal Council of the General Foreign Settlement of Chemulpo, held 28th February 1890.

Present : M. Hayashi, Vice President, in the chair, and Messrs Dinsmore, Krien, Fulford, Johnston, Townsend and Wolter

The minutes of the last meeting, of 18th December last, were read and confirmed.

M. Fulford read the letter dated 19th December last which be had written to the United States Minister, Seoul, in accordance with a resolution of the Council, with reference to the survey and marking on official plan of new lots in the settlement, and also of the reply of the United States Minister promising to lay the proposal of the Council before the Representatives in Seoul.

M. Dinsmore informed the meeting that the President of the Corean Foreign Office had agree to recommend the course proposed by the Council to his

Government, and that he, M. Dinsmore, had lately received a letter from the Foreign Office stating that instruction had been sent to the Corean Superintendent of Trade at Chemulpo to consult with the Council as to the survey and marking out of new lots. He would forward a copy of this letter to the Council.

M. Krien suggested that the Council write a letter to the Superintendent of Trade informing him that the Council is ready to cooperate with him in the survey and marking out etc of new lots.

M. Fulford pointed out that the Council had not received authority from the Representatives to act as aforesaid.

M. Dinsmore admitted that no formal authority had yet been given, but the Representatives were all in favour of the proposal. He hoped the Council would not wait for a formal authority before taking action in the matter. At the same time he would undertake that a letter be written to the Council in the sense required.

M. Krien then proposed:

"Resolved that the Secretary of the Municipal Council is hereby instructed to address a note to the Superintendent of Trade at Chemulpo expressing the desire of the Council to co- operate with him in carrying out whatever agreement has been reached between the Korean Government and the Representatives of the Treaty Powers for laying and placing upon the official plan the unsurveyed lots of the Foreign Settlement."

Seconded by M. Dinsmore:

Carried unanimously.

M. Fulford proposed and M. Wolter seconded:

"Resolved that the Secretary be, and is hereby, instructed to act in conjunction with the Superintendent of Trade in the survey and marking on the official plan of the new lots to the East of lot D 7 and of the land to the North of lots D 29 to 36 in accordance with the resolution of the Council at their meeting of 27th March 1889. The road along the South sides of the said four new lots to be eight metres only in width."

Carried unanimously.

M. Wolter asked about the foreshore in front of the Japanese Settlement and the C lots. If this foreshore were filled in, would it form part of the General Foreign Settlement. He referred to Section 7 of the Land Agreement as favouring this view.

M. Hayashi thought that the foreshore in front of the Japanese Settlement could not be considered as part of the Foreign Settlement. At least not for a considerable distance South of the present land. Near station stand it might be so. Some Japanese had applied for this foreshore, and he had suggested to M. Kondo to make an arrangement with the Corean Government on the matter. He had not heard of any having been made as yet. The Japanese Land agreement stated that if the Japanese wished to enlarge their Settlement they could apply to the Corean Authorities, and in his own opinion this would infer an extension seawards.

M. Dinsmore thought that the intention was that all the foreshore was to be part of the Foreign Settlement when filled in.

M. Fulford read a memorandum by M. Aston, formerly British Consul General in Seoul which stated this clearly. This memo dates probably May 1884.

M. Wolter then moved and M. Townsend seconded:

"Resolved that the Secretary of the Council be requested to ask the opinion of the Foreign Representatives whether land in front of the Japanese Settlement and Southern portion of the Foreign Settlement which may be hereafter filled in would belong to the General Foreign Settlement."

Carried unanimously.

M. Wolter proposed and M. Townsend seconded:

"Resolved that the Executive Committee be, and is hereby, instructed to submit an estimate for a bund in continuation of the Japanese bund, as far as the Seoul Road."

Carried unanimously.

Adjournment till tomorrow 1st March at 10:30 a.m.

1890년 첫 회의 계속

1st Meeting 1890 continued

.. – 번역본 – ..

1890년 3월 1일에 열린, 제물포 각국 공동 조계지의 신동공사 회의록.

참석 : 부의장인 하야시 씨가 의장석에, 딘스모어, 크리엔, 풀포드, 존스턴, 타운센드, 볼터 씨

2월 28일 회의록을 읽고 확인했다.

크리엔 씨는 지난 해 12월 17일 회의에서 공직자와 행정 위원회 선거를 언급했다. 신동공사 절차에 대한 규칙 A부 1항은 공직자가 그 해에 한해 공직을 맡아야 된다고 규정한다. 그것은 그러므로 1889년 동안 선출된 공직자가 그 해에만 공직을 맡아야 한다는 것으로 보인다. 행정 위원회에 대해서도 크리엔 씨는 지주가 공식 회원들과 비교하여 신동공사에 대표가 너무 적기 때문에 비공식 회원 3명 모두가 위원회에 있어야 한다는 의견이었다.

하야시 씨는 12월 회의에서 어느 회원도 그 선거를 다음 해에 해야 한다는 생각을 하지 않았다고 진술했다. 그것은 의심의 여지없이 상식으로 받아들여졌다.

딘스모어 씨는 다음 해에 대한 선거를 12월에 여는 데 있어 규칙이 엄격

하게 준수되지 않아왔다고 시인했다. 그로 인해 그는 매 해 12월에 임명되는 비공식 회원 세 명의 선출에 관한 규칙을 잘못 이해하고 있었다.

풀포드 씨는 신동공사가 12월에 모였을 때 어떤 종류의 공직자도 없었고 그들(신동공사)은 지체 없이 선거로 넘어갔다고 말했다. 공직자와 관련하여 이는 규칙과 상당히 부합하지 않았다. 그러나 행정위원회는 같은 입장이 아니다. 즉 규칙은 언제 그들이 선출돼야 하는지 또는 얼마나 오랜 기간 그들이 공직을 맡아야 하는지를 명시하지 않았다. 그들은 1890년 동안 복무하도록 12월에 선출되었었다.

크리엔 씨가 발의했다.

"1890년에 대한 1889년 12월 17일에 신동공사 회의에서 일어난 신동공사 공직자와 행정위원회의 선거는 이로써 확정되었다고 결의했다."

딘스모어 씨는 그가 결의안에 찬성하지 않으며, 행정위원회에 관하여 그것이 필요하다고 생각하지 않았다. 신동공사는 분명히 12월의 회의에서 그들을 선출하는 데 있어서 규칙을 거스르지 않았다.

타운센드 씨는 행정위원회 회원으로서 그가 그의 선출을 확정하는 것을 선호한다고 진술했다. 위원회의 권위에 관해 조금의 의심도 가지지 않는 것이 더 좋다.

발의안을 풀포드 씨가 재청했고 만장일치로 통과되었다.

크리엔 씨와 볼터 씨가 지난 12월에 이뤄진 1890년에 대한 자금 책정에 관한 여러 질문을 했다.

풀포드 씨가 발의하고 딘스모어 씨가 재청했다.

"서기는 신동공사 다음 회의에서 행정 위원회는 1년간 공직을 맡아야 하고 신동공사 공직자 및 행정위원회 선거는 매년 마지막 정규 회의에서 열려야한다는 취지로 규칙의 변경이 고려될 것이라고 명시하도록 지시 받을 것을 결의했다. 위원들은 다음 1년 동안 공직을 맡도록 선출되는 것이다."

만장일치로 통과되었다.

다음 4월 16일 수요일까지 휴회를 크리엔 씨가 제안하고 딘스모어 씨가 재청했다.

통과되었다.

(서명) H. E. 풀포드 명예 서기

(서명) G. 하야시 부의장

— 영문원본 —

Minutes of Meeting of the Municipal Council of the General Foreign Settlement at Chemulpo held 1st March 1890.

Present : messrs Hayashi, Vice President in the chair, Dinsmore, Krien, Fulford, Johnston, Townsend and Wolter.

The Minutes of the Meeting of February 28th were read and confirmed.

M. Krien referred to the election of officers and executive committee held at the meeting of 17th December last. Article 1 of section A of the Rules for Regulating the proceedings of the Council provides that officers shall hold office for and during the current calendar year. It would therefore seem that officers elected during 1889 should hold office during that year only. As to the Executive Committee M. Krien was of opinion that as the Landholders had so few representatives on the council in comparison with official members, the three non official members should all be on the Committee.

M. Hayashi stated that it had not occurred to any members at the meeting in December that the election should be deferred till the present year. It had been held by common consent, without question.

M. Dinsmore admitted that the Rules had not been strictly observed in holding the election in December for the ensuing year. He, for his own part, had been mislead by the Rules for Election of the three non-official members, which is appointed for December in each year.

M. Fulford said that the Council when they met in December were without officers of any kind and they proceeded to the election without delay. As regards the officers this was not quite in accordance with the Rules. The Executive Committee, however, were not on the same footing; the Rules not stating when they should be elected or for how long a period they should hold office. They had been elected in December to serve during the year 1890.

M. Krien moved:

"Resolved that the elections of the officers of the Council and the members of the Executive Committee which took place at the meeting of the Municipal Council on 17th December 1889 for the year 1890 shall be and are hereby confirmed."

M. Dinsmore said he should not for the resolution, but did not think it was necessary as regards the Executive Committee. The Council was certainly not acting against the Rules in electing them as was done at the meeting in December.

M. Townsend stated that as a member of the Executive Committee he would prefer to have his election confirmed. It was better to have not the slightest doubt as to the authority of the Committee.

The motion was seconded by M. Fulford and carried unanimously.

Several questions were asked by messrs Krien and Wolter as to appropriations for 1890 which were made in December last.

M. Fulford moved and M. Dinsmore seconded:

"Resolved that the Secretary be and is hereby instructed to state in the circular calling the next meeting of the Council, that an alteration in the Rules will be considered, to the effect that the Executive Committee shall hold office for one calendar year and that the election of the officers of the Council and the Executive Committee shall be held at the last regular meeting in each year. The members then elected to hold office during the ensuing calendar year."

Carried unanimously.

M. Krien proposed and M. Dinsmore seconded adjournment till Wednesday 16th April next.

Carried.

(signed) H. E. Fulford
Acting Secretary

(signed) G. Hayashi
Vice President

1890년 4월 16일 회의 (화요일)

Meeting of 16th April 1890 (Wednesday)

-- 번역본 --

참석 : 부의장인 하야시 씨가 의장석에, 그리고 헝, 풀포드,
존스턴, 타운센드, 볼터 씨

1890년 3월 1일 회의록을 읽고 확인했다.

하야시 씨가 그가 드 플랑시 씨로부터 그(드 플랑시)와 크리엔 씨가 오늘 서울로부터 오고 있다고 진술하는 전보를 받았다고 언급했다.

이달 17일 목요일 오전 10시 30분까지 휴회하는 결의안을 볼터 씨가 제안하고 타운센드 씨가 재청했다.

만장일치로 통과되었다.

(서명) 콜린 드 플랑시
H. E. 풀포드
명예 서기

읽고 확인했다.

1890년 4월 17일.

.. – 영문원본 – ..

Present : M. Hayashi, Vice President in the chair and Messrs Hung, Fulford, Johnston, Townsend and Wolter.

The minutes of the Meeting of March 1st 1890 were read and confirmed.

M. Hayashi mentioned that he had received a telegram from M. de Plancy stating that he and M. Krien were coming down from Seoul this day.

M. Wolter proposed and M. Townsend seconded a resolution to adjourn till Thursday 17th instant at 10:30 a.m.

Carried unanimously.

(Signed) V. Collin de Plancy

(Signed) H. E. Fulford.

Hon. Secretary.

Read and confirmed.

April 17th 1890.

1890년 4월 17일 회의록

Minutes of meeting of 17th April 1890

-- 번역본 --

참석 : 콜린 드 플랑시 씨가 의장, 그리고 크리엔, 헝, 하야시, 풀포드, 존스턴, 타운센드, 볼터 씨.

4월 16일 회의록을 읽고 확인했다.

서기는 명예 미국대사이자 서울 외국인 대표들의 원로인 딘스모어 씨로부터 온 1890년 3월 18일자 편지를 낭독했다. 대표단은 현재로서는 일본전관조계지와 각국 공동 조계지 앞의 습한 부지로 알려진 부지들이 각국 공동 조계지에 속하는지의 여부에 대해서 의견을 표현할 입장이라고 생각하지 않으며, 신동공사는 제물포 토지 규정에 서명한 각국 대표들과 한국 정부 사이의 협약을 준수하라는 지시사항을 전달한다. 이에 따르면 향후 각국 공동 조계지에서 토지를 구획하는 것과 공식적인 계획에 따라 구획을 표시하는 것은 제물포 무역감독관과의 공조하에 신동공사의 통제권 하에 있는 것이다.

서기는 또한 그가 새로운 부지를 조사하고 구획하는 주제에 관하여 신동공사 결의안에 따라 무역 감독관에게 썼던 3월 4일자와 4월 5일자의 두 편지를, 또한 "한국 호텔Hotel de Coree"에 대한 인가에 관하여 스타인벡 씨에게 4월 3일과 4월 11일 일자의 편지 둘도 읽었다.

풀포드 씨는 그러고 나서 4월 8일에 발부된 신동공사 통지에 맞춰 다음과 신동공사 규칙 A절 3항에 다음과 같은 추가를 제안했다.

다음의 문구가 신동공사 절차와 신동공사 관리의 업무를 규제하는 A절 3항에 덧붙여져야 한다고 결의했다.

행정 위원회는 임기를 1년으로 하며, 다음 해의 공직을 맡을 위원들은 매년 마지막 정규 회의에서 선출돼야 한다.

하야시 씨가 재청했다.

만장일치로 통과되었다.

풀포드 씨는 앞서 언급된 A부 1항에 다음과 같은 변경도 제안했다.

> "매년 마지막 정규 회의에" 문구는 신동공사의 절차와 신동공사 공직자의 업무를 규제하는 규칙의 A부 1항에 "신동공사에 선출될 사람" 문구 다음에 삽입되어야 하며 같은 항에 "그리고 현재의 해 동안 공직을 맡아야 한다" 문장에서 "현재"라는 단어는 "이듬해"로 변경돼야 한다고 결의했다.

행정 위원회는 진행 상황을 보고했다. 미국인 신민인 락스데일(Ragsdale) 씨는 3월 15일부로 월 70달로의 봉급으로 사업 감독 경관으로 고용되었다. 그에게 월 15달러로 임대하는 숙소도 제공되었다. 그의 고용기간은 양측 간에 한 달을 말미로 통보하기로 했다. 그는 월 70달러의 임금 이상의 그 어떤 수당이 없다. 길을 평탄화하고 배수관을 파는 업무는 3월 28일부로 진행되어왔다. 경찰력은 아직 조직되지 않았지만 도로 건설에 막노동자들은 필요하다면 락스데일 씨를 돕는데 활용 가능하다. 현재 도로 건설 등에 들어가는 일일 비용은 적지만 돌로 배수관이 만들어질 때는 상당한 양의 돈이 필요할 것이다. 행정위원회는 그러므로 특히 한국 마을에 인접한 조계지의 남동쪽 모퉁이에서 농지 땅과 배수관이 개선되고자 한다면 그 이상의 자금 책정이 다음 회의에서 고려돼야 한다고 제안한다.

타운센드 씨가 발의했고 볼터 씨가 재청했다.

"마지막 회의에서 신동공사는 배수관을 건설할 목적으로 추가적인 기금 책정하는 문제를 고려할 것이라고 결의했다."

만장일치로 통과되었다.

타운센드 씨는 중국인 계약업자가 C1에서 5까지 부지들 앞 해안가를 948달러에 정리한다는 견적서를 주었다고 언급했다. 그(타운센드 씨)는 그것이 좀 더 싼 값으로 될 수도 있다고 생각하므로, 계약 없이 일부를 해본 뒤 그것이 얼마나 비용이 들지를 생각해보자고 제의했다. 해안가 진흙이 사용된다면 메우는 데 드는 비용을 줄일 수 있을 것이었다.

행정 위원회는 공식 위원회 인장으로 사용하기 위해 준비되었던 인장을 제출했다.

풀포드 씨는 1,312 평방미터인 현 D 15번 부지를 분할하는 것에 관해 신동공사의 의견을 묻기를 바랬다. 이 부지는 영국 신민 홀링스워스가 구입했으며, 그리고 그는 반을 영국 신민인 홉킨스에게 팔았다. 각각 부동산 권리증서를 원했다. 신동공사와 무역 감독관은 이제 부지를 확정하고 그 공식 지도에 그 위치를 표시할 권한을 부여받았다.

풀포드 씨가 발의하고 하야시 씨가 재청했다.

"신동공사는 D 15 부지를 두 개의 동일하거나 거의 동일한 비율로 분할하는 것에 반대가 없으며, 공식 지도는 그에 맞춰 변경되며 부동산 권리증서는 각 몫에 발행된다고 결의했다.

볼터 씨가 발의하고 풀포드 씨가 재청했다.

"신동공사는 현 부지들의 600평방미터 이하의 토지 분리에 대해서는 어떤 부동산 권리증서도 발부되어서는 안 된다는 의견이라고 결의했다."

만장일치로 통과되었다.

볼터 씨는 어떤 경찰도 현재로서 고용되지 않기를 희망했다. 그는 일본 경찰이 각국 공동 조계지를 순찰하도록 준비가 마련된다면 많은 지출이 절약될 수 있을 것이라고 생각했다. 밤낮으로 한 사람이면 아마 충분할 것이며 신동공사는 그에 맞춰 지불할 수 있을 것이다.

하야시 씨는 일본 경찰력이 7명 뿐으로 아주 적다고 언급했다. 그(하야시 씨)는 그들(일본 경찰)이 각국 공동 조계지에 대해 충분히 할애를 할 수 없을 것이라고 우려했다.

볼터 씨가 발의하고 타운센드 시가 재청했다.

"하야시 씨는 일본 경찰이 각국 공동 조계지를 순찰하는 데 어떤 계약이 마련될 수 있는지를 알아내도록 요청돼야 한다고 결의했다."

통과되었다.

형 씨가 제안하고 하야시 씨가 재청했다.

행정위원회는 이로써 B 부지와 인접한 북쪽에 각국 공동 조계지로부터 청국전관조계지를 나누는 길에 우물을 팔 장소를 중국 영사가 마련하도록 권한을 부여 받는다고 결의했다.

만장일치로 통과되었다.

풀포드 씨가 발의하고 볼터 씨가 재청했다.

"행정위원회는 이로써 한국 마을과 경계를 이루는 조계지의 남동쪽으로 낮게 자리 잡은 땅의 물을 뺄 권한을 부여받아야 하고 권한을 부여받는다고 결의했다."

만장일치로 통과되었다.

5월 23일 금요일 오전 10시까지 휴회하도록 풀포드 씨가 제안하고 타운센드 씨가 재청했다.

통과되었다.

(서명) G. 하야시 부의장

(서명) 제임스 스콧 명예 서기

읽고 확인했다.

1890년 5월 23일

– 영문원본 –

Present : M. Collin de Plancy, President and Messrs Krien, Hung, Hayashi, Fulford, Johnston, Townsend and Wolter.

The minutes of the meeting of 16th April were read and confirmed.

The Secretary read a letter from Hon. M. Dinsmore, United States Minister, and Doyen of the Foreign Representatives, Seoul, dated 18 March 1890, informing the Council that the Representatives do not feel at this time in a position to express an opinion as to whether lots - known as water lots - in front of the Japanese Settlement and the General Foreign Settlement at Chemulpo belong to the General Foreign Settlement; and also informing the Council that the Council is instructed to carry out an Agreement, made between the Representatives of the Powers signatory to the Chemulpo Land Regulations and the Korean Government, to the effect that in future the Laying out of lots in the General Foreign Settlement and marking the same upon the official plan shall be under the control of the Municipal Council acting in conjunction with the Superintendent of Trade at Chemulpo.

The Secretary also read two letters which he had written to the Superintendent of Trade dated March 4th and April 5th in accordance with resolution of the Council, on the subject of survey and marking on plan of new lots; also of two letters dated April 3rd and April 11th to M. J. Steinbeck on the subject of a license for the "Hotel de Coree".

M. Fulford then proposed in accordance with the notice of meeting issued on April 8th the following addition to article 3 of Section A of the Rules of the Council.

Resolved that the following words shall be added to Article 3 of Section A of the Rules for regulating the proceedings of the Council and the duties of its officers.

The Executive Committee shall hold office for one calendar year and shall be elected at the last regular meeting in each year to hold office during the ensuing calendar year.

Seconded by M. Hayashi.

Carried unanimously.

M. Fulford also proposed the following alterations to Article 1 of Section A aforesaid:

Resolved that the words "at the last regular meeting in each year" shall be inserted in Article 1 of Section A of the rules for regulating the proceedings of the Council and the duties of its officers after the words "who shall be chosen by the Council" and that the word "current" in the sentence "and shall hold office for and during the current calendar year" in the same article shall be altered to "ensuing."

The Executive Committee reported progress. An American subject M. Ragsdale had been engaged from 15th March as Constable, Foreman of Works and at a salary of $70 a month. He is also provided with quarters, a house being rented at $15 a month. The terms of his engagement are a month's notice on either side. He has no other allowances beyond his wages of $70 a month. A Chinese foreman has been engaged at $10 a month. The work of levelling roads and digging drains has been going on from 28th march. No police force has been organised as yet, but the coolies employed in road making etc. are available to assist M. Ragsdale if necessary. At present daily expenses for road making etc. are small, but when the stone drains are made a good deal of money will be required. The Executive Committee therefore suggests that a further appropriation for drains should be considered at next meeting, especially if the paddy ground and drain in the South East corner of the Settlement adjoining the Corean village are to be improved.

M. Townsend moved and M. Wolter seconded "Resolved that at the next meeting the council will consider the question of a further appropriation of funds for the purpose of constructing drains."

Carried unanimously.

M. Townsend mentioned that a Chinese contractor had given an estimate for bunding the foreshore in front of lots C 1 to 5 for $948. He thought it could be done for less and would recommend doing a portion without a contract to see what it would cost. If the foreshore mud could be used, it would reduce expenses for filling in.

The Executive Committee submitted a seal which had been prepared for use as the official seal of the Council.

M. Fulford wished to ask the opinion of the Council with respect to the division of an existing lot D No 15 area 1312 square metres. This lot was bought by a British subject Hollingsworth, who had sold half to a British subject Hopkins. Each wished for a Title Deed. The Council and the Superintendent of Trade were now empowered to lay out lots and mark the same on the official plan.

M. Fulford moved and M. Hayashi seconded:

"Resolved that the Council has no objection to the division of lot D 15 into two equal or nearly equal portions, the official plan being altered accordingly and a Title Deed issued for each portion."

Carried unanimously.

M. Wolter moved and M. Fulford seconded:

"Resolved that the Council is of opinion that no Title Deeds should be issued for any divisions of a less area than 600 square metres of existing lots."

Carried unanimously.

M. Wolter hoped that no policeman would be engaged for the present. He thought that if an arrangement could be made for the Japanese police to patrol the Foreign Settlement, much expense would be saved. One man by night and day would probably be enough and the Council could contribute accordingly.

M. Hayashi mentioned that the Japanese Police Force was very small only 7men; he feared that they would not be able to spare enough for the General Foreign Settlement.

M. Wolter moved and M. Townsend seconded:

"Resolved That M. Hayashi be requested to ascertain what arrangement could be made for the Japanese police to patrol the General Foreign Settlement."

Carried.

M. Hung proposed and M. Hayashi seconded:

Resolved That the Executive Committee be and are hereby empowered to arrange with the Chinese Consul a place for a well to be dug by the Chinese Consul on the road dividing the Chinese Settlement from the General Foreign Settlement on the north side adjoining lot B.

Carried unanimously.

M. Fulford moved and M. Wolter seconded:

"Resolved that the Executive Committee be and are hereby empowered to drain the low-lying ground to the South East of the Settlement bordering the Corean village."

Carried unanimously.

M. Fulford proposed and M. Townsend seconded adjournment till Friday 23rd May at 10:30 a.m.

Carried.

(signed) G. Hayashi	(signed) James Scott
Vice President	Hon. Secretary

1890년 5월 23일 회의

Meeting of 23rd May 1890

·· – 번역본 – ··

참석 : 부의장인 하야시 씨, 그리고 크리엔, 존스턴, 스콧(Scott), 예나미 씨

1890년 4월 17일 회의록을 읽고 적절한 절차에 따라 확인했다.

1890년 5월 12일, 명예 서기직을 사임하는 것을 알리는 풀포드 씨로부터의 편지를 읽었다. 사임은 수락되었고 크리엔 씨는 스콧 씨가 명예 서기가 되어야 한다고 제안했다. 박수를 받으며 통과되었다.

행정 위원회를 대표하여 존스턴 씨는 그들(행정 위원회)이 만족스러운 방식으로 배수관, 도로 등의 업무를 진행하고 있다고 보고했다. 그(존스턴 씨)는 현재로서 일천 달러가 배수로에 책정되어야 한다고 제안했다. 크리엔 씨가 재청하고 만장일치로 통과되었다.

존스턴 씨는 추가적인 지시사항이 있을 때까지 그가 5월 3일의 정기 예금을 현 계좌에 이체했다고 보고했다.

크리엔 씨는 명예 재무관의 행동이 이러한 측면에서 승인받아야 하며 더 나아가 총 사천 달러가 제물포 일본의 제1은행(the First National Bank)에 1년간 정기 예금이 돼야 하고 기금의 잔액은 그 은행의 현 계좌에 남겨야 한다고 제안했다.

예나미 씨가 재청했고 만장일치로 통과되었다.

예나미 씨는 신동공사의 마지막 회의가 7월 25일 오전 10시 30분에 열려야 한다고 제안했다.

크리엔 씨가 재청했고 만장일치로 통과되었다.

(서명) G. 하야시 (서명) C. H. 캠벨
부의장 H. B. M. 부영사이자 명예 서기

.. – **영문원본** – ..

Present : M. Hayashi, Vice President and messrs Krien, Johnston, Scott and Yenami.

The minutes of the meeting of 17th April 1890 were read and duly confirmed.

Letter read from M. Fulford announcing his resignation of the Honorary Secretaryship (12th May 1890). Resignation accepted and M. Krien proposed that M. Scott be Honorary Secretary. Carried by acclamation.

M. Johnston, on behalf of the Executive Committee, reported that they were proceeding with the work of drains, roads, etc, in a satisfactory manner. He proposed that one thousand dollars be appropriated for drains for the present. M. Krien seconded and carried unanimously.

M. Johnston reported that, pending further instructions, he had transferred the fixed Deposit of 3rd May to account current.

M. Krien proposed that the action of the Honorary Treasurer be approved of in this respect, and further that the sum of four thousand dollars be placed on fixed deposit for one year with the First National Bank of Japan in Chemulpo and that the balance of the Municipal Fund be left on account current with that Bank. M. Yenami seconded and carried unanimously.

M. Yenami proposed that the next meeting of the Council be held Friday 25 July at 10:30 a.m.

M. Krien seconded and carried unanimously.

(signed) G. Hayashi
Vice President

(signed) C. H. Campbell
for H. B. M. Vice Consul
& Honorary Secretary

1890년 7월 25일 회의

Meeting of 25th July 1890

·· – 번역본 – ··

참석 : 하야시 씨가 부의장, 그리고 크리엔, 존스턴, 타운센드, 볼터, 캠벨 씨(명예 신동공사 서기인 스콧 씨 대행).

지난 5월 23일 회의록을 읽고 확인했다.

6월 30일에 끝나는 상반기에 대한 세금 징수에 관하여, 존스턴 씨는 지금까지 그 금액의 반밖에 징수하지 못했다는 사실에 주목하도록 했다. 몇몇 협의를 거친 후에, 각국 국민들에게 누가 그들이 곧바로 내야 하는 상반기 세금을 내지 않았는지를 상기시키기 위해 영사들이 각 국민들에게 회람장을 보내야 한다고 존스턴 씨가 제안하고 볼터 씨가 재청했다.

통과되었다.

타운센드 씨가 신동공사가 로제(Roze) 섬의 남쪽 면에 조계지 용도로 돌을 캐내는 것에 반대가 있는지 알아내기 위해 서기가 한국 당국과 소통하도록 요청돼야 한다고 제안했다. 볼터 씨가 재청했고 그 제안은 통과되었다.

락스데일 씨가 조계지의 공공 도로에서 침해가 일어났는지 여부를 조사하여 보고서를 제출하도록 요청되어야 하며 서기는 보고서에 따라 침해 재산의 소유자와 소통해서 행동하도록 요구되어야 한다고 볼터 씨가 발의하고 타운센드 씨가 재청했다.

통과되었다.

지난 4월 17일 회의에서 볼터 씨가 문의한 답변에, 하야시 씨는 일본 전관조계지의 경찰관 2-3인이 월 30달러의 비용이면 신동공사를 위해 복무할 수 있을 것이라고 언급했다. 신동공사가 이것을 지불하기로 동의한다면, 하야시 씨는 그의 정부에 이 문제에 대하여 말할 것이고 필요한 허가를 얻을 것이었다.

크리엔 씨는 제물포 신동공사를 대신하여 문의를 해준 하야시 씨의 친절함에 대해 감사의 표결을 제안했다. 타운센드 씨는 그 제안을 재청했고, 만장일치로 통과되었다.

다음 신동공사 회의가 다음 10월 4일에 열려야 한다고 볼터 씨가 발의하고 크리엔 씨가 재청했다.

통과되었다.

(서명) G. 하야시
부의장

(서명) 제임스 스콧
명예 서기

읽고 확인했다.

1890년 10월 4일.

Present : M. Hayashi, Vice President, and messrs Krien, Johnston, Townsend, Wolter and Campbell (acting for M. Scott, the Honorary Secretary of the Council)

The minutes of the meeting of 23rd May last were read and confirmed.

With reference to the collection of taxes for the half year ending 30th June, M. Johnston brought to the Council's notice that so far he had barely collected half the amount. After some consultation, M. Johnston proposed and M. Wolter seconded that a circular be addressed by the Consuls to their nationals, to remind those who have not paid the half-year's taxes that they should be so without delay.

Carried.

M. Townsend proposed that the Secretary be requested to communicate with the Corean authorities to ascertain whether they have any objections to the Municipal Council quarrying rock for the uses of the Settlement on the Southern side of Roze Island. M. Wolter seconded and the proposition was carried.

M. Wolter moved and M. Townsend seconded that M. Ragsdale be asked to send in a report on any encroachments that may have been made on the public roads of the Settlement, and that the Secretary be requested to act on the report by communicating with the owners of encroaching properties.

Carried.

In reply to an inquiry made by M. Wolter at the meeting of 17th April last, M. Hayashi mentioned for the consideration of the Council that a contribution of $ 30 a month to the Japanese Municipality would serve the services of 2 or 3 policemen for night and day duty. If the Council agreed to pay this, M. Hayashi would address his Government on the subject and obtain the necessary authorization.

M. Krien proposed a vote of thanks to M. Hayashi for his kindness in making the inquiries on behalf of the Chemulpo Municipality. M. Townsend seconded the proposal and it was carried unanimously.

M. Wolter moved and M. Krien seconded that the next meeting of the Council be held on the 4th October next.

Carried.

(signed) G. Hayashi
Vice President

(signed) James Scott
Hon. Secretary

Read and confirmed 4rd October 1890.

1890년 10월 4일 회의

Meeting of 4th October 1890

.. – **번역본** – ..

참석 : 부의장인 하야시 씨가 의장석에. 허드(Heard), 크리엔, 존스턴, 타운센드, 볼터, 스콧 씨

존스턴 씨가 지주 다섯 명이 세금을 내지 않고 그 결과 현 비용을 충당할 자금들이 부족한 것에 대해 문제를 제기했다.

볼터 씨는 채무된 지주들에게 해당국 영사를 통해 그들이 지불해야 하는 토지세가 1890년 10월 31일 이전에 납부되지 않는다면 납부를 집행하기 위해 신동공사가 법적 절차를 취할 것이라고 경고해야 한다고 제안했다.

타운센드 씨가 재청했고 만장일치로 통과되었다.

타운센드 씨는 재무관이 서기에게 그 월말에 채무 지주들을 알려야하며, 서기는 적절한 영사 법정에서 세금을 납부하지 못한 지주들에 대해 법적 절차를 취하도록 지시받아야 한다고 제안했다.

존스턴 씨가 재청했고 만장일치로 통과되었다.

볼터 씨는 서울의 외국인 대표단과 한국 당국, 그리고 인접 지주들이 의견이 일치한다면 북쪽에 C 24부지와 남쪽에 C 15, 16 부지들 사이에 자리한 도로는 중단돼야 하고, C 16부지로 포함되어야 하며, 이를 위해 의장은 서울의 외국인 대표단과 한국 당국의 필요한 허가를 받아야 한

다고 제안했다.

타운센드 씨가 재청했고 만장일치로 통과되었다.

타운센드 씨가 D 20, 21, 22, 23 부지 북쪽과 D 33, 34, 35, 36 부지 남쪽에 자리한 도로는 중단돼야 하고 인접한 부지로 포함되어야 하며, 그 판매 가격은 인접 지주와 외국인 대표단 및 한국 당국의 동의가 있다면 D등급으로 지정해야 한다고 제안했다.

볼터 씨가 재청하고 만장일치로 통과되었다.

타운센드 씨는 총 1,000달러가 다음 신동공사 회의에서 제방, 도로, 다른 진행 중인 용도로 책정돼야 한다고 제안했다.

크리엔 씨가 재청했고 만장일치로 통과되었다.

하야시 씨는 의장이 한국 당국에게 인천과 서울에 이르는 길들이 단정하게 보수되고 넓은 상태로 유지되게 요청하도록 지시돼야 한다고 제안했다.

타운센드 씨가 재청했고 만장일치로 통과되었다.

크리엔 씨는 다음 지방 회의가 1890년 12월 3일 화요일 오전 10시 30분에 열려야 한다고 제안했다.

존스턴 씨가 재청했고 만장일치로 통과되었다.

(서명) G. 하야시
부의장

(서명) 제임스 스콧
명예 서기

Present : M. Hayashi, Vice President in the chair. Messrs Heard, Krien, Johnston, Townsend, Wolter and Scott.

M. Johnston raised the question of the nonpayment of taxes by five landholders and the consequent want of funds to meet current expenses.

M. Wolter proposed that the defaulting landholders be warned through their respective Consuls that if the land tax due by them be not paid before the 31th October, 1890, legal proceedings will be taken by the municipal Council to enforce payment.

M. Townsend seconded and carried unanimously.

M. Townsend proposed that the Treasurer will inform the Secretary at the end of the month of any defaulting landholders, and that the Secretary be instructed to take legal proceedings in the proper Consular Court against any landholder who has failed to pay his taxes.

M. Johnston seconded and carried unanimously.

M. Wolter proposed that the road lying between Lot C 24 to the north and lots C 15 and 16 to the South be discontinued and thrown into Lot C 16 and the whole piece of ground to be called Lot C 16 providing that the Foreign Representatives and the Corean Authorities in Söul and the adjoining landholders agree in consenting to this arrangement that the President be moved to obtain the necessary sanction of the Foreign Representatives and Corean Authorities in Söul.

Seconded by M. Townsend and carried unanimously.

M. Townsend proposed that the road lying North of Lots D 20, 21, 22 and 23 and South of lots D 33, 34, 35 and 36 be discontinued and thrown into the adjoining lots and that the price payable shall be at the D class rate, provided the consent of the adjoining landholders and of the Foreign Representatives and Corean authorities in Söul be obtained.

M. Wolter seconded and carried unanimously.

M. Townsend proposed that the sum of One Thousand Dollars be appropriated at the next meeting of the Municipal Council for bunds, roads and other working purposes.

M. Krien seconded and carried unanimously.

M. Hayashi proposed that the Secretary be instructed to request the Corean authorities to keep the roads leading to Jenchuan and Söul in decent repair and wideness.

M. Townsend seconded and carried unanimously.

M. Krien proposed that the next meeting of the Municipal Council be held on Wednesday the 3rd December, 1890, at 10:30 a.m.

M. Johnston seconded and carried unanimously.

(signed) G. Hayashi
Vice President

(signed) James Scott
Hon. Secretary

1890년 12월 3일 회의

Meeting of 3rd December 1890

·· – 번역본 – ··

참석 : 부의장인 하야시 씨가 의장석에. 헝, 볼터, 예나미, 타운센드, 감리서 감리 (초대로), 스콧 씨

1890년 4월 17일 신동공사의 결의에 따라, D등급의 15번 부지는 (감리서 감리가 회의에 펼쳐 보인) 공식적 지도에 따라 똑같은 두 개의 반으로 나눠졌다. E부분이 D 15 부지로 남고 656평방미터이며, W부분은 D 10으로 이름 붙여지고 656평방미터로 계산되었다.

볼터 씨는 회의가 1890년 12월 17일 오전 10시 30분까지 휴회돼야 한다고 제안했다.

타운센드 씨가 재청했고 만장일치로 통과되었다.

(서명) G. 하야시
부의장

(서명) 제임스 스콧
명예 서기

.. – 영문원본 – ..

Present : M. Hayashi, Vice President in the chair, Messrs Hung, Wolter, Yenami, Townsend, the Kaumi (by invitation) and Scott.

In accordance with a resolution of the Municipal meeting of the 17th April 1890, Lot no. 15 of the D class was divided on the Official Plan (placed before the meeting by the Kaumi into two equal halves; the E portion remaining as Lot D 15 and measuring six hundred and fifty six square metres while the W portion was named and numbered D 10 and measures six hundred and fifty six square metres.

Proposed by M. Wolter that the meeting be adjourned until 10. 30 a.m. of the 17th December 1890.

Seconded by M. Townsend and carried unanimously.

(signed) G. Hayashi
Vice President

(signed) James Scott
Hon. Secretary

신동공사 1890년 12월 3일 제물포

Municipal Council Chemulpo 3rd December 1890

.. – **번역본** – ..

교대 때문에 은퇴한 예나미 씨를 대신하여, 1890년 12월 3일 오후 4시에 제물포 잉글랜드 부 영사관에서 열린 비공식 회원 선거 기록.

참석한 공식 회원 :
헝 씨, 중국 영사
크리엔 씨, 독일 영사
하야시 씨, 일본 영사
스콧 씨, 영국 부영사

투표는 무기명 투표로 이루어 졌으며 선거는 서울의 외국인 대표들이 1888년 11월 21일 합의한 선거 규칙에 따라 수행되었다.

개표가 이루어졌으며 다음과 같이 나왔다.

예나미 씨	7표
라포트 씨	3표
타운센드 씨	2표
스트리플링 씨	2표
우리탕 씨	1표

예나미 씨가 따라서 선출되었다고 공표했다.

(서명) 헝

(서명) T. 크리엔

(서명) G. 하야시

(서명) 제임스 스콧

.. – 영문원본 – ..

Record of an Election of non official member held at the English Vice Consulates Chemulpo at 4 p.m. of the 3rd of December 1890, in place of M. Yenami retired by rotation.

The Official member present were :

M. Hung Chinese Consul

M. Krien, German Consul

M. Hayashi, Japanese Consul

M. Scott, British Vice Consul

The voting was by ballot and the election conducted according to the rules of election agreed to by the Foreign Representatives in Seoul November 21th, 1888.

The poll was counted and found as follows :

M. Yenami : Seven votes

M. Laporte : Three votes

M. Townsend : Two votes

M. Stripling : Two votes

M. Woo Li Tang : One vote

M. Yenami was accordingly declared elected

(signed) Hung Tsze Prin

(signed) T. Krien

(signed) G. Hayashi.

(signed) James Scott

1890년 12월 17일 휴회된 회의

Adjourned Meeting of 17 December 1890

.. – **번역본** – ..

참석 : 하야시 씨가 의장석에, 크리엔, 존스턴, 예나미, 볼터, 타운센드, 스콧 씨.

1890년 12월 3일의 회의록과 선거기록을 적절한 절차에 따라 읽고 통과시켰다.

존스턴 씨는 1891년 전반기 위한 세금이 1890년에 그랬던 것처럼 징수돼야 하고 외국인 대표와 한국 정부가 적절한 절차에 따라 그렇게 결정해야 한다고 제안했다.

스콧 씨가 재청했다.

볼터 씨는 신동공사가 지난 해 일일 지출의 두 배 이상을 충당하는 1800달러를 징수했기에, 1891년에는 10퍼센트만 징수돼야 하고, 외국인 대표와 한국 정부가 적법한 절차에 따라 그렇게 결정해야 한다는 수정안을 제안했다.

타운센드 씨가 재청했고 과반으로 통과되었다.

크리엔 씨는 1891년에 도로, 거리, 배수관, 다른 요금들에 대한 비용을 지불하기 위해 총 3,000달러가 책정되어 행정위원회의 처분에 맡겨져야 한다고 제안했다.

볼터 씨가 재청했고 만장일치로 통과되었다.

볼터 씨는 모젤 씨에게 서기가 1890년 10월 25일 그의 편지가 신동공사와 관련이 없다는 것을 알려야 한다고 제안했다.

스콧 씨가 재청했고 만장일치로 통과되었다.

타운센드 씨는 1890년 12월 16일에 그의 편지에 따라 관세위원 대행으로부터 받은 총액, 즉 1804달러가 일본의 제1은행(the First National Bank)으로 신동공사 회계 감사에 예치되기 위해 명예 재무관에게 넘겨져야 한다고 제안했다.

볼터 씨가 재청했고 만장일치로 통과되었다.

드 플랑시 씨로부터 1890년 12월 1일 한국에서 조기에 떠남으로 말미암아 회장으로 재선출되지 않기를 바란다는 편지를 읽었다.

하야시 씨는 1891년 1월 1일에 지난 수고에 대해 감사의 편지를 드 플랑시 씨에게 보내야 한다고 제안했다.

예나미 씨가 재청했고 만장일치로 통과되었다.

볼터 씨는 2,000달러가 일본의 제1은행에 6달 동안 정기예금에 맡겨져야 한다고 제안했다.

예나미 씨가 재청했고 만장일치로 통과되었다.

크리엔 씨는 1891년에는 허드 씨가 회장으로, 하야시 씨가 부회장으로 선출돼야 한다고 제안했다.

스콧 씨가 재청했고 만장일치로 통과되었다.

타운센드 씨는 존스턴 씨에게 지난 해 동안의 근무에 대해 감사의 표결을 해야 하며 스콧 씨가 1891년에는 재무관 및 서기로 수행하도록 요청해야 하고 그(스콧 씨)가 따라서 선출돼야 한다고 제안했다.

헝 씨가 재청했고 만장일치로 통과되었다.

스콧 씨는 1891년에는 타운센드, 예나미, 볼터 씨가 행정위원회로 선출돼야 한다고 제안했다.

존스턴 씨가 재청했고 만장일치로 통과되었다.

크리엔 씨는 지난 해 복무에 대해 행정위원회에 감사의 투표를 하자고 제안했다.

헝 씨가 재청했고 만장일치로 통과되었다.

타운센드 씨는 회장이 토지 규제안의 7절과 관련된 해안과 해안 확장의 문제에 관하여 서울에 외국인 대표와 소통하게 돼야 한다고 제안했다.

볼터 씨는 재청했고 과반으로 통과되었다.

스콧 씨는 조계지의 특정 도로를 중단하는 1890년 10월 4일 회의의 제안이 시행되지 않았다고 보고했다.

다음 회의가 조만간 제물포 거주자들이 협의 후 정한 날에 3월 둘째 주 10시 반에 열려야 한다고 예나미 씨가 제안했고, 존스턴 씨가 재청했으며 만장일치로 통과되었다.

(서명) 어거스틴 허드
부의장

(서명) 제임스 스콧
명예 서기

-- 영문원본 --

Present : M. Hayashi in chair, messrs Krien, Johnston, Yenami, Wolter, Townsend and Scott.

Minutes of Meeting and Record of Election of 3rd December 1890 duly read and passed.

M. Johnston proposed that taxes be collected for the first half of 1891 as was done in 1890 and that the Foreign Representatives and Corean Government be duly moved thereto.

M. Scott seconded.

M. Wolter proposed as an amendment that as the Municipal Council collected $1800 last year covering daily expenses more than twice, only 10 per cent be collected for 1891 and that the Foreign Representatives and Corean Government be duly moved thereto.

M. Townsend seconded and carried by a majority.

M. Krien proposed that the sum of $3,000 be appropriated and placed at the disposal of the Executive Committee to defray expenses for roads, streets, drains and other charges for the year 1891.

M. Wolter seconded and carried unanimously.

M. Wolter proposed that M. Morsel be informed by the Secretary that the matter of his letter of 25 October 1890 does not concern the Municipal Council.

M. Scott seconded and carried unanimously.

M. Townsend proposed that the amount received from the Acting Commissioner of Customs as per his letter of 16th December 1890, viz $1804 be handed to the Honorary Treasurer to be deposited to the audit of the Municipal Council with the First National Bank of Japan.

M. Wolter seconded and carried unanimously.

Letter read from M. De Plancy desiring not to be re-elected President in consequence of his early departure from Corea, 1st December 1890.

M. Hayashi proposed that a letter of acknowledgement and thanks for past services be sent to M. De Plancy on 1st January 1891.

M. Yenami seconded and carried unanimously.

M. Wolter proposed that $2000 be placed on fixed deposit for six months with the First National Bank of Japan.

M. Yenami seconded and carried unanimously.

M. Krien proposed that M. Heard be elected President and M. Hayashi Vice President for 1891.

M. Scott seconded and carried unanimously.

M. Townsend proposed that a vote of thanks be given to M. Johnston for his services during the past year; that M. Scott be requested to act as Treasurer and Secretary for 1891 and that he be elected accordingly.

M. Hung seconded and carried unanimously.

M. Scott proposed that Messrs Townsend, Yenami and Wolter be elected Executive Committee for 1891.

M. Johnston seconded and carried unanimously.

M. Krien proposed that a vote of thanks be given to the Executive Committee for their past year's services.

M. Hung seconded and carried unanimously.

M. Townsend proposed that the President be moved to communicate with the Foreign Representatives in Seoul regarding the question of the foreshore and its extension in connection with paragraph 7 of the Land Regulations.

M. Wolter seconded and carried by a majority.

M. Scott reported that the proposal of the meeting of 4th October 1890 to discontinue certain roads in the Settlement could not be carried out.

Proposed by M. Yenami, seconded by M. Johnston and carried unanimously that the next meeting be held sometime in the second week of March at 10.30 a.m. on a day to be fixed by the members resident in Chemulpo after consultation.

(signed) Augustine Heard
Chairman

(signed) James Scott
Hon. Secretary

1891년 4월 10일 회의

Meeting of 10th April 1891

.. – **번역본** – ..

참석 : 허드 씨가 의장석에, 크리엔, 헝, 존스턴, 타운센드, 볼터, 스콧 씨.

허드 씨는 외국인 대표부에서 논의한 세금 문제를 설명했다. 그들은 10%가 너무 작다고 생각하며, 이에 한국정부도 공감했다. 그 해의 전반기에는 이전처럼 세금이 징수되어야 한다고 외국인 대표부는 결정했으며 한국정부는 마침내 이를 받아들였다. 허드 씨는 외국인조계지의 적절한 통제에 필요하다고 생각되는 금액을 상세히 설명했다. 즉,

연간 경찰 4명	626 달러
연간 청소부 4명	180 달러
연간 등 20개	200 달러
순경 숙소 집세	180 달러
도로 수리 및 개선	400 달러
경찰 서장	240 달러
총 :	1824 달러

이와 같이 허드 씨가 자세히 정한 대로의 기금 사용 책정이 존스턴 씨에 의해 제안되었고 스콧 씨가 재청을 했다.

볼터 씨는 신동공사가 D 33, 34, 35, 36부지 북쪽 땅에 도로 배치를 확정해야 한다고 제안했다.

타운센드 씨는 재청했고 만장일치로 통과되었다.

따라서 D 42, 43 부지가 공식 지도에 포함되게 되었고, 이를 위해 참석이 요청되었던 감리서 감리와 협력 하에 진행되었다.

볼터 씨는 존스턴 씨의 발의안에 대한 수정안으로서, 이러한 자금 책정에 관한 적절한 통보가 신동공사 구성원들에게 전달되어야 하며 90일에 거친 후에 다음 회의에서 논의돼야 한다고 제안했다.

타운센드 씨는 하야시 씨와 예나미 씨가 불참했다는 근거로 이를 재청했다.

수정안은 통과되지 못했으며, 허드, 헝, 존스턴, 스콧 씨가 수정안에 반대했고, 볼터, 타운센드, 크리엔 씨가 수정안에 찬성했다.

볼터 씨는 외국인 대표부에서 50퍼센트라는 무거운 세금을 부과하는 것을 고집한다면 사임할 것이라고 선언했으며, 타운센드 씨는 그의 관점이 볼터 씨의 의견과 일치하고 그 또한 사임할 것이라고 선언했다.

크리엔 씨는 수정안으로 하야시 씨와 예나미 씨가 회의에 참석하지 못했으며 일본인 지주들이 조계지에 얼마나 많은 이익이 있는지 고려할 수 없기 때문에 이 경상비의 문제는 그들의 생각을 확인하기 위해 다음 회의로 이월되어야 한다고 제안했다.

볼터 씨가 재청했고 수정안은 과반으로 통과되었다.

크리엔 씨는 회의가 1891년 4월 10일 오후 2시 30분까지 휴회해야 한다고 제안했다.

타운센드 씨는 재청했고 만장일치로 통과되었다.

.. – **영문원본** – ..

Present : M. Heard in the chair, Messrs Krien, Hung, Johnston, Townsend, Wolter and Scott

M. Heard explained the question of taxes as discussed by the Foreign Representatives who considered that 10% was too small, an objection shared by the Corean Government. The Foreign Representatives decided and the Corean Government finally accepted that taxes for the first half of the year only be collected as had been done previously. M. Heard detailed the amounts thus considered necessary for the proper regulation of the settlement, viz :

4 police per annum		$624
4 Scavenger per annum		$180
20 Lamps per annum	$200	
Rent of Constable quarters		$180
Repairs and improvements to roads		$400
Head of Police		$240
		Total : $1824

M. Johnston proposed and M. Scott seconded that such an appropriation as detailed by M. Heard be made and accepted.

M. Wolter proposed that the Municipal Council confirm the laying out of roads on the land north of D Lots 33, 34, 35 & 36.

M. Townsend seconded and carried unanimously.

Lots D 42 & 43 were accordingly entered on the Official Plan in conjunction with the Kaumi who was present by request for the purpose.

M. Wolter proposed as an amendment to M. Johnston's motion that proper notice be given to the members of the Council and that these appropriations be discussed at the next meeting after 90 days notice.

M. Townsend seconded on the ground that M. Hayashi and M. Yenami were absent.

Amendment lost, Messrs Heard, Hung, Johnston and Scott being against it, and Messrs Wolter, Townsend and Krien being in favor of it.

M. Wolter declared that he would resign if the Foreign Representatives insisted on levying such heavy taxes as fifty per cent and M. Townsend declared his views to coincide with M. Wolter's opinions and that he also would resign.

M. Krien proposed as an amendment that in view of Messrs Hayashi and Yenami being prevented from attending the meeting and considering that the Japanese Landholders how great interests in the Settlement, this question of running expenses be deferred to next meeting, in order to ascertain their views.

M. Wolter seconded and amendment carried by a majority.

M. Krien proposed that the meeting adjourn to 2:30 p.m. of 10 April, 1891.

M. Townsend seconded and carried unanimously.

1891년 4월 10일 휴회된 회의

Adjourned meeting of 10th April, 1891

-- 번역본 --

같은 회원이 출석했고, 존스턴 씨는 결석했다.

크리엔 씨는 D 33, 34 부지 북쪽 및 D 43 부지 서쪽의 땅 부지를 신동공사가 신청하고 신동공사를 위해서 구입돼야 한다고 제안했다.

볼터 씨가 재청하고 만장일치로 통과되었다.

헝 씨는 행정 위원회가 신동공사를 위해 그 땅에 세워지기에 적합한 건물의 견적서를 작성하고 다음 회의에서 보고하도록 요청해야 한다고 제안했다.

크리엔 씨가 재청했고 만장일치로 통과되었다.

스콧 씨는 행정 위원회가 공공 용도로 우물을 파기위해 준비하도록 요청해야 한다고 제안했다.

헝 씨가 재청했고 만장일치로 통과되었다.

타운센드 씨는 지난해 경비와 영수증을 보고했으며 스콧 씨는 그 보고서가 받아들여져야 하며 공식 현금출납부에 들어가야 한다고 제안했다.

크리엔 씨가 재청했고 만장일치로 통과되었다.

볼터 씨는 도로와 배수로 등에 사용된 총 3,394달러 36센트 가운데 1,400달러가 토지과 도로의 경사를 완만하게 하는 데 지출되었으니, 한국 정부가 토지 규칙 3항의 조건에 따라 신속히 이 금액을 정산해주고 그 계획에 따라 남은 도로에 대해서도 고르고 완만하게 해달라고 요청할 것을 외국인 대표부가 고려해야 한다고 제안했다.

타운센드 씨가 재청했고 과반수로 통과되었다.

크리엔 씨는 행정 위원회가 조만간 조계지 서쪽에 도로를 배치하는 것을 착수할 것이라고 서기가 스트리플링 씨에게 답장해야 한다고 제안했다.

스콧 씨가 재청했고 만장일치로 통과되었다.

스콧 씨는 다음 회의가 1890년 5월 1일 오전 10시 30분에 열려야 한다고 제안했다.

크리엔 씨가 재청했고 만장일치로 통과되었다.

볼터 씨는 서기가 이전 회의록에 각국 공동 조계지가 아주 더러운 상태이었다는 내용을 삽입해야 한다고 제안했다.

타운센드 씨가 재청했다.

스콧 씨는 이 문제의 결정은 미루어져야 한다고 수정안으로서 발의했다.

헝 씨가 재청했고 과반수로 통과되었다.

(서명) G. 하야시
부의장

(서명) 제임스 스콧
명예 서기

영문원본

Same Members Present, M. Johnston however being absent.

M. Krien proposed that the lot of land north of D Lots 33 & 34 and west of D Lot 43 be applied for by the Municipal Council and purchased for Municipal purposes.

M. Wolter seconded and carried unanimously.

M. Hung proposed that the Executive Committee be requested to draw up an estimate of the building suitable for Municipal purposes to be erected on the ground and report at next meeting.

M. Krien seconded and carried unanimously.

M. Scott proposed that the Executive Committee be requested to arrange for digging wells for public use.

M. Hung seconded and carried unanimously.

M. Townsend reported the expenses and receipts for the past year and M. Scott proposed that the report be accepted and entered in the Official Cash Book.

M. Krien seconded and carried unanimously.

M. Wolter proposed that out of the sum of $3394.36 spent in roads drains etc. the amount of $1400 was expended for grading streets and roads and that the Foreign Representatives be moved to take into consideration the expediency of requesting the Corean Government to refund this latter amount in terms of Article III of the Land regulations and to call on them to lay out and grade the remaining roads in accordance with the plan.

M. Townsend seconded and carried by a majority.

M. Krien proposed that the Secretary reply to M. Stripling that the laying out of roads to the west of the Settlement will be taken in hand at an early date by the Executive Committee.

M. Scott seconded and carried unanimously.

M. Scott proposed that the next meeting be held at 10. 30 a. m. of 1st May 1890.

M. Krien seconded and carried unanimously.

M. Wolter proposed that the Secretary be asked to insert in the minutes of the previous meeting that is was mentioned that the Foreign Settlement was in a filthy condition.

Seconded by M. Townsend.

M. Scott moved as an amendment that this question be adjourned.

Seconded by M. Hung and carried by majority.

(signed) G. Hayashi
Vice President

(signed) James Scott
Hon. Secretary

1891년 5월 1일 회의

Meeting of 1st May 1891

.. – 번역본 – ..

참석 : 하야시 씨가 의장석에, 크리엔, 헝, 존스턴, 볼터, 예나미, 스콧, 타운센드 씨.

존스턴 씨는 지난 회의에서 허드 씨가 자세히 설명한 바와 같이 공공 실리와 질서 유지를 위해 신동공사가 조계지의 치안, 청소, 조명, 그리고 다른 필요한 것들을 맡아야 한다고 제안했다.

스콧 씨는 재청했다.

타운센드 씨가 수정안으로 발의했다. 행정 위원회는 신동공사가 1890년 12월 17일에 투표한 것처럼 현재 년도를 위해 경비를 지출해야 하도록 허락돼야 한다.

볼터 씨가 재청했다.

스콧 씨는 행정 위원회가 경찰을 고용하고 조계지를 조명과 청소를 맡도록 요청했으며 다음 회의에 보고할 것을 제안했다.

헝 씨가 재청했다.

헝, 하야시, 존스턴, 스콧 씨는 스콧 씨의 제안에 찬성하여 투표한 반면에, 크리엔, 예나미, 볼터, 타운센드 씨는 스콧 씨의 제안에 반대해서 투표했다. 스콧 씨의 제안은 따라서 통과되지 않았으며 타운센드 씨의 수정안은 과반으로 통과되었다.

회의는 오후 3시까지 휴회했다. 그리고 회의를 재개하면서 (헝 씨는 불참) 존스턴 씨는 6월 30일 이후에 구입된 토지에 부과할 세금에 관하여 신동공사의 의중을 알기를 바랬다. 문제는 의장을 통하여 외국인 대표단에서 고려하는 것으로 남겨졌다.

재무관은 누적된 이자를 더하여 만기된 예금을 갱신하기를 원했다.

타운스 클럽이 현재 공공 공원 내의 정원에 연장하여 다른 정원을 스스로의 비용으로 만들 것이 허가되었다.

예나미 씨는 다음 회의가 6월 두 번째 주에 지역 회원들이 정한 날 오전 10시에 열려야 한다고 제안했다.

크리엔 씨가 재청했고 만장일치로 통과되었다.

메모 : 일에 착수하기 전에 1891년 4월 10일 회의록의 정확성 문제를 볼터 씨가 제기했고, 몇몇 논의 후에 그(볼터 씨)의 발의안(타운센드 씨가 재청했다)과 그에 대한 스콧 씨의 수정안(헝 씨가 재청했다)이 표결에 붙여졌고, 이 내용은 의장이 최종 서명하기 전에 4월 10일 회의록에 포함되었다.

발의안과 수정안은 다음과 같았다.

볼터 씨는 서기가 이전 회의록에 각국 공동 조계지가 더러운 상태라고 언급되어 있다는 것을 삽입하도록 요청해야 한다고 제안했다.

타운센드 씨가 재청했다.

스콧 씨는 수정안으로서 그 문제가 중단돼야 한다고 발의했다.

헝 씨가 재청했으며 과반으로 통과되었다.

이 회의에서 행정 위원회가 D 42, 44 부지 서쪽에 토지와 도로를 구획하는 것을 고려하는 권한을 부여받아야 한다는 것이 합의되었다.

(서명) 어거스틴 허드
의장

-- 영문원본 --

Present : M. Hayashi in chair, messrs Krien, Hung, Johnston, Wolter, Yenami, Scott and Townsend.

M. Johnston proposed that the M. C. take in hand the policing, scavengering, lighting and other requirement of the Settlement as detailed by M. Heard at lasting meeting on the grounds of public utility and good order.

M. Scott Seconded

Amendment moved by M. Townsend that the Executive Committee be allowed to make expenditures for the current year as voted 17th December 1890 by the Council.

Seconded by M. Wolter.

M. Scott proposed that the Executive Committee be requested to engage Police and arrange for lighting, scavengering the Settlement and report to next meeting.

M. Hung seconded

M. Hung, Hayashi, Johnston and Scott voted in favor of M. Scott's proposition while M. Krien, Yenami, Wolter & Townsend voted against it. M. Scott's proposition not carried accordingly and M. Townsend's amendment carried by a majority.

Meeting adjourned to 3 p.m. & on resuming (M. Hung being absent) M. Johnston desired to obtain the sense of the Municipal Council regarding taxes payable on land purchased after 30 June a. c. Question left for consideration of F R. through the chairman.

Treasurer was desired to renew Deposit Receipt on expiry, adding accrued interest.

Permission granted to Towns' club to layout another court at their own expense in Public Garden in continuation of existing court.

M. Yenami proposed that the next meeting be held at 10 a.m. of the second week in June on a day to be fixed by the local members.

M. Krien seconded & carried unanimously.

Note. Before proceeding to business the question of the accuracy of the minutes of the meeting of the 10th April 1891 was raised by M. Wolter & after some discussion the motion made by him (seconded by M. Townsend.) and the amendment of M. Scott (seconded by M. Hung) was put to the vote & entered in the minutes of 10th April before these last were signed by the chairman.

The motion and amendment were as follows:

M. Wolter proposed that the Secretary be asked to insert in the minutes of the previous meeting that it was mentioned that the Foreign Settlement was in a filthy condition.

Seconded by M. Townsend.

M. Scott moved as an amendment that the question be adjourned.

Seconded by M. Hung & carried by a majority.

At this meeting it was agreed that the Executive Committee be authorized to consider the laying out of the ground and roads, west of lot's D42 & 44.

(signed) Augustine Heard

President

1891년 6월 10일 회의

Meeting of July 10, 1891

.. – **번역본** – ..

참석 : 허드 씨가 의장석에, 하야시, 레인스도프(Reinsdorf), 헝, 존스턴, 볼터, 커(Ker) (부영사 및 명예 서기 대행) 씨.
카지야마(Kajiyama) 씨도 초대로 참석.

볼터 씨가 제기한 4월 10일 회의록에 각국 공동 조계지가 더러운 상태였다는 언급을 삽입해야 한다는 제안에 대하여.

존스턴 씨가 언급된 그 발언이 의장이 충분히 그 상황을 설명하지 않았기에 회의록에 삽입되지 말아야 한다고 발의했다.

하야시 씨가 재청했고 통과되었다.

공사 등에 관해 언급하는 행정위원회로부터 허드 씨에게 보내진 5월 12일자 편지 두 통이 낭독되었다.

허드 씨는 이 편지들이 서울의 외국인 대표단에게 제출되었으며 그(허드 씨)가 편지에 다뤄진 주제에 대해 긴 대화를 나눴다고 진술했다. 그(허드 씨)는 이러한 편지에 공식적으로 답했으며, 그러는 동안 대표직을 성공적으로 수행하는 데에 얼마간 도움이 되기를 희망한다고 말했다.

신동공사 건물들 : 허드 씨는 이전 회의록을 언급하며, 신동공사가 사용할 용도로 구매하기로 한 부지와 세우기로 제안한 건물이 어떻게 진행되었는지 물었다.

볼터 씨는 그 부지가 구입되었으며, 그 건물 건설에 얼마나 많은 돈을 준비했는지 그리고 어떤 건물이 요구될지에 대한 신동공사의 견해를 행정위원회가 확인하기를 바란다고 말했다.

몇몇 대화가 뒤따랐으며, 약 2,000달러 지출이면 충분할 것이라고 생각되었다.

납부되지 않은 세금들 : 존스턴 씨는 채무를 이행하지 않은 지주들에게 정당한 토지세가 8월 31일 이전에 납부되지 않으면 납부를 강제하기 위해 신동공사가 법적조치를 취할 것이라고 각각의 영사를 통해 경고해야 한다고 발의했다.

하야시 씨가 재청했다. 만장일치로 통과되었다.

볼터 씨는 이 회의가 오후 2시 30분까지 휴회해야 한다고 제안했다.

하야시 씨는 재청했다. 만장일치로 통과되었다.

영문원본

Present : M. Heard, President, in the chair, Messrs Hayashi, Reinsdorf, Hung, Johnston, Wolter and Ker (acting for H. B. vice Consul & Hon. Secretary) M. Kajiyama also present by invitation.

With reference to M. Wolter's proposal to make an insertion in the minutes of the meeting of April 10, to the effect that it had been mentioned that the Foreign Settlement was in a filthy condition.

M. Johnston moved that the remark referred to be not inserted in the minutes, as the circumstances were fully explained by the Chairman.

M. Hayashi seconded, carried.

Works etc : Two letters of May 12th referring to works, etc, from the Executive Committee to M. Heard were then read.

M. Heard stated that these letters had been laid before the Foreign Representatives in Söul, and that he had subsequently had a long conversation with the President of the Foreign Office with reference to the subjects treated. He would formally reply to those letters, and meanwhile he would say that he hoped for some measure of success to his representation.

Municipal buildings : M. Heard, referring to the previous minutes, asked what had been done about the lot to be bought for municipal purposes, and the building it was proposed to erect.

M. Wolter said the Lot had been purchased, and the Executive Committee wished to ascertain the views of the Council as to how much money the Council was prepared to spend in building and as to the nature of the building that would be required.

Some conversation ensued, and it was thought that an expenditure of about $2,000.00 would be sufficient.

Unpaid Taxes : M. Johnston moved, that the defaulting land holders be warned through their respective Consuls that if the Land tax due by them be not paid before the 31st August legal proceedings would be taken by the Municipal Council to enforce payment.

M. Hayashi seconded. Carried unanimously.

M. Wolter proposed, that this meeting adjourn till 2:30 p.m.

M. Hayashi seconded. Carried unanimously.

1891년 7월 10일 휴회된 회의

Adjourned meeting of 10th July, 1891

– 번역본 –

회의는 오후 2시 30분에 재개했다.

출석 : 전과 같은 회원들에 타운센드 씨가 추가됨.

전차 선로 : 하야시 씨는 물품을 수송을 위해 신동공사 사무실로부터 부두까지 전차 선로가 일본유선회사(Nippon Yusen Kaisha)에 의해 놓이는 것을 허락하는 것에 관해 신동공사의 의중을 물었으며, 그 제안을 모두의 무역에 이익을 줄 것으로서 추천했다.

결정에 이르기 전에 일본유선회사가 신동공사에 어떻게 전차 선로를 건설할 것인지 온전한 서면 정보를 제공해야 하는 것이 옳다고 고려되었다.

세금들 : 허드 씨는 지난 회의록을 언급하며 그가 외국인 대표들과 6월 30일 이후 구입된 토지에 대한 세금 납부에 관해 협의할 시간이 없었다고 말했다.

그 주제는 그러고 나서 논의되었으며, 이와 같은 땅은 절반의 세율로 구입자의 소유에 있었던 시기에 비례하여 세금이 납부되도록 한다는 것이 정부와 외국인 대표단 사이의 조정의 정신에 부합한다고 생각되었다.

행정 위원회 : 볼터 씨는 그러고 나서 행정위원회가 보낸 5월 12일자 두 번째 편지에서 다뤄진 문제, 즉 서울에서 인천으로의 도로, 각국 공

동 조계지로부터 아직 제거되지 않은 무덤들, 한국조계지의 상태 등등에 대해 설명하기 시작했다.

하야시 씨는 이 회의가 5월 12일의 편지들에서 다뤄진 문제들을 외국인 대표단에게 제출되어 알려지도록 행정위원회가 행동하는 것에 찬성한다고 발의했다.

레인스도프 씨가 재청했다. 통과되었다.

묘지 벽 : 볼터 씨는 275달러의 비용으로 묘지 주변에 벽을 설치하는 계약서를 제출했다.

하야시 씨는 이 계약이 받아들여져야 한다고 발의했다. 존스턴 씨는 재청했다. 만장일치로 통과되었다.

경비원 숙소 : 존스턴 씨는 묘지 벽 밖에 경비원 숙소를 세우는 데 있어 행정위원회가 70달러나 80달러를 지출하도록 권한을 부여받아야 한다고 발의했다.

하야시 씨가 재청했다. 만장일치로 통과되었다.

경찰 : 행정 위원회는 중국인 영사에게 믿을만한 중국인 두 명을 경찰로 근무하도록 확보하는 데 도움을 줄 것을 요청했다.

중국인 영사는 그 문제에 최선을 다하겠다고 약속했다.

석탄 창고 : 볼터씨는 서기가 감리서 감리에게 그가 B 1, 2 부지 서쪽에 한국 정부가 세운 석탄 창고를 제거하거나 그 창고를 공식 지도에 측정하고 표시할 것을 요청하는 편지를 쓰도록 해야 한다고 발의했다.

타운센드 씨가 재청했다. 통과되었다.

독일 영사관 위치 : 볼터 씨는 서기가 독일 영사에게 영사관 자리로 준비된 부지를 독일 정부가 보유하기를 원하는지 아닌지 확인하도록

편지를 써야 한다고 발의했다. 타운센드 씨가 재청했다. 통과되었다.

한국 정부가 보유한 부지들 : 공적인 목적으로 한국정부가 보유하도록 제안된 D 44 부지 서쪽 부지에 관하여.

볼터 씨는 한국 정부가 지금 제안한 것과 같은 보유지에 대한 권리가 없다고 주장했다. 그는 한국 정부가 보유하기를 원하는 어떤 추가적인 토지도 일반적 방식대로 경매에 붙여져야 한다고 생각했다. 그는 이미 한국 정부가 보유한 토지들을 열거했고, 그들의 D 5 부지에 건물이 지어진 적이 없음을 지적했으며, 그들이 조계지에서 계속해서 독립적으로 토지를 보유하는 것이 가능하겠냐고 물었다. 이제 한국이 보유하겠다고 제안한 부지는 남겨진 토지 가운데 가장 가치 있는 곳이며, 아주 높은 가격에 팔릴 것이라고 그는 확신했다.

존스턴 씨는 한국 정부가 조계지의 토지를 독점하려는 의향이 없다고 말했다. 그들이 이제 보유하기로 제안한 부지는 세관 관리들을 위한 주택을 세우는 데 사용될 것이었다. 그는 한국 정부가 이와 같은 목적으로 그 토지를 보유하려는 것은 정부의 권리 안에서 행동하는 것이라 생각했다.

타운센드 씨는 공적인 목적으로 더 이상의 토지를 무상으로 보유한다는 한국 정부가 토지규약 5번 단락에 따라 권리를 가졌는지에 대해 서기가 외국인 대표단에게 질문을 제출해야 한다고 발의했다.

볼터 씨가 재청했다. 통과되었다.

다음 회의 : 타운센드 씨는 다음 회의가 9월 셋째 주에 지역 회원들이 정한 날에 열려야 한다고 발의했다.

하야시 씨가 재청했다. 만장일치로 통과되었다.

(서명) G. 하야시
부의장

-- 영문원본 --

The meeting was resumed at 2:30 p.m.

Present : the same members as before with the addition of M. Townsend.

Tramway : M. Hayashi asked the sense of the meeting as to allowing a tramway for conveyance of goods to be laid by the Nippon Yusen Kaisha from their office to the jetty, and recommended the proposal as in the general interest of trade.

It was considered right that before a decision was come to, the Nippon Yusen Kaisha should furnish the Council with full particulars as to how they wished to construct the tramway.

Taxes : M. Heard referring to the minutes of last meeting said he had not had time to consult with the Foreign Representatives about the payment of taxes on land purchased after 30 June.

The subject was then discussed, and it was thought to be in accordance with the spirit of the arrangement between the Government and the Foreign Representatives that such land should pay a half tax rate in proportion to the time it is in possession of the purchaser.

Executive Committee : M. Wolter then proceeded to explain the matters treated in the second letter of May 12 from the Executive Committee, the roads to Söul and to Inchön, the graves not yet removed from the General Foreign Settlement, the state of the Corean Settlement, etc.

M. Hayashi moved that this meeting approved of the action of the Executive Committee in bringing before the notice of the Foreign Representatives the matters treated in the letters of May 12th.

M. Reinsdoy seconded. Carried.

Cemetery Wall : M. Wolter submitted a contract for the building of a wall round the cemetery at a cost of $275.00.

M. Hayashi moved that this contract be accepted. M. Johnston seconded. Carried unanimously.

Caretaker's lodge : M. Johnston moved, that the Executive Committee be authorized to expend $70.00 or $80.00 in the erection of a caretaker's lodge outside the cemetery wall.

M. Hayashi seconded. Carried unanimously.

Police : The Executive Committee asked the Chinese Consul for his assistance in securing the services of two reliable Chinese to act as policemen.

The Chinese Consul promised to do his best in the matter.

Coal Godown : M. Wolter moved, that the Secretary be asked to write to the Kaumi requesting him either to remove the coal godsons erected by the Corean Government W. of Lots B 1 and 2, or to have the Lot on which the Godowns stand measured and marked on the plan.

M. Townsend seconded. Carried.

German Consular Site : M. Wolter moved, that the Secretary be asked to write to the German Consul to ascertain whether or not his Government desires to retain the lot reserved for a Consulate. M. Townsend seconded. Carried.

Lots reserved by Corean Government : With reference to the Lot W. of Lot D 44 proposed to be reserved by the Corean Government for official purposes.

M. Wolter denied the right of the Corean Government to reserve land as they now proposed to do. He considered that any further land the Corean Government desired to hold should be put up to auction in the usual manner. He enumerated the lots already held by the Corean Government, pointed out that their Lot D 5 had never been built upon, and asked whether they could go on independently reserving land in the Settlement. The lot now proposed to be reserved was the most valuable site left, and would, he was sure, fetch a very high price.

M. Johnston said that the Corean Government had no desire to monopolise land in the Settlement. The lot they now purposed to reserve was to be used for building residences for Customs Officials. He considered the Government were acting quite within their right in reserving it for such a purpose.

M. Townsend moved, that the question be submitted by the Secretary to the Foreign Representatives, whether or not the Corean Government have the right, under Paragraph 5 of the Land Regulations, to reserve without payment further land for official purposes.

M. Wolter seconded. Carried.

Next Meeting : M. Townsend moved, that the next meeting be held during the third week of September, on a day to be fixed by the local members.

M. Hayashi seconded. Carried unanimously.

(signed) G. Hayashi
Vice President

1893년 7월 27일 특별 회의

Special Meeting of 27th July 1893

.. – 번역본 – ..

참석 : 부의장인 하야시 씨가 의장석에, 헝, 레인스도프, 존스턴, 타운센드, 커(H. B. 부영사 및 명예 서기 대행) 씨.

지난 회의록을 낭독하고 승인했다.

통지 : 오늘 특별 회의 요청이 주지되었다.

타운센드 씨는 참석할 수 없었던 허드 씨로부터의 편지를 읽고, 일본의 제1은행(the First National Bank)으로부터 신동공사 기금을 인출하는 것에 관하여 설명했다.

타운센드 씨는 신동공사가 제물포의 제1은행으로부터 신동공사 기금을 인출한 의장과 재무관의 행동을 승인해야 하며, 홍콩&상하이 은행회사로 현 계좌에 두기 위해 재무관이 6,000달러(현재 지출을 위해 재무관이 인출해서 보유하고 있는 계좌 잔액)를 상하이에 송금하도록 지시받아야 한다고 발의했다.

존스턴 씨가 재청했다. 통과되었다.

타운센드 씨는 행정위원회가 묘지 주변에 100평방피트 대신에 150평방피트의 벽을, 원래 100평방피트에 대해 120달러였던 견적서에 추가적인 비용을 더해서 쌓도록 권한을 부여받아야 한다고 제안했다.

헝 씨가 재청했다. 통과되었다.

행정위원회로부터 외국인 대표자들의 중진(doyen)에게로 보내진 5월 12일자 두 번째 편지의 여섯 번째 단락에 언급되었던, 각국 공동 조계지의 동쪽 경계와 새로운 청국전관조계지 사이의 토지의 가격에 대하여.

헝 씨는 편지를 읽었을 때 그는 이것이 언급된 땅이었다는 것을 이해하지 못했다고 설명했다. 그는 이제 F. F. R. R.이 해당 토지는 이미 청국전관조계지로 약속되었다는 사실을 숙지할 것을 희망했다.

타운센드 씨는 9월의 다음 정규 회의까지 휴회하자고 발의했다.

존스턴 씨가 재청했으며, 통과되었다.

(서명) 레인스도프
의장

(서명) G. H. 프레이저(Fraser)
명예 서기

영문원본

Present : M. Hayashi, Vice President, in the chair. Messrs Hung, Reinsdorf, Johnston, Townsend and Ker (Acting for H. B M. Vice Consul & Hon. Secretary)

Minutes of last meeting read and approved.

Notice : calling a special meeting for this day taken as read.

M. Townsend read a letter from M. Heard, who was unable to be present, giving an explanation concerning the withdrawal of the Municipal funds from the First National Bank of Japan.

M. Townsend moved that the Council approve the action of the President and Treasurer in withdrawing the Municipal funds from the First National Bank, Chemulpo, and that the Treasurer be instructed to remit six thousand Dollars to Shanghai to be placed on current account with the Hongkong & Shanghai Banking Corporation, the balance of the account withdrawn to be kept by the Treasurer for current expenses.

M. Johnston seconded. Carried.

M. Townsend moved that the Executive Committee be authorized to make the wall round the cemetery 150 feet square instead of 100 feet square, at an additional expense over the original estimate for 100 ft. sq. of $120.

M. Hung seconded. Carried.

With reference to the price land between the Eastern boundary of the General Foreign Settlement and the new Chinese Settlement, mentioned in Paragraph 6 of the second letter of May 12th from the Executive Committee to the Doyen of the For Representatives.

M. Hung explained that when the letter was read he did not understand that this was the land referred to, He now desired that the F. F. R. R. be made acquainted with the fact that this land had been already promised to the Chinese Settlement.

M. Townsend moved adjournment til the next regular meeting in September.

M. Johnston seconded, carried.

(signed) Reinsdorf
Chairman.

(signed) G. H. Fraser
Hon. Secretary

1891년 10월 6일 임시회의

Extraordinary Meeting of 6th October, 1891

– 번역본 –

참석 : 레인스도프 씨가 의장석에, 헝, 존스턴, 타운센드, 프레이저 (서기 대행) 씨.

프레이저 씨는 회의를 소집하는 공고를 읽었다. 그리고 편지 두 통을 스트리플링 씨로부터 막 수령했다. 그 중 하나는 외국인 대표단에만 관련된 것이어서 바로 허드씨에게 보내도록 했다. 다른 편지의 내용은 스트리플링 씨가 바로 회의에 참석하려고 했던 당일(10월 6일) 12시에 B 4 부지 근처의 도로를 신동공사에서 검사할 것이라는 통지를 받았다는 것이었다. 신동공사는 그가 제안하려는 점들에 대해 무엇이건 서면으로 제출해주기를 선호하며, 그를 회의실에서 직접 만날 준비가 되어 있지 않다는 내용이었다고 했다.

도로 내기 : 존스턴 씨는 세관 공무원의 거주지인 D 39 부지 앞 도로 평탄화 작업에 대한 불만을 신동공사에 제기했다. 그리고 한국 당국이 그 평탄화 작업으로 한국 당국의 D 40 부지에 일어난 손실에 관해 서면으로 불만을 허드 씨에게 보냈다고 덧붙였다. 그 도로는 3에서 4피트까지 다양한 깊이로 정리되었다. D 39 부지 서쪽 출입구 밑에서는 6피트 깊이로 절단되었으며 신동공사로 향해 길게 자리 잡은 입구였고, 부지는 없어졌다. 이와 같은 평탄화 작업은 그가 생각하기에 상당히 필요했

다. 1피트 정도 깊이라면 모든 필요조건을 충족시키면서도 인접 부지는 손상되지 않게 할 것이다. 어떤 경우에도 인접한 부지들의 주인들과 상의했어야 했다. 공사 감독인 락스데일 씨는 D 3 부지로부터 D 39 부지 동쪽 끝까지 작업을 마쳤을 때 세관 숙소의 양쪽 출입구를 없애는 수준으로 평탄화 작업을 실행하도록 지시 받은 것처럼 보였다. 왜냐하면 그 동쪽 입구 앞의 도로가 12 피트 깊이가 되었을 것이기 때문인데, 그렇게 되면 어떻게 그가, 조랑말, 의자 등은 말할 것도 없고, 안으로 들어갈 수 있을까? 그는 신동공사가 이와 같은 일을 승인했는지 알고 싶었다. 왜냐하면 이와 같은 성질의 일은 관련된 모두의 승인과 대단한 조심성을 가지고 착수해야만 할 일이기 때문이다. 그 일은 자명한 것이니 항구에서 그가 없는 동안 무슨 일이 일어났는지를 신동공사가 가서 보도록 초청했다. 그 도로는 그저 도랑, 아주 위험한 도랑이다. 왜냐하면, 겨울 서리 뿐 아니라, 다음 장마기간이면 분명히 한국 정부 수송부와 D 39 부지의 땅의 일부를 완전히 무너지게 할 것이기 때문이다. 지금도 비가 뿌릴 때마다 적은 양의 돌과 흙이 그 도랑에 떨어진다. 그(존스턴 씨)는 약 세 달 전 즈음 전에 어느 행정위원회 위원이 동쪽 출입구 밖에서 그에게 D 39 앞에 길을 평탄화하는 것에 반대하는지를 물었었다. 그는 상세한 내용을 몰랐기 때문에 당연히 평탄화 작업이 재산 안전성을 해치지 않을 정도로 사소하게 이루어질 것이라는 인상을 받았었다. 그는 그러므로 일어난 손해를 바로잡으려면 어떤 단계를 신동공사가 취하도록 제안해야 하는지를 물었다.

타운센드 씨는 우선 첫 번째로 자신은 B 4 부지 부지에 집들이 들어서기 전에 그 주변 길들에 대한 그 어떤 커다란 지출에도 반대했었다고 설명했다. 그는 스트리플링 씨에게 길들이 언제 그리고 필요에 따라 적절하게 만들어질 것이라고 약속하는 것으로 충분하다고 생각했다. 이후에 그는 이와 같은 도로에 관한 논의에서 스트리플링 씨의 말들이 불쾌했기 때문에 조계지 서쪽 끝의 도로들과 관련되기를 거절했었다. 스트리플링 씨는 그때 신동공사 관할 하에서 조계지의 두 부분들 사이에 유일한 연결로로서 문제가 되는 도로가 매우 중요하며 필요하다고 볼터 씨를 설득했던 것으로 보였다. 그(스트리플링 씨)는 볼터 씨가 존스턴 씨에게 도로 평탄화를 제안한다고 말했을 때 배석했으며, 헝 씨가 중국인 소유의 도로 반을 같은 수준으로 줄이자는 것에 동의했다고 말했다.

헝 씨는 그가 제안된 도로를 내는 것에 관해 어떤 통보도 받지 못했으며, 볼터 씨가 그 일이 부분적으로 시행된 이후에야 연락했다고 항의했다. 그는 그의 영사관의 인원 한 명을 볼터 씨에게 보냈으며, 볼터 씨에게 중국인들은 그들 자신의 조계지 내의 도로의 절반으로부터 취해진 그 어떤 땅도 내어주기 원치 않는다고 전했다. 헝 씨는 이렇게 길을 내는 방식에 절대로 동의하지 않았으며, 도로 건설에 들어간 중국인 소유의 반으로부터 토지에 대하여 모든 책임을 거절했다. 그 깊이로 중국 쪽 도로의 반을 깎아 내리는 것은 그의 영사관의 토대를 위험하게 할 것이었다.

레인스도프 씨는 잘라내어진 중국인 소유의 도로의 반을 거기서 파낸 흙으로 다시 메워서 현재 깊이의 절반 정도로 올리자고 제안했다. 그러면서 그는 이 도로가 조계지의 두 부분 사이에 정말로 매우 중요한 연결로라고 덧붙였다. 하지만.

헝 씨는, 그(레인스도프 씨)가 청국전관조계지의 경계 반대편의 B 2,

3, 4 부지를 메울 흙을 원했던 대로나 원했을지 모르는 대로, 이것에 동의할 수 없었다.

타운센드 씨는 그러고 나서 행정위원회에서 사임하기를 간청했다. 그는 그에게 부과되는 각양각색의 그리고 종종 성가신 요청들을 다룰 시간이 없기 때문이었다. 그는 도로 내기와 아무런 관련이 없었으며 인접한 부지 보유자와 상의해야 한다는 의견이었고 인접한 부지 소유자들의 바램이 이뤄져야 한다고 생각했다. 다만 중요한 간선도로의 경우에는 예외이겠지만, 이 도로는 아직 그렇지가 않은 상태이다. 그의 관점에서 선출된 회원보다 공식 회원이 행정위원회에서 일하기에 더 적합했다. 그는 600달러가 사용되었으며 어떤 잔액도 남지 않았다고 덧붙였다.

존스턴 씨의 발의에 신동공사는 휴회했고 언급된 도로 내는 것을 살펴봤다.

다시 모이자, **레인스도프 씨**가 제안했고, **프레이저 씨**가 재청했다.

"도로의 절단이 발생한 D 3, D 40, D 39 부지를 따라 도로 북쪽으로 옹벽이 만들어져야 하며, 거기에서 발생하는 비용에 대한 책무의 문제는 10월 20일 회의로 넘겨진다."

통과되었다.

몇몇 대화 이후에, **헝 씨**는 청국전관조계지를 위해 그의 도로의 반의 흙이 필요할지도 모르기에 신동공사에게 어떤 것도 약속할 수 없으며, 또한 그가 언제 작업을 시작할 것인지 말할 수 없다고 말했다. 이러한 환경에서 도로내기의 남쪽 벽 쌓기가 현재로서는 남아 있다.

회의는 그러고 나서 1891년 10월 20일 오전 10시 30분까지 휴회했다.

(서명) 레인스도프 (서명) G. H. 프레이저(Fraser)
의장 명예 서기

·· – **영문원본** – ··

Present : M. Reinsdorf in the chair, Messrs, Hung, Johnston, Townsend and Fraser(acting as Secretary)

M. Fraser read the notice calling the meeting; and two letters just received from M. Stripling, one of which was held to concern the Foreign Representatives only and directed to be sent to M. Heard, which as to the other M. Stripling was informed by letter that the Council would inspect the road near Lot B 4 at noon that day (6th October) when he might attend, but that the Council preferred that he should address them in writing on any points he wished to bring before them and they were not prepared to see him personally in the Board Room.

Road Cutting : M. Johnston laid a complaint before the Council concerning the grading of the road in front of the residence of the Commissioner of Customs, D Lot 39, and added that the Corean Authorities had sent in a written complaint to M. Heard as to damage done to their Lot D 40 by the grading. The road had been graded to a depth varying from three to twelve feet. Underneath the west entrance to D Lot 39 the cutting was six feet deep and a long established entrance to the Commission; premises was taken away. Such grading he thought quite necessary. A cutting of a foot or so would have met all requirements and left adjoining lots uninjured. In any case owners of neighboring lots should have been consulted. The foreman of works, M. Ragsdale, was, it appeared, directed to carry out grading from D lot 3 to the east end of D lot 39 at a level that, when completed, would have deprived the Commissioner of Customs of Both his entrance, for the cutting in front of his east gate would have been twelve feet deep, and how was he to get in, to say nothing of ponies, chairs, etc.? He would like to know if the Council had authorized such work, for it seemed to him that work of such a nature should be entered upon only with the approval of all concerned and with great caution. The work spoke for itself and he invited the Council to go and see what had been done during his absence from the port. The cutting was simply a trench, and a dangerous trench, since the next rainy season, if not the winter frost, would assuredly cause the total collapse of part of the Corean Government Transport Office and a landship at D lot 39. Even now stones and earth in small quantities fell into the trench whenever there was a shower of rain. He had only to add that, some three months ago, a member of the Executive Committee, meeting him outside his east entrance, asked if he had any objection to the grading of the road in front of D 39. He replied that he had now, since, no particulars being given, he naturally was under the impression that the grading would be so slight as not to injure the stability of the property. He therefore asked what step the Council proposed to take to remedy the damage done.

M. Townsend explained that he had in the first instance, objected to any large expenditure on roads round B lot 4 before houses were begun on that lot, thinking it enough to promise M. Stripling that roads would be duly made when and as required. He had later declined to have anything to do with the roads at the west end of the Settlement as he found M. Stripling's language at the discussions about such roads unpleasant. M Stripling seemed then to have persuaded M. Wolter of the prime importance of and need for the road in question as the only connection between the two parts of the Settlement under the Council's jurisdiction. He was present when M. Wolter told M. Johnston that he proposed grading the road and said that M. Hung agreed to cut down the Chinese half of the road to same level.

M. Hung : protested that he had no notice of proposed cutting, M. Wolter calling only after the work was partly carried out. He sent a member of his Consulate with M. Wolter and at his request, who told M. Wolter that the Chinese wanted any earth taken from their half of the road for their own Settlement. He, M. Hung, never agreed to this manner of cutting the road and declined all responsibility for landships from the Chinese half into the cutting. To level down his half to the level of the cutting would endanger the foundations of his Consulate.

M. Reinsdorf suggested levelling up by cutting away Chinese half of road to half depth of present cutting which could be filled in with earth so obtained - adding that the road was indeed a very important connection between the two parts of the Settlement, but

M. Hung could not assent to this, as he wanted, or might want, the soil for filling in opposite B lots 2, 3 & 4 on border of Chinese Settlement.

M. Townsend then begged to tender his resignation of his seat on the Executive Committee, as he found he had not time to attend to the multifarious and often vexatious calls the work made upon him. He had nothing to do with the cutting and was of opinion that adjoining lot holders should be consulted and their wished followed, except in case of an important thorough fare which this road was not as yet at any rate. In his view the official members were more suited to act upon the Executive Committee than the elected members. He added that $600.00 had been used, and there was no balance left.

On M. Johnston's motion the council adjourned and viewed the cutting referred to.

On their re-assembling, M. Reinsdorf proposed, seconded by M. Fraser : "That a retaining wall be built on the north side of the road along D lots 3, D 40 and D 39, where cutting has taken place, the question of liability for the cost thereof being left to the meeting on the 20th October."

Carried.

After some conversation, M. Hung said that as he might require the soil on his half of the road for the Chinese Settlement, he could not promise the Council any of it, nor could he say when he was likely to begin the work. Under these circumstances the walling of the south side of the cutting was left over for the present.

The meeting then adjourned till the 20th October, 1891, at 10:30 a.m.

(signed) Reinsdorf
Chairman.

(signed) G. H. Fraser
Hon. Secretary

1891년 10월 20일 회의

Meeting of 20th October 1891

·· – **번역본** – ··

참석 : 레인스도프 씨(의장석에), 헝, 존스턴, 타운센드, 볼터,
알렌(Allen) 박사(총영사 대리로서), 프레이저 씨.

프레이저 씨가 회의를 소집하는 공고문을 읽었다.

명예 서기 : 명예 서기 및 재무관 직에서 사임한다는 스콧 씨의 편지에 대한 허드 씨의 답장이 읽혀지고 있었다. 레인스도프 씨는 프레이저 씨가 명예 서기로 임명돼야 한다고 제안했고 존스턴 씨가 재청했다. 통과되었다.

명예 재무관 : 그러고 나서 프레이저 씨의 제안과 레인스도프 씨가 재청에 의하여 볼터 씨가 명예 재무관으로 임명되었다.

알렌 박사 : 프레이저 씨는 총영사 대리를 보낸다는 허드 씨로부터의 편지를 읽었다.

7월 27일 및 10월 6일의 회의록을 낭독하고 승인했다.

D 39, 40 부지를 지나는 도로들 : 볼터 씨는 헝 씨가 보낸 영사관 직원이 지적된 도로의 정확한 깊이를 쟀다고 설명했다. 그 직원은 승인했으며, 영사관 측 절반의 작업이 끝나는 대로 중국도 시작할 것이라고 했다. 볼터 씨는 존스턴 씨에게 그의 동쪽 출입구 근처 도로는 그곳의 경계석까지 깎여 내려갈 것이라고 설명했으며, 존스턴 씨가 반대하지

않는다고 이해했다. 그곳에서는 땅이 깎이지 않고서는 도로를 낼 수가 없다. 헝 씨는 청국전관조계지 및 각국 공동 조계지 사이에 도로를 건들기 전에 자신과 중국인들에게 분명히 상의했어야 했다고 말했다. 볼터 씨는 대여섯 피트가 깎인 후에야 연락을 했으며, 깊이에 제한을 두지 않았다. 파견된 직원은 아무런 권한이 없었다.

볼터 씨는 헝 씨가 보낸 사람이 필요한 권위를 가졌다고 말한 것으로 이해했으며, 프레이저 씨는 잘못된 통역 때문에 일부 오해가 있다고 내비쳤다.

볼터 씨는 6 내지 8 피트의 깊이로 깎는 것이 이미 다른 곳에서 행해졌으며, 옹벽은 토지 소유자들이 지불했다고 말했다.

존스턴 씨는 지난 회의에서의 발언에 덧붙일 것이 거의 없었다. 그는 부지 소유자들이 이와 같은 깊이의 평탄화 작업에 대하여 정당한 통보를 받아야 하며 이와 같은 심각한 작업이 착수되기 전에 신동공사는 자문을 구했어야 한다고 생각했다. 그는 이와 같은 그의 재산 피해가 생길 것이라는 경고를 받는다면 동의할 사람이 있을지에 의문을 가졌다. 그는 이 경우에 신동공사가 지불해야 한다고 생각했다.

볼터 씨는 다른 부지 소유자들의 비슷한 사례들을 인용했다. 그러나 존스턴 씨는 그의 경우는 이미 오래전에 만들어져 자리 잡은 출입구와 집들이 손상된 것이기에 다르다고 주장했다. 한국정부 재산이 피해를 입었다.

레인스도프 씨는 도로가 필요하다고 생각했다. 볼터 씨도 그렇게 생각하며, D 39, 40의 부지보유자로서 모젤과 우리탕 씨 역시 같은 처지에 있는 것으로 인용했다.

존스턴 씨는 이 경우를 특별히 논하기를 원했고, 그 일이 위원회의 만장일치의 동의로 이뤄지지 않았다는 점을 덧붙였다.

타운센드 씨는 거기에 반대가 없다고 말했고, 조계지 및 이 업무에 참여할 것을 진정으로 거부했다. 타운센드 씨는 옹벽의 비용과 정도가 보이도록 계획에 포함시켰다.

인접한 부지가 훼손될 지라도 평탄화할 권력이 신동공사에 있는지에 관하여 몇몇 대화를 한 후에, 알렌 박사가 그 주제에 관한 미국 법률을 인용한 것에 지지하며, 위원회의 행위에 대한 신동공사의 승인에 관하여 레인스도프 씨가 제안했다.

"행정위원회가 도로를 만들 의무가 있기에, 그들은 도로를 평탄화할 의무를 가지며 이와 같은 평탄화 작업으로 인접한 부지에 생긴 피해에 대해 책임이 없다. 그러므로 그 어떤 필요한 벽 쌓기는 거기에 영향을 받는 부지소유자가 비용을 지불해야 한다."

알렌 박사가 재청했다.

존스턴 씨는 이러한 경우에 "재산이 손해를 입었을 경우, 신동공사가 벽을 만드는 비용에 책무가 있다. 그러므로 이 비용은 신동공사 기금으로부터 치러진다"는 수정안을 발의해서,

프레이저 씨가 재청했다.

알렌 박사는 그 경우가 선례가 되지 않게 한다는 전제하에, 부지보유자들이 완전히 공지를 받지 못했으며 책무에 관해 불확실성이 있다는 점을 고려한 타협안을 제시했다.

타운센드 씨는 신동공사가 선례를 만드는 것을 피하기를 원한다면 그들이 유감을 표명하는 것 이상을 할 수 있는지에 의문을 가졌다.

존스턴 씨가 상급자와 협의하기 전에 지불하거나 타협안에 동의하기를 거절한 데에 따라 몇몇 대화를 한 후에, 존스턴 씨의 수정안이 회의에 붙여졌고 4표 대 3표로 통과되지 못했다. 프레이저, 헝, 존스턴 씨는 찬성했고, 알렌, 타운센드, 레인스도프, 볼터 씨는 반대했다.

그러고 나서 원래 발의안이 회의에 붙여져 통과되었고, 찬성은 알렌, 레인스도프, 타운센드, 볼터 씨가, 반대는 프레이저, 헝, 존스턴 씨였다.

새로 선출된 회원 : 예나미 씨가 사퇴하자, 타운센드 씨는 제1은행의 경영자인 니시와키 씨를 제안했다. 일본인이 여기에 큰 이해관계가 있음을 고려하여 선택돼야 한다고 생각했기 때문이었다.

하야시 씨가 참석하지 않았기에 다음 회의까지 이 문제를 연기하자고 프레이저 씨가 발의했고 레인스도프 씨가 재청했다.

행정위원회 : 볼터 씨와 타운센드 씨가 사임했다. 상당히 많은 토의를 하고 프레이저 씨와 볼터 씨가 다음 회의까지 역할을 대행하도록 동의했다.

세금들 : 존스턴 씨는 헛친슨 씨와 스트리플링 씨가 유일한 체납자라고 발표했다.

도로들 : B 1, 2, 3 및 D 2, 5 부지들 사이에 도로 변경이 승인돼야 한다고 볼터 씨가 제안하고, 프레이저 씨가 재청했다. 통과되었다. 위의 도로의 변화의 결과로 B 4 및 D 2 부지가 재측정 돼야 한다고 볼터 씨가 제안하고, 프레이저 씨가 재청했다.

불만 : 모젤 씨는 그의 경계까지 가까이 도로를 낸 우리탕 씨에 불만을 표했다. 신동공사는 이 불만은 그의 영사에게 접수돼야 한다고 여겼다.

존스턴 씨의 발의안에 볼터 씨가 재청했으며, 회의는 같은 날 오후

2시 30분까지 휴회했다.

-- 영문원본 --

Present : Messrs Reinsdorf (in the chair), Hung, Johnston, Townsend, Wolter, Dr Aleen(as Deputy Consul General) and M. Fraser.

M. Fraser read notice calling the meeting.

Hon Sec : M. Heard's reply to M. Scott's letter resigning his post as Honorary Secretary and Treasurer having been read. M. Reinsdorf proposed and M. Johnston seconded that M. Fraser be appointed Honorary Secretary. Carried.

Hon Treasurer : M. Wolter was then appointed Honorary Treasurer on proposal of M. Fraser seconded by M. Reinsdorf.

Dr Aleen : M. Fraser read letter from M. heard sending his Deputy Consul General.

Minutes of meeting of 27th July and 6th October read and approved.

Roads past lots D 39 & 40 : M. Wolter explained that M. Hung send a member of consulate with him to whom exact depth of road was pointed out. Said member assented and said Chinese would begin as soon as Council's half was finished. To M. Johnston he explained that road near his entrance on East side would be cut down to boundary stone there, and he understood that M. Johnston had no objection. Road could not be made there without cutting. M. Hung said that before his road between Chinese and Foreign Settlement was touched, he and the Chinese should have been definitely consulted. M. Wolter did not call till 5 or 6, had been already cut and gave no limit of depth. M. Wolter wanted earth from Chinese half but was told he would not have it. The person sent had no authority to bind him.

M. Wolter said he understood that M. Hung said the person sent had the necessary authority and M. Fraser suggested there was some misunderstanding due to faulty interpreting.

M. Wolter said cuttings of 6 or 8 feet had already been made in other cases and walls paid for by lot holders.

M. Johnston had little to add to his remarks at last meeting. He thought lotholders should receive due notice of such deep grading and Council should be consulted before such serious work was undertaken. He doubted whether anyone else would agree, if warned, to such injury to his property. He thought in this case Council should pay.

M. Wolter cited similar instances in case of other lot holders. M. Johnston, however, argued that his case was different as there were long established entrances and houses already built suffered. Corean Government property had been damaged.

M. Reinsdorf thought the road necessary, as did M. Wolter who also quoted Mörsel and Woo Li Tang as being in the same position as lotholders of D 39 & 40.

M. Johnston wished to argue this case specially and added that the work was not done with the unanimous consent of Committee.

M. Townsend thereon said he made no objection, simply declined to take part in the work at this and of Settlement. M. Townsend put in plan showing extent and cost of retaining wall.

After some conversation as to Council's power to grade even if adjoining lots suffered, in support of which Dr. Allen quoted American law on the subject and as to Council's consent to action of Committee, M. Reinsdorf proposed that :

"as Executive Committee have the duty of building roads, they have the duty of grading roads and are not responsible for damage to adjoining lots due to such grading; therefore, any walling required should be paid for by the lot holders affected."

Dr. Allen seconded.

M. Johnston moved as an amendment that in this case the "Council is liable for expense of building the wall, considering that property has been damaged; therefore, expenses should be paid out of the municipal funds."

M. Fraser seconded.

Dr. Allen suggested a compromise as lot holders not fully informed and there was uncertainty as to liability, provided the case is not allowed to be a precedent.

M. Townsend doubted whether if Council wished to save establishing a precedent, they could do more than express regret.

After some conversation arising from M. Johnston's declining to pay or to assent to compromise without consulting his superiors, M. Johnston's amendment was put to meeting and lost by 4 voters to 3. Messrs Fraser, Hung and Johnston supporting, and messrs Allen, Townsend, Reinsdorf and Wolter opposing it.

The original motion was then put to meeting and carried, the voters being for it messrs Allen, Reinsdorf, Townsend and Wolter, against it messrs Fraser, Hung and Johnston.

New elected member : M. Yenami having resigned, M. Townsend proposed M. Nishwaki, the manager of First National Bank, as he thought a Japanese should be chosen in view of greatness of Japanese interests here.

On motion of M. Fraser, seconded by M. Reinsdorf, question postponed till next meeting as M. Hayashi was not present.

Executive Committee : Messrs Wolter and Townsend resigned; after a good deal of discussion messrs Fraser and Wolter agreed to act till next meeting.

Taxes : M. Johnston announced that Messrs Hutchison and Stripling were the only defaulters.

Roads : M. Wolter proposed, seconded by M. Fraser that the alteration of road between Lots B1,3,4 and D 2 and 5 be approved. Carried. M. Wolter proposed, seconded by M. Fraser, that lots B 4 and D 2 be remeasured in consequence of the change of the above road. Carried.

Complaint : from M. Morsel against M. Wool Li Tang for cutting close up to his boundary. Council held that complainant should apply to his Consul. On motion of M. Johnston, seconded by M. Wolter meeting adjourned till 2:30 p.m. same day.

On the motion of M. Johnston seconded by M. Wolter, meeting adjourned till 2.30. p.m. same day.

1891년 10월 20일 휴회된 회의

Adjourned Meeting of 20th October 1891

·· – **번역본** – ··

참석 : 레인스도프 씨(의장석에), 존스턴, 타운센드, 볼터, 알렌, 프레이저(명예 서기) 씨.

스트리플링 씨로부터 그의 D 2 부지의 결점과 및 다른 문제들에 관한 편지를 읽었다. 신동공사는 제안된 도로선의 변경으로 영향을 받은 부지를 조사하기로 결정했다.

신동공사 부지 : 존스턴 씨는 이 부지에 대한 값이 치러지지 않았으며 부동산 권리증서도 발행되지 않았다고 신동공사에 상기시켰다. 그리고 지금까지 토지 판매에 대한 다음의 명세서를 제출했다.

부지	평방미터	팔린 값	한국 정부에 대한 최저가	신동공사에 주어야 하는 잔액
D 42	7700	$308.00	$231.00	$77.00
D 43	3780	$251.37	$113.40	$137.97
D 44	3780	$1082.97	$113.40	$969.57
D 48	1807	$58.11	$54.21	$0.90
		$1697.45	$512.01	$1185.44
	D 44 부지에 신동공사가 지불해야 하는 금액을 빼고			$1082.97
	한국 정부가 지방자치 신동공사에 지불해야 하는 금액			$102.47

서기가 감리서 감리에게 위의 명세서를 발송하고 지방자치 부지인 D 44의 부동산 권리증서와 신동공사에 지불해야 하는 잔액의 지불을 요청하도록, 볼터 씨가 제안하고, 타운센드 씨가 재청했다. 통과되었다.

조명 : 이 점에 관해 몇몇 대화가 이어졌다. 타운센드 씨가 이제 조계지 동쪽 끝에 등이 다섯 개가 있다고 언급했다. 동쪽 끝에 등 두 개와 부두에 커다란 등 하나를 배치하는 것에 동의했다.

묘지 : 공동묘지와 조계지의 한국인 무덤. 몇몇 토의 이후에, 프레이저 씨는 1889년에 이전 무역감독관이 무덤을 철거한다고 했던 약속을 감리서 감리에게 상기시켜야 하며, 특히 묘지 안의 한국인 무덤과 공원의 무덤을 즉시 철거하도록 요청해야 한다고 제안했다.

알렌 박사가 재청했다.

볼터 씨가 이 문구를 덧붙이도록 발의했다 :

"이 날로부터 세 달 안에 조계지의 모든 무덤이 철거되지 않으면, 신동공사가 직접 묘지들을 철거한다."

타운센드 씨가 재청했고, 그렇게 수정된 발의안은 통과되었다.

배 : 배들에 대해 일부 통제권을 갖기 위해 허가제의 필요성에 관해 논의를 좀 한 후에, 그 문제를 중국인 영사와 일본인 영사가 참석할 수 있는 다음 회의까지 남겨두기로 동의했다.

허가 : 조계지 내에서 전선 등의 도매상들이 적법한 절차에 따라 허가를 받는 것을 락스데일이 감독하도록 해야 한다고 제안되었다.

쌀 창고 : 존스턴 씨는 한국 정부가 D 5 부지 앞에 쌀 창고를 짓기를 원한다고 언급했다. 과거에 한국 정부의 다른 쌀 창고들은 이미 측정되었으며 계획에 붙여지고 세금이 지불될 것이다. 위원회는 제안된 창고

부지를 검토하기로 동의했다.

다음 회의 : 다음 회의가 12월 둘째 주에 지역 회원들이 정한 날에 열려야 한다고 레인스도프 씨가 제안했고, 타운센드 씨가 재청했으며, 만장일치로 통과되었다.

그로써 회의는 휴정되었다.

-- 영문원본 --

Present : M. Reinsdorf (in the chair) Messrs Johnston, Townsend, Wolter, Allen and Fraser(Hon. Sec).

Letter from M. Stripling as to deficiency in his Lot D 2 and other matters read. Council decided to inspect the lots affected by proposed change of road line.

Municipal Lot : M. Johnston reminded Council that this Lot has not been paid for nor Title Deed issued; and he put in following statement of Landsales to date.

Lot	Sq. metres	Sold for	upset price to Corean Govt	Balance due to Council
D 42	7700	$308.00	$231.00	$77.00
D 43	3780	$251.37	$113.40	$137.97
D 44	3780	$1082.97	$113.40	$969.57
D 48	1807	$58.11	$54.21	$0.90
		$1697.45	$512.01	$1185.44
	Less amount due by Council for D lot 44			$1082.97
	Due by Corean Government to municipal Council			$102.47

M. Wolter proposed, seconded by M. Townsend that the Secretary write to the Kaumi forwarding above statement and requesting a title deed for the Municipal lot D 44 and payment of the balance due to Council. Carried.

Lighting : Some conversation ensued on this point. M. Townsend stating that there were now five lamps in the East end of the Settlement. It was ultimately agreed to have two more lamps in East end and one large one on the jetty.

Cemetery : Corean graves in cemetery and settlement. After some discussion M. Fraser proposed that the Kaumi be reminded of the promise of the former Superintendent of Trade in 1889 to remove graves and be specially asked to remove at once the Corean graves inside the Cemetery and those in the Public Garden.

Dr. Allen seconded.

M. Wolter moved to add the words:

"If all graves in the Settlement are not removed within three months from this date, the Council will have to remove them themselves."

M. Townsend seconded and motion so amended carried.

Boats : After some discussion as to the need for licensing boats in order to have some control over them, it was agreed to leave the matter over till next meeting when the Chinese and Japanese Consuls could be present.

Licenses : It was suggested that M. Ragsdale be told to see that licenses were duly taken out by all dealers in wires, etc, within the Settlement.

Rice Godown : M. Johnston mentioned that the Corean Government wished to build a rice godown in front of Lot D 5. Their other godowns in that past had been already measured and would be put on the plan and pay taxes. The Council agreed to inspect the proposed site of the godown.

Next Meeting : M. Reinsdorf proposed, M. Townsend seconded, and it was carried unanimously that the next meeting be held in second week of December on a day to be fixed by the local members.

The meeting then adjourned.

1891년 11월 11일 임시회의

Extraordinary Meeting of the 11th November 1891

.. – **번역본** – ..

참석 : 하야시 씨가 의장석에, 레인스도프, 존스턴, 타운센드, 볼터, 프레이저 씨.

사업 : 프레이저 씨는 "한국 정부가 조계지 북서부에 건물을 세우려는 문제를 논의하는" 회의를 소집하는 공고문을 읽었다.

하야시 씨는 D 5 부지의 서쪽 지점에서 공고나 권위나 경매 없이 건물을 지을 준비가 취해지고 있는 데에 관심이 환기되었다고 진술했다. 그리고 프레이저 씨가 받은 것처럼, D 4 부지 북서쪽 산림 사면에 인접한 가로 40 세로 20 미터인 하나의 땅을 조사할 날짜를 묻는 급보를 감리서 감리로부터 받았다고 진술했다. 한국 정부가 거기에 있는 수송 사무소를 제거하기로 원했기 때문이다.

볼터 씨는 여하한 사전 통보도 없이 일을 시작한 것에 대해 한국 당국의 행동을 비난했으며, 어떤 부지라도 허락을 한다면 현 D 40 부지는 포기되어야 한다는 조건하에 다른 부지를 내줘야 한다고 제안했다. 조계지의 서쪽 경계에 관해, 그리고 이 문제에 대해 서울에 있는 외국인 대표단에 자문을 구하는 것의 적절함에 대해, 그리고 공공 경매에 붙여지지 않고 한국 정부가 보유할 수 있는 토지의 범위에 관해서도 일부 논의가 지속되었다. 회의의 전체적인 견해는 다음의 결의안에 보인다.

볼터 씨가 발의하고, **타운센드 씨**가 재청했으며, 통과되었다. "한국 정부에 의해 D 5 부지 서쪽의 땅을 보유하는 문제는 한국정부의 의해 서울의 외국인 대표단에게 언급되어야만 한다는 것을 감리서 감리에게 알려야 한다."

존스턴 씨가 발의하고, **하야시 씨**가 재청했다. "서쪽 해안의 문제는 외국인 대표단과 한국 정부가 맡아야 하며, 상기된 해안이 조계지 한계 안에 있다고 판결되면, 이에 따라 그들은 어떤 등급의 부지들로 구성되어 있는지 결정하고 그에 따라 공식 지도에 포함시켜야 한다."

프레이저 씨는 수정안으로서 "서기가 D 5 서쪽 부지에 인가되지 않은 건축의 시작에 관하여 한국 당국의 행동에 대해 이의를 제기하는 외국인 대표단과 연합하며, 대표단이 한국 당국에게 적어도 수면이 낮은 곳에 한해서는 서쪽 해안을 조계지 지도에 포함시켜야 한다고 공지하기를 요청해야 한다"고 발의했다.

볼터 씨는 "한국 당국에게 적어도 수면이 낮은 곳에 한해서는 서쪽 해안을 조계지 지도에 포함시켜야 한다고 공지하기를" 이라는 문구를, 프레이저 씨의 수정안에 따라 다음의 문구, 즉 "인구가 증가하고 있음에 따라, 토지 규제에 맞춰 조계지의 남쪽과 북서쪽 모두에서 늪 부지를 지도에 그려 넣기를"로 대체하도록 발의했다.

프레이저 씨는 이 개정안을 받아들였고, 그 개정안은, 변경된 바대로, **타운센드 씨**가 재청했으며, 통과되었다.

볼터 씨가 발의했고, **프레이저 씨**가 재청했다. "동시에 서기는 다음과 같이 외국인 대표단에 알려야 한다. 토지 규정에 의해, 한국 정부는 더 이상 조계지 내에서, 심지어 관청이나 관저를 위해서라고 할지라도, 공개 경매를 통해 구매하지 않고서는 어떠한 토지도 보유할 권리가 없다는 것이 신동공사의 의견이다"

통과되었다.

레인스도프 씨가 발의했고, **타운센드 씨**가 재청하여 앞선 결의안에 덧붙였다, "토지규칙 5항에 언급된 관청과 관저는 오직 외국인 거주자들과 관련되거나 그들의 이익을 위한 경우만을, 예컨대 세관과 같은 경우에만 적용된다."

통과되었다.

회의는 그러고 나서 휴회했다.

(서명) 어거스틴 허드
부의장

(서명) E. H. 프레이저
명예 서기

.. – **영문원본** – ..

Present : M. Hayashi in the chair, Messrs Reinsdorf, Johnston, Townsend, Wolter and Fraser.

Business : M. Fraser read the notice calling this meeting "to discuss the matter of the erection of a building in the north- western part of the Settlement by the Corean Government."

M. Hayashi stated that since his attention had been called to the preparations to build made without notice, authority or auction, at a point to West of lot D 5, he had received, as had M. Fraser, a despatch from the Kaumi asking for date to be fixed for the survey of a piece of land, 40 by 32 metres, adjoining hillslope on n.w of lot D 5, as Corean Government wished to remove the Transport office thither.

M. Wolter animadvert on the action of the Corean Authorities in beginning work without any notice given, and suggested that the new site should be granted, if at all, only one condition that the present lot D 40 be given up. Some discussion ensued as to the boundary of the Settlement on the West and the advisability of having the question settled by the Foreign Representatives in Seoul and also as to the extent to which land could be reserved by the Corean Government without being put up to public auction. The general feeling of meeting was shown in the following resolution :

M. Wolter moved, M. Townsend seconded, and it was carried, "that the Kaumi be informed that the question of reserving ground to west of lot D 5 by the Corean Government must be referred by the Corean Authorities to the Foreign Representatives in Seoul."

M. Johnston moved and M. Hayashi seconded "that the question of the western foreshore be taken in hand by the Foreign Representatives and the Corean Government; and that, if it be ruled that the said foreshore is within the limits of the Settlement, they decide what class of lots it is to consist of and fill in the Plan accordingly."

M. Fraser moved as an amendment "that the Secretary unite to the Foreign Representatives complaining of the action of the Corean Authorities in regard to unauthorised commencement of building on site to west of D 5 and requesting the Representatives to notify the Corean Government to have the Western Foreshore, as far as low water line, included in the Plan of the Settlement."

M. Wolter moved to substitute for the words "to notify the Corean Government to have the western foreshore, as far as low water line, included in the Plan of the Settlement" in M. Fraser's amendment the following words "as the population is increasing to draw up in accordance with the Land Regulations, a plan of the water lots both on the South and the North west sides of the Settlement."

M. Fraser accepted this amendment, and the amendment, as altered, was seconded by M. Townsend and carried.

M. Wolter moved, M. Fraser seconded, "that the Secretary at the same time inform the Foreign Representatives that the Council is of opinion that the Land Regulations give the Corean Government no right to reserve any more ground, without purchasing it at public auction, within the Settlement, even for public offices or official residences."

Carried.

M. Reinsdorf moved and M. Townsend seconded to add to the foregoing resolution "that the public offices and official residences mentioned in clause 5 of the Land Regulations refer solely to public offices and official residences connected with and for the benefit of the Foreign Settlement e.g. the Custom House."

Carried.

The meeting then adjourned.

(signed) Augustine Heard
President

(signed) E. H. Fraser
Hon. Sec.

신동공사
Municipal Council

·· – **번역본** – ··

아래 서명한 우리는 각국 공동 조계지에서 토지 소유자로서, 본인의 이름으로 등록된 부지를 소유하는 진짜 토지 소유자가 아닌 경우에 제물포에 신동공사 위원 선거에 투표하는 것이 허락되는 데에 항의한다는 것을 표명한다.

서명 : A. B. 스트리플링

서명 : F. 메이어(Meyer)

서명 : F. H. 모젤

서명 : A. 골찰키

제물포, 신동공사의 공식 회원에게.

1891년 12월 2일.

1891년 12월 2일 제물포 각국 공동 조계지의 등록된 토지보유자

투표 순서	이름	부지
결석	F. M. 알마허	D 31-33
3	R. 보리오니(Borioni)	D 18
18	R. 브릭마이어	D 7-9
결석	세관(Commissioner of Customs)	A 1,2,3, D 5,6,39,45

13	A. T. 골찰키	D 3
7	S. 히구치(Higuchi)	C 19
16	I. 홀링스워스	D 15
14	L. A. 홉킨스	D 10
6	K. Hori	C 18,26,27
결석	H. D. 헛친슨	D 11,12
결석	I. 구마모토(Kumamoto)	C 13,14
11	E. 라포트	D 24,48
결석	리 페이 치엔	C 9
9	C. 뤼어즈	B 1,2
17	W. 뤼어즈	D 14
1	F. 메이어	C 10, 11 D 42
결석	H. C. E. 메이어	C 1-4 D 25-28,37
2	F. H. 모젤	C 17,20,22,29-31 D 13
결석	W. 나카이(Nakai)	C 21
4	C. 니시와키(Nishiwaki)	C 25
5	H. 리키타키(Rikitaki)	C 12
8	신도(Shindo)	C 15-16
12	A. B. 스트리플링	B 4 D 2,4
결석	복음전파회 (Society for propagation of Gospel)	D 43
15	W. D. 타운센드	D 20-23-34-36
결석	C. 볼터	C 5-8 D1, 19, 29
10	우리탕	C 23,24,28,32 D 16,17,30
	영국정부	D 38
	Pelchangi 사무실	D 40

1891년 12월 2일 수요일 오전 10시 30분에 제물포, 영국 부영사관에 열린, 윤번으로 은퇴한 타운센드 씨와 사임한 예나미 씨를 대신할 신동공사의 비공식 회원 두 명에 대한 선거 기록.

참석한 공식회원들

하야시 씨, H. I. J. 영사

헝 씨, H. I. C. M. 영사.

프레이저 씨, H. R. Ms 부영사

레인스도프 씨, H. I. G. Ms 영사, 시간의 일부.

선거는 투표로 진행되었으며 선출은 1888년 11월 21일 서울의 외국 대표자들이 동의한 선거 규칙에 따라 이뤄졌다.

개표가 진행되었으며 다음과 같이 나왔다.

C. 니시와키	12표
A. B. 스트리플링	10표
W. D. 타운센드	7표
L. A. 홉킨스	2표
I. 홀링스워스	1표
K. 호리	1표
F. 메이어	1표
E. 라포트	1표

이에 따라 니시와키 씨가 타운센드 씨에 이어 선출되었다고 선언되었고, A. B. 스트리플링 씨가 사임한 예나미 씨 자리에 선출되었음을 알렸다. 즉 1891년 1월 1일부로 니시와키 씨는 3년간 복무할 것이고 스트리플링 씨는 2년간 복무할 것이다.

별도의 항의가 회의에 붙여졌다.

다음 지주보유자들이 투표했다.

R. 보리오니	G. 라포트	S. 신도
R. 브릭마이어	C. 뤼어즈	A. B. 스트리플링
A. T 골찰키	W. 뤼어즈	W. D. 타운센드
S. 히구치	F. 메이어	우리탕
I. 홀링스워스	F. H. 모젤	L. A. 홉킨스
C. 니시와키	K. 호리	H. 리키타키
		총 열여덟

(서명) E, H. 프레이저
대영제국 부영사

(서명) 하야시
일본제국 영사

(서명) 형 체 핀
중국 황실 영사
(E. T. 루에 의해)

.. – 영문원본 – ..

We the undersigned registered Land owners in the general Foreign Settlement at Chemulpo hereby protest against any one but bona fide land owners, who hold lots registered in their own name, being allowed to vote for the election of municipal Councillors at Chemulpo.

(Signed) A. B. Stripling
(Signed) F. Meyer
(Signed) F. H. Morsel
(Signed) A. Gorschalki

To the official member of the Municipal Council, Chemulpo.
Dec. 2nd 1891.

Registered Land holders in the Chemulpo General Foreign Settlement on 2nd December 1891.

Order of Voting	Name	Lots
Absent	F. M. Allmacher	D 31-33
3	R. Borioni	D 18
18	R. Brickmeier	D 7-9
absent	Commissioner of Customs	A 1, 2, 3, D 5, 6, 39, 45
13	A. T. Gorschalki	D 3
7	S. Higuchi	C 19
16	I. Hollingsworth	D 15
14	L. A. Hopkins	D 10
6	K. Hori	C 18, 26, 27
absent	H. D. Hutchison	D 11,12
absent	I. Kumamoto	C 13, 14
11	E. Laporte	D 24, 48
absent	Li Pei Chien	C 9
9	C. Lührs	B 1,2
17	W. Luhrss	D 14
1	F. Meyer	C 10, 11 D 42
absent	H. C. E. Meyer	C 1-4 D 25-28, 37
2	F. H. Mörsel	C 17, 20, 22, 29-31 D 13
absent	W. Nakai	C 21
4	C. Nishiwaki	C 25
5	H. Rikitaki	C 12
8	Shindo	C 15-16
12	A. B. Stripling	B 4 D 2, 4
absent	Society for propagation of Gospel	D 43

Record of an Election of two non-official members of the Municipal Council in place of M. Townsend, retired in rotation and M. Yenami, resigned, held at H. B. M. vice consulate, Chemulpo at 10. 30. a.m. on Wednesday 2nd December 1891.

The Official members present were

M. Hayashi, H. I. J. Consul

M. Hung, H. I. C. M. Consul.

M. Fraser, H. R. Ms Vice Consul

M. Reinsdorf H. I. G. Ms Consul, part of the time.

The voting was by ballot and the election was conducted according to the Rules of Election agreed to by the Foreign Representatives in Seoul on Nov 21st 1888.

The Poll was counted and found as follows

C. Nishiwaki	12 votes
A. B. Stripling	10 votes
W. D. Townsend	7 votes
L. A. Hopkins	2 votes
I. Hollingsworth	1 vote
K. Hori	1 vote
F. Meyer	1 vote
E. Laporte	1 vote

M. Nishiwaki was accordingly declared elected in succession to M. Townsend & M. A. B. Stripling was declared elected in place of M. Yenami, resigned, i.e. M. Nishiwaki will serve for three years and M. Stripling for two years from 1st January, 1891.

The annexed protest was put in at the meeting.

The following land holders voted:

R. Borioni	G. Laporte	S. Shindo
R. Brickmeier	C. Luhrs	A. B. Stripling
A. T Gorschalki	W. Luhrss	W. D. Townsend
S. Higuchi	F. Meyer	Woo Li Tang
I. Holingsworth	F. H. Mörsel	Eighteen in all
L. A. Hopkins	C. Nishiwaki	
K. Hori	H. Rikitake	

(Signed) E, H. Fraser
H. B. In's Vice Consul

(Signed) Hayashi
H. I. G. In's Consul

(Signed) Hung Tsze Pin
H. I. C. In's Consul

(by E. T. Loo)

1891년 12월 11일 회의

Meeting of 11th December 1891

.. – **번역본** – ..

참석 : 허드 씨가 의장석에. 하야시, 헝, 존스턴, 레인스도프, 타운센드, 프레이저 씨.

허드 씨가 신동공사 부지의 부동산 권리증서에 서명했다.

서기가 10월 20일 및 11월 11일 회의록과 12월 2일 선거 기록을 읽었다.

한국정부와 D 5 북서쪽의 토지.

의장은 그 문제의 심의를 위한 외국인 대표단의 회의에서 신동공사의 시각이 실질적으로 지지되었으며, 부지가 조계지 안에 있어도 한국정부는 규칙에 따라 보유할 권리가 있다고 주장하는 회장으로부터 동일한 취지의 답장이 보내졌다고 진술했다. 회장은 이후에 대화를 했으며, 투표는 이 부지가 부여된다면 더 이상은 요청되지 않을 것이라고 약속하는 것으로 기울어진 것처럼 보였다. 회장의 요청으로 회장의 급보와 대답이 철회되었다. 의장은 신동공사의 견해를 듣고 싶어 했다. 그의 생각에는 서쪽에도 한계선이 없었기에 조계지 서쪽에 한계선의 부재에 관한 협약이 적용되지 않는다. 레인스도프 씨가 부지가 주어진다면 D 30은 포기되어야 한다고 주장했으며, 프레이저 씨는 정부가 이미 그 부지에 표시된 지역의 12퍼센트를 보유하고 있다는 것을 지적하는 대화가 있었다. 회장으로부터 좀 더 확실한 정보를 기다리도록 합의되었다.

자금 책정 : 존스턴 씨는 1892년 순 총 임대료를 약 400달러로 계산했다. 프레이저 씨는 락스데일 씨의 봉급의 50달러가 여전히 다른 계좌에 청구된다면 월 요금이 93달러 더해진다고 말했다. 이는 한국정부가 길 등을 만드는 비용을 갚는 성향을 비추어 그가 반대했던 방식이었다. 궁극적으로 다음의 견적이 의장의 제안으로 채택되었으며, 하야시 씨가 재청했다. 락스데일의 봉급에서 월마다 50달러가 여전히 다른 계좌로 청구된다. 타운센드 씨는 투표하기로 거절한 것이 재청되기를 원했다.

락스데일의 봉급 – 일부 @ 월마다 $20	$240
숙소의 임대료 @ 월마다 15	$180
경찰 다섯 명 임금 @ 각 월마다 12	$720
제복 @ 각 30	$150
등 10개당 @75 센트와 $1 짜리 1개 및 설치비용	$114
청소부 4명 @ 월마다 $16	$192
도로 수리	$400
	합계 $1996.00

의장은 1890년 및 1891년 동안 만들어진 배수구 내역서를 제출했다.

현재 등의 개수(7개와 부두에 1개)에 세관 창고 중간 즈음에 하나를, 그리고 하나는 영사관을 지나 세관 아래 길에 추가하며, 부두 계단에 있는 등은 철거하기로 했다. 추가적인 경찰 세 명이 복무할 것이며 다음 해의 행정위원회에 의해 제복을 제공받을 것이다. 한편, 서기는 올해 계좌에서 락스데일을 위한 제복, 모자, 신발(40달러)과 두 명의 경찰(26달러)과 외투 두 벌(각 약 15달러 내지 16달러) 비용을 지불하도록 지시받았다.

도로 만들기 등에 필요한 금액의 문제와 신동공사 건물의 문제가 명예 재무관이 결석했기에 다음 회의로 넘겨졌다. 징수될 지대의 금액도 넘겨졌다.

회의는 그러고 나서 같은 날 오후 2시 30분까지 휴회했다.

메모 : 헝 씨가 몸이 좋지 않아 일찍 회의를 떠났다.

-- 영문원본 --

Present : M. Heard in the chair. Messrs Hayashi, Hung, Johnston, Reinsdorf, Townsend and Fraser.

M. Heard signed the title deeds of the Municipal lot.

Secretary read Minutes of meetings of 20th October, and 11th November, and the Record of the election of 2nd December.

Corean Government and ground to N. W. of D 5.

The Chairman stated that at a meeting of Foreign Representatives to consider the question, the views of Council were practically upheld and replies to an identical note from the President claiming that, even if site were inside Settlement, Corean Government had right to reserve it under regulations, were sent. President had afterwards in conversation and vote seemed inclined to promise that, if this site were granted, no more would be asked. At his request his dispatch and the answer were withdrawn. Chairman would like to hear views of council. To his mind the agreement as to absence of red line on W side of Settlement did not apply, as there was no red line on South side either. After some conversation, in which M. Reinsdorf urged that, if this site were granted, D

30 should be given up and M. Fraser pointed out that the Government already held 12 per cent of the area marked in lots, it was agreed to await more definite information from the President.

Appropriations. M. Johnston calculated net full rental for 1892 at about $400.00. M. Fraser said monthly charges were $93.00 add, if $50.00 of M. Ragsdale's salary were still charged to other accounts - a course he deprecated in view of the disposition of the Corean Government to repay cost of making roads, etc. Ultimately the following estimate was adopted on the proposal of the chairman, seconded by M. Hayashi, $50 per month of Ragsdale's salary being still charged to other accounts. M. Townsend desired to have it seconded that he declined to vote.

Ragsdale's salary - part @ $20 per month	$240
rent of quarters @ $15 per month	$180
Five police wages @ #12 per month each	$720
uniforms @ $30 each	$150
10 lamps @ 75 cts and 1 @ $1 & expenses of setting up	$114
4 scavengers @ $16 per month	$192
Repairs to roads	$400
Total	$1996.00

Secretary put in a statement of drains made during 1890 and 1891.

To the Present number of lamps(7 and 1 on jetty) it was decided to add one about middle of Customs Godowns, one on road down to Customs past Consulate, and to take over the lamp at jetty steps. Further three extra police will be engaged and supplied with uniforms by next year's Executive Committee.

Meanwhile, as a charge on this year's accounts, the Secretary was instructed to pay for uniforms, caps and shoes for Ragsdale (say $40.00) and the two police (say $26.00) and for two greatcoats (about $15 or $16 each) on for each policeman.

The questions of amount required for roadmaking, etc, and that of the Municipal Building were left for next meeting, as the Houn. Treasurer was absent. It was also the amount of rent to be collected.

The meeting then adjourned till 2:30 p.m. same day.

Note : M. Hung left the meeting at an early period, feeling unwell.

1891년 12월 11일 휴회된 회의

Adjourned Meeting of 11th December, 1891

.. – 번역본 – ..

참석 : 허드, 하야시, 존스턴, 레인스도프, 타운센드, 프레이저 씨.

조계지가 남쪽으로 어떻게 확장해야 할지에 대해 몇몇 대화 후에, 서기는 C 32부지의 보도와 D 16, 17 뒤에 도로 내는 것에 관해 우리탕 씨와 교신한 내용을 읽었다. 서기는 우 씨에게 그가 earce(독해불가)이나 계단을 돌출시킴으로써 그의 한계선을 넘어서는 행위를 할 수 있는 어떠한 권리도 없다는 것과 도로를 냄으로써 인접한 다른 이의 소유지를 위험하게 할 어떠한 권리도 없다는 것을 이해시키도록 지시받았다.

서기는 신동공사의 수레가 통과된 후에 도로에 쓰레기를 버려 놓는 일본 거주민과 청국 거주민으로 인한 불편함을 언급했다. 그리고 하야시 씨는 그의 국민들에게 이 문제에 관해 주의를 환기시키기로 약속했다. 이 문제나 다른 문제들로 조례를 위반한 사람들의 이름을 적고 기소하도록 락스데일 씨에게 말해야 한다고 동의되었다.

서기는 C 32 부지 동쪽 삼각형 모양의 부지의 더러운 상태를 불평하는 우리탕 씨로부터 편지를 읽었다. 그리고 서기는 감리서 감리가 한국인이 그곳을 쓰레기 더미로 만드는 것과 또한 조계지의 동쪽에 도로와 하수구를 채워놓는 것도 금지하도록 약속했다고 말했다.

무덤들 : 감리서 감리는 조계지의 무덤들(그가 추정하기에 105개에 달하

는)이 철거되도록 하겠다고 약속했다. 서기는 다시 묘지 근처와 공원에 있는 무덤들이 먼저 그리고 당장 제거되어야 한다고 촉구했다. 땅이 녹을 때까지 기다리며 감리서 감리가 어떤 행동을 취하는지를 지켜보기로 결정되었다.

기무라(Kimura)가 점유한 땅 : 하야시 씨는 이 땅이 한국인으로부터 구매되었으며, 감리서 감리가 이 땅이 조계지 밖이라고 믿고 부동산 권리 증서를 발행했다고 설명했다. 그(하야시 씨)와 존스턴 씨는 1720평방미터로 그 규모를 측정했으며, 그(하야시 씨)는 그것이 지도에 포함되어야 하며 1891년 1월 1일부로 지대를 지불해야 한다고 제안했다. 허드 씨가 재청했으며 만장일치로 통과되었다.

그러고 나서 서기가 감리서 감리에게 그 주제에 관해 편지를 쓰고 그(감리서 감리)가 이 부지의 그리고 이 부지를 위한 측정을 위해 날짜를 정해 줄 것과 B 1, 4와 D 2, 5 사이의 도로 선의 변화를 지도에 반영해 줄 것을 요청하기로 동의했다.

전차길 : 하야시 씨는 일본유선회사 전찻길을 위한 규칙들을 제출했다. 문제를 논의하기 전에 완전한 설명들을 기다리기로 결정되었다.

공직자 선거 : 허드 씨와 하야시 씨가 만장일치로 회장과 부회장으로 재선되었다. 프레이저 씨는 제물포에 있는 동안 서기로 계속해서 대행하도록, 그리고 볼터 씨는 재무관으로 선출되었다. 그리고 니시와키, 스트리플링, 볼터 씨는 행정위원회로 선출되었다.

타운센드 씨의 은퇴 : 타운센드 씨의 복무에 감사를 표하는 표결을 프레이저 씨가 발의했고, 하야시 씨가 재청했으며, 만장일치로 통과되었다.

다음 회의 : 다음 회의를 2월 마지막 주에 서울의 회원들이 정한 날에

열기로 동의했다.

1891년 12월 2일 제물포

1890년에 놓인 배수구 목록	839피트
한국 조계지에 큰 배수구	825피트
1890년에 놓인 방조제 배수구	피트
방조제 배수구 1피트 18인치 D부지들 5 C 13 C	300피트
C 1부터 C 5까지 방조제 배수구	411피트
C 9부터 C 11까지 방조제 배수구	411피트
C 9부터 C 11까지 뒤에 방조제 배수구	414피트
C 17부터 C 20까지 방조제 배수구	414피트 7인치
C 17부터 C 20까지 뒤에 방조제 배수구	415피트 7인치
일본전관조계지 옆 방조제 배수구	531피트
#	4946피트 4인치
한국 조계지 옆에 방조제 배수구	830피트
C 13부터 방조제 배수구	447피트
서울 길에 방조제 배수구	560피트
서울 길에 방조제 배수구	525피트
C 21부터 가로 1피트 세로 6인치 방조제 배수구	340피트
C 21부터 가로 1피트 세로 6인치 방조제 배수구	423피트
타운센드 씨 앞의 방조제 배수관	824피트
타운센드 씨 앞의 방조제 배수관	864피트
타운센드 씨 앞의 방조제 배수관	411피트
모젤 씨 앞의 방조제 배수관	366피트
모젤 씨 앞의 방조제 배수관	366피트
신도 씨 앞의 방조제 배수관	365피트
신도 씨 앞의 방조제 배수관	365피트
A. 골찰키 씨 앞의 방조제 배수관	311피트

존스턴 씨 앞의 방조제 배수관	200피트
타운센드 씨 뒤 큰 배수관	462피트
스트리플링 씨 앞에 큰 배수관	535피트
세관에서 구획지에 걸친 배수관	400피트
#	8594피트

	4946 피트
+	8594 피트
	13540 피트

.. – **영문원본** – ..

resent : Messrs Heard, Hayashi, Johnston, Reinsdorf, Townsend and Fraser.

After some conversation as to where settlement extends to on South side, the Secretary read correspondence with M. Woo Li Tang as to the sidewalk at Lot C 32 and the cutting at back of D 16 and 17. Secretary was instructed to impress on M. Woo that he had no right whatever to exceed his limits by overhanging earces or steps, and that he has no right to endanger adjoining property by cutting.

Secretary mentioned inconvenience of Japanese and Chinese residents throwing out rubbish on roads after municipal cart had passed and M. Hayashi promised to call his nationals' attention to the matter. M. Ragsdale, it was agreed, should be told to note names and prosecute offenders against the bylaws in this or other matters.

Secretary read letter from M. Woolitang complaining of filthy state of triangular space to East of C lot 32 and Secretary said Kaumi had promised to forbid Coreans making rubbish heap of it and also filing roads and drains at the East of Settlement.

Graves : Kaumi had promised to have graves in Settlement (which he estimates to number 105) removed. Secretary had again urged that those by cemetery and in Public Garden should be removed first and at once. Decided to wait till ground free from frost to see what action, if any, Kaumi would take.

Ground occupied by Kimura. M. Hayashi explained that this ground was bought from a Corean and title deed issued by Kaumi in belief that it was outside the Settlement. He and M. Johnston estimated its extent at 1720 square metres and he proposed that it be put on the plan and pay rent from 1st January, 1891. Seconded by M. Heard and carried unanimously.

It was then agreed that Secretary write to the Kaumi on the subject and ask him to fix a day for measurement of this lot and for this lot, and the change of road line between B1 and 4 and D2 and 5 to be put on Plan.

Tramway : M. Hayashi submitted rules for Nippon Yusen Kaisha Tramway. It was decided to wait for full specifications before discussing question.

Election of officers : M. Heard and M. Hayashi were unanimously re-elected President and Vice. President. M. Fraser agreed to continue to act as Secretary while in Chemulpo, M. Wolter was elected Treasurer; and messrs Nishiwaki, Stripling and Wolter were elected Executive Committee.

Retirement of M. Townsend : A hearty vote thanks for his services was, on motion of M. Fraser, seconded by M. Hayashi, carried unanimously.

Next meeting : It was agreed to hold the next meeting in last week of February on a day to be fixed by the Seoul members.

Chemulpo December 2nd, 1891

List of drains layed in 1890	839	
large drain at Corean Settlement	825	feet
seawall drains layed in 1890		feet
seawall drains 1 feet(118쪽) 18 in D lots 5 C 13 C	300	feet
seawall drains from C 1 to C 5	411	feet
seawall drains from C 9 to C 11	411	feet
seawall drains lack of C 9 to C 11	414	feet
seawall drains from C 17 to C 20	414	feet 7 in
seawall drains back of C 17 to C 20	415	feet 7 in
seawall drains next to Japanese Settlement	531	feet
#	4946	feet 4 in
seawall drain next to Corean Settlement	830	feet
seawall drain from C 13	447	feet
seawall drain in Seoul road	560	feet
seawall drain in Seoul road	525	feet
seawall drain 1 foot by 6 in from C 21	340	feet
seawall drain 1 foot by 6 in from C 21	423	feet
seawall drain in front of M. Townsend	824	feet
seawall drain in front of M. Townsend	864	feet
seawall drain back of M. Townsend	411	feet
seawall drain in front of M. Monsel	366	feet
seawall drain in front of M. Monsel	366	feet
seawall drain in front of M. Shindo	365	feet
seawall drain in front of M. Shindo	365	feet
seawall drain in front of A. Gorschalki	311	ft.
seawall drain in front of M. Johnston	200	ft.
large drains back of M. Townsend	462	ft.

large drains in front of M. Stripling	535	ft.
drains across the bund at customs	400	ft.
large drains in front of M. Stripling	535	ft.
drains across the bund at customs	400	ft.
#	8594	feet.

	4946 feet
+	8594 feet
	13540 feet

1892년 2월 4일 임시회의

Extraordinary Meeting of 4th February, 1892

.. – **번역본** – ..

참석 : 부의장인 하야시 씨가 의장석에. 니시와키, 스트리플링, 볼터, 프레이저 씨, 명예 서기인 존스턴 씨가 나중에 회의에 참여했다.

서기는 "1891년에 재무관의 회계보고를 받기 위해, 그리고 또한 1892년의 임대료를 징수하기 위한 논의를 위해" 회의를 요청하는 통지문을 읽었다.

1891년 회계보고 : 명예 재무관은 1892년 1월 1일에 잔액이 홍콩과 상하이에 상하이 은행에 5,911달러 33센트, 경찰 감독관 손에 1달러 37센트, 제1은행에 323달러 42센트였음을 진술하는 1891년에 대한 회계보고를 제출했다. B 4 및 D 2, 4 부지의 1891년에 대한 세금이 아직 신동공사에 196달러 23센트 지불되지 않았고, D 30, 40 부지의 남쪽을 따라 벽을 유지하는 비용인 65달러 31센트를 한국정부가 아직 갚지 않았으며, 12월 3일에 팔린 B 3의 가격인 638달러 51센트도 있기 때문에 잔금 합산은 늘어날 것이다. 그렇게 되면 총 잔액은 따라서 7,136달러 17센트이어야 한다.

회계보고는 (a) 치안, 조명, 길에 대한 보수 (b) 배수구와 도로 만들기 (c) 도로 평탄화 등의 항목으로 나눠졌다. (a)에서는, 길에 대한 소규모 수리를 포함하여 894달러 58센트가 지출되었으며, 976달러 65센트의

1/2의 세금이 부과될 잔액 1871달러 23센트를 남겼다. (b)에서는 1719달러 7센트가 쓰였고 (c)에서는 1156달러 22센트가 실제적 지출이었으며, 도구 수리 등은 생략되었다. 다음 도로들 – D 29부터 36까지의 남쪽, D 43부터 조계지 끝까지의 동쪽, D 32부터 조계지 북쪽 경계의 동쪽, 공원의 서쪽, D 39부터 to B 2까지의 남쪽, B 4의 동쪽, B 3의 동쪽, B 1, 2의 서쪽, D 2, 5의 남쪽 – 이 1891년에 평탄화 되었다. 계좌들 중에서 계좌 하나는 이자와 신동공사의 부지 가격을 포함했다. 1892년 1월 1일 다른 신동공사 재산 목록이 제출되었고 정부 계좌와 함께 첨부되었다(앞 쪽을 봐라).

존스턴 씨가 도착하자, **스트리플링 씨**는 세관 위원이 신동공사 위원의 권리가 있는지 물었고 어떤 자격으로 그(존스턴 씨)가 앉았는지를 물었다.

의장이 존스턴 씨가 거기에 한국 정부의 대표로서 있다고 말하자, 스트리플링 씨는 그 문제는 다음 정규 회의에나 그 문제를 논의하기 위해 특별히 소집된 새로운 회의로 넘겨둬야 한다고 논의를 진행했다.

서기는 B 3의 가격에 관하여 감리서 감리에게 두 번 물었으나 어떠한 답도 듣지 못했다고 설명했다. 존스턴 씨는 그 문제에 감리서 감리의 관심을 요청하는 것 이상의 능력이 자신에게는 없지만, 당장 그를 만나 지불을 촉구하겠다고 했다. 돈이 14일 내에 지불되지 않는다면 서기가 다시 감리서 감리에게 편지를 써서 신동공사가 외국인 대표단으로 하여금 한국 외무부에 그 문제를 제기할 것을 요청해야할 것이라고 경고하도록 합의되었다.

스트리플링 씨는 63달러 31센트 지출에 관하여 물었고, 서기는 그 돈을 신동공사가 썼으며 존스턴 씨는 그의 상급자들에게 신동공사가 그 돈이 환불되기를 원한다고 제안하기로 했다. 땅을 평탄화하는 것 등에 쓰이는 돈을 한국정부로부터 상환받는 문제가 제기되었다. 하지만 일부 논의 후에, 한국 정부에 대한 다른 불평 요소들과 함께 정기 회의에서 처리되기로 남겨졌다.

스트리플링 씨의 발의에, **니시와키 씨**가 재청했고, 그 회계보고는 그러고 나서 통과되었다.

볼터 씨는 평탄화가 여전히 필요한 도로 목록을 읽었다. 즉 D 3에서 4까지 동쪽, D 9에서 2까지의 동쪽, 공원 동쪽, D 37에서 조계지 경계까지의 동쪽, D 11에서 16까지의 북쪽. 그리고 신동공사가 세금을 도로 평탄화하는 것에 지출할 권리가 없다고 그의 의견으로 말했다.

스트리플링 씨는 이 관점에 동의했지만, 신동공사가 이 늦은 시기에 1890년과 1891년의 일을 끝마치는 선금을 치르기를 거절하기가 어렵다는 것이 동의되었다.

총 세금들 : 볼터 씨는 한국 정부가 토지 규정을 통해 동의한 점들 중 아무 것도 시행하지 않았으며 신동공사가 그들에게 요청한 어떠한 일도 해주지 않았다고 말했다. 그리고 스트리플링 씨는 외국인 대표단이 규칙의 수정을 외교적인 문제로 만들어야 한다고 생각했다. 볼터 씨는 그가 D 44에 세금을 내지 않았다고 진술했으며, 1/2 세금 외에 영사로부터 통보를 기다리겠다고 제안했다. 하야시 씨는 문제를 대표단에 상정할 것을 제안했고, 스트리플링 씨는 잔액이 크기 때문에 세금의 1/2 이상으로는 납부를 촉구하지 않아야 한다고 제안했다. 그(스트리플링 씨)는 한국 정부가 협의된 그들의 업무를 시행하지 않았음에도 불구하고

모든 세금을 요청하는 것은 가장 부당하다고 생각했다. 프레이저 씨는 부지보유자들이 그들의 권리증서로 묶여있다는 의견을 냈다. 볼터 씨는 한국정부가 그들의 몫을 이행한다면 기꺼이 모든 세금을 지불할 것이라고 선언했다. 그(볼터 씨)는 (1) 도로 평탄화 비용의 미지불 (2) 방조제와 부두에 형편없는 작업 (3) 부지 보유하기에 대해 항의했다. 그(볼터 씨)가 발의했고, 니시와키 씨가 재청하기를, 이 금액이 치안, 전기 사용, 청소, 조계지의 다른 모든 일상 지출의 목적에 상당히 충분하다고 증명되었으며, 이전 해의 지출이 세금이 징수된 것보다 적기 때문에, 서기는 외국인 대표단이 한국 정부와 1891년 세금은 절반 이하로 징수되어야 한다는 협상을 하도록 요청해야 한다. 신동공사가 여전히 수중에 1890년으로부터 잔액 1,341달러 70센트와 1891년으로부터의 잔액 894달러 58센트를, 즉 총 2,236달러 28센트가 있고 그 총액은 1892년에 추정된 지출을 240달러의 차이로 초과한다.

통과되었으며, 존스턴 씨가 투표하기를 거부했다.

경찰력을 일본전관조계지의 경찰력과 합치는 것(정기회의로 남겨진 문제)과 회계보고를 인쇄하는 것에 관하여 몇몇 대화가 잇따랐다. 프레이저 씨의 발의안에, 스트리플링 씨가 재청하여 1891년에 일반 회계가 일본 신문에 의해 일본어와 영어로 게재되어야 하며 인쇄물이 토지보유자들에게 배부되어야 한다고 최종적으로 합의되었다.

일반 회계

빚

1891년		달러	센트	1891년		달러	센트
1월 1일	잔액에 $6,658.55 잔액 세금으로 1,341.70 $8,000.25 정부가 신동공사에 진 빚 - 1,400.00	9,400	25	1월 1일	1890년의 도로 평탄화로 한국정부가 신동공사에 진 빚	1,400	00
				8월 29일	Draft Shanghai의 할인으로	88	67
5월 28일	보증금 이자에	216	00	11월 11일	신동공사 D 44 부지의 원가로	1082	97
6월 17일	〃 〃	54	00	〃 〃	1891년에 이 부지를 위한 지대로	24	65
8월 8일	나가사키로 $6,000 웃돈으로	16	00	12월 31일	1891년에 만들어진 배수구, 길	1,719	07
11월 11일	D 42, 43, 44, 48의 토지 판매의 순수익금에	1,185	44	〃 〃	1891년의 도로 평탄화로 한국정부가 신동공사에 진 빚	1,156	22
12월 31일	To Int : 현 % 제1은행	55	29	〃 〃	아직 받지 못한 B 4, D 2 & 4 부지에 1891년을 위한 세금 $243.99 - 47.76	196	23
〃 〃	〃 〃 〃 do 〃	.	30	〃 〃	홍콩 및 상하이 은행의 보증금	5,911	33
〃 〃	1891년에 잔액 세금으로 세금 $1871.23 치안 지출 894.58			〃 〃	치안부에	1	37
	잔액	976	65	〃 〃	은행 잔액 제1은행	323	42
	$	11,903	93		$	11,903	93

(서명) G. 하야시
부의장

(서명) E. H. 프레이저
명예 서기

.. – **영문원본** – ..

Present : M. Hayashi, Vice President in the Chair. Messrs Nishiwaki, Stripling, Wolter and Fraser, Hon. Sec, M. Johnston joined the meeting later.

Secretary read the notice calling the meeting "in order to receive the accounts of the Treasurer for 1891, and also to discuss the claim to levy full rent for

1892."

Accounts 1891 : The Hon. Treasurer submitted the accounts for 1891 stating that, on 1st January 1892, the balances were at Hongkong and Shanghai Bank, Shanghai $5,911.33, in hands of Police Superintendent $1.37, at First National Bank $323.42. There were further several amounts owing viz. of taxes for 1891 on Lots B 4 and D2 and 4, the amount due to Council $196.23 had not yet been received; also $65.31 the cost of retaining wall along S. side of lots D30 and 40 had not been repaid by Corean Government, though Council had called on them to repay it; also price of B 3 sold on December 3rd had not been paid over - it was $638.51. The total balance should thus be $ 7,136.17

The accounts were divided into (a) Policing, Lighting, Repairs to Roads (b) Drains and making roads (c) grading streets. Under (a) $894.58 were spend, including small repairs to roads, which leaves a balance from the $1871.23 due for 1/2 taxes of $976.65. Under (b) was spend $1719.07 and under (c) $1156.22, being only actual expenditure, repairs to roads, etc, being omitted. Following roads were graded in 1891 - S of D 29 to 36, E of D 43 to end of Settlement, E of D 32 to N boundary of Settlement, W of Public Garden, S of D 39 to B 2, E of B 4, E of B 3, W of B 1 & 2 and S of D 2 and 5. In general accounts one included Interest on account and price of municipal Lot. List of other Council property on 1st January, 1892 handed in and appended (vide preceding page) as in Govt Account.

M. Johnston having arrived, M. Stripling questioned right of Commissioner of Customs to a seat at council and asked in what capacity he sat.

The chairman having stated that M. Johnston was there as representing the Corean Government, M. Stripling was proceeding to discuss the matter when it was agreed that the question should be left for the next ordinary meeting or for a fresh meeting specially called to discuss it.

The Secretary explained, with regard to price of B 3, that he had twice applied to Kaumi without getting any answer and M. Johnston stating that he had no power to do more than call Kaumi's attention to the matter, but offering to see him at once and urge payment, it was agreed that, if money were not paid within 14 days, the Secretary should again write to Kaumi and warn him that the Council would have to ask Foreign Representatives to lay the matter before the Corean Foreign Office.

M. Stripling asked about expenditure of $65.31, and was told by Secretary that it was spent by authority of the Council and that M. Johnston had applied to his superiors stating that Council wanted to have it refunded. The question of repayment of money spent on grading streets, etc, from the Corean Government was raised, but after some conversation, left to be settled at the ordinary meeting with other causes of complaint against the Corean Government.

On the motion of M. Stripling, seconded by M. Nishiwaki the accounts were then passed.

M. Wolter read a list of roads still to be graded, viz : E of D 3 to 4, E of D 9 to 2, E of Public Garden, E of D 37 to Boundary of Settlement, N of D 11 - 16 & gave it as his opinion that Council had no right to spend a cash of taxes on grading roads.

M. Stripling concurred in this view, but it was agreed that the Council could hardly at this late period decline to advance money to complete the work of 1890 and 1891.

Full Taxes : M. Wolter said the Corean Government had not carried out any of the points they agreed to in Regulations, or done anything asked of them by the Council, and M. Stripling thought Foreign Representatives should make revision of Regulations a diplomatic question. M. Wolter stated that he had not paid tax on D 44 and proposed to wait for notice from his consul besides half taxes. M. Hayashi suggested bringing matter before Representatives and M. Stripling proposed that Representatives be urged to insist on payment of not more than 1/2 taxes as there was a large balance. He thought it most unreasonable of Corean Government to ask for full taxes when they had not carried out their part of the agreement. M. Fraser opined that lotholders were bound by their title deeds. M. Wolter declared he was willing to pay full taxes if the Corean Government did their part. He protested against (1) nonpayment of cost of grading streets, (2) bad work at Seawall and jetty (3) reserving of lots. He moved, seconded by M. Nishiwaki, that the Secretary be asked to address to the Foreign Representatives a request that they will arrange with the Corean Government that not more than half taxes be collected for 1891, inasmuch as this amount has been proved to be quite sufficient for the purpose of policing, lighting, cleaning and all other ordinary expenses of the Settlement, and the expenditure of former years having been less than the taxes collected, the Council has still in hand a balance from 1890 of $1,341.70, and from 1891 of $894.58 or a total of $2,236.28, a sum which exceeds the estimated expenditure for 1892 by $240.00.

Carried, M. Johnston declining to vote.

Some conversation ensued as to amalgamation of police force with that of Japanese Settlement (question left for ordinary meeting) and publication of accounts. It was ultimately agreed, on motion of M. Fraser, seconded by M. Stripling, that the General account for 1891 be printed in Japanese and English by the Japanese newspaper and copies distributed to lotholders.

General Account

Debt

1891		$	c	1891		$	c
Jan 1	To balance $6,658.55 balance taxes 1890 1,341.70 $8,000.25 Govt owing Council - 1,400.00	9,400	25	Jan 1	By Corean Govt owing to min. C. grading streets of 1890	1,400	00
				aug 29	By Discount of Draft Shanghai	88	67
May 28	To Interest on Deposit	216	00	Nov 11	By Cost price of m. c. Lot D 44	1082	97
June 17	〃 〃	54	00	〃 〃	By Rent for this lot for 1891	24	65
Aug 8	To Premium of $6,000 to Nagasaki	16	00	Dec 31	Drains, Roads made in 1891	1,719	07
Nov 11	To Net proceeds of land sales of D 42, 43, 44 and 48.	1,185	44	〃 〃	Corean Govt owing to mun. council grading streets in 1891	1,156	22
Dec 31	To Int : current % F. N. Bank	55	29	〃 〃	Taxes for 1891 on lots B 4, D2 & 4 not yet received $243.99 - 47.76	196	23
〃 〃	〃 〃 〃 do 〃	.	30	〃 〃	deposit, Hongkong & Shanghai Bank, Shanghai	5,911	33
〃 〃	To Balance taxes for 1891 Taxes $1871.23 Expenses of policing 894.58			〃 〃	In hand of Police Dept.	1	37
	Balance	976	65	〃 〃	Bank Balance 1st Nat Bank.	323	42
	$	11,903	93		$	11,903	93

(signed) G. Hayashi.
Vice President.

(signed) E. H. Fraser
Hon. Secretary.

1892년 3월 15일 회의

Meeting of 15th March 1892

-- 번역본 --

참석 : 부의장인 하야시 씨가 의장석에, 헝, 레인스도프, 존스턴, 스트리플링, 스콧 씨.

1891년 12월 11일 및 1892년 2월 4일의 회의록을 읽고 확인했다.

서기 : 스콧 씨가 명예 서기로 선출되어야 한다고 레인스도프 씨가 제안했고 스트리플링 씨가 재청했다. 만장일치로 통과되었다.

프레이저 씨에게 서기로서 복무한 것에 대한 감사의 투표를 존스턴 씨가 제안했고 헝 씨가 재청했다. 만장일치로 통과되었다.

평탄화 및 방조제 : 1892년 3월 11일 허드 씨가 보낸 편지가 낭독되었다. 그것은 한국 외무부의 1892년 3월 5일자 전보를 다루고 있었으며, 감리서 감리에게 필요한 곳의 도로를 평탄화하도록 지시했다는 것과 세관원이 방조제와 둑을 제대로 보수하고 유지하도록 했다고 하는 내용이었다.

존스턴 씨는 필요한 지시사항을 한국 외무부로부터 받았다고 알렸다.

헝 씨와 하야시 씨가 행정위원회와 연계하여, 1892년 3월 11일 허드 씨의 편지에 명시된 것처럼 감리서 감리가 도로 평탄화와 그것과 함께 일반적으로 연관된 다른 필요한 작업을 하도록 조율해야 한다는 것을, 레인스도프 씨가 제안했고 스콧 씨가 재청했다. 만장일치로 통과되었다.

전차로 : 하야시 씨는 부두에 일본유선회사가 건설할 전차로에 대해 의문을 제기했다. 위의 1892년 3월 5일 한국외무부의 지시사항에 따라 부두와 방조제의 수리 및 다른 변경에 관해 그 이상의 정보를 세관원으로부터 기다린다는 데에 만장일치로 동의했다.

다음 회의 : 다음회의는 5월 둘째 주 중에 신동공사 회원들이 결정한 날짜에 개최되도록, 헝 씨가 제안했고 스트리플링 씨가 재청했다.

(서명) F. 크리엔
의장. p. t.

(서명) 칼 볼터
명예 서기. p. t.

.. – 영문원본 – ..

Present : M. Hayashi, Vice President in the chair, Messrs Hung, Reinsdorf, Johnston, Stripling and Scott.

Minutes of Meeting of 11th December, 1891, and of 4th February, 1892, read and confirmed.

Secretary : M. Reinsdorf proposed and M. Stripling seconded that M. Scott be elected Honorary Secretary. Carried unanimously.

M. Johnston proposed and M. Hung seconded a vote of thanks to M. Fraser for his services as Secretary. Carried unanimously.

Grading & Seawall : Letter read from M. Heard of 11th March, 1892, covering despatch from Corean Foreign Office 5th March, 1892, announcing that Kaumi was instructed to grade the roads where necessary and that the Commissioner of Customs was to repair and keep seawall and jetty in order.

M. Johnston announced that he had received the necessary instructions from the Corean Foreign office.

M. Reinsdorf proposed and M. Scott seconded that Messrs Hung and Hayashi be associated with the Executive Committee and arrange with the Kaumi for the grading of roads, etc. as laid down in M. Heard's letters of 11th March, 1892, and any other necessary work in connection therewith generally. Carried unanimously.

Tramway : M. Hayashi raised question of Tramway by Nippon yusen Kaisha at jetty, etc. It was unanimously agreed to await further information from the Commissioner of Customs regarding the repairs and other alterations of jetty and seawall as per the instructions of the Corean Foreign Office of 5th March 1892 above.

Next Meeting : M. Hung proposed and M. Stripling seconded that the next meeting be held some time in the second week of May on a day to be decided upon by the local members of the Council.

(signed) F. Krien
Chairman. p.t.

(signed) Carl Wolter
Honorary Secretary. p.t.

1892년 5월 9일 회의

Meeting of 9th May 1892

·· – **번역본** – ··

참석 : 크리엔, 노쎄(Nosse), 니시와키, 스트리플링, 볼터 씨.

의장과 서기. 회장과 명예 서기 둘 다 참석하지 않았기에, "이 회의에서 크리엔 씨가 의장직을 맡아야 하고 볼터 씨가 명예 서기직을 대행해야 한다는 것"을 스트리플링씨가 제안했고 노쎄 씨가 재청했다.

만장일치로 통과되었다.

1892년 3월 15일 회의록을 적절한 절차에 따라 읽고 확인했다.

회의의 연기 : 스트리플링 씨가 제안했고, 니시와키 씨가 재청했다.

"지금 결석한 여러 회원들에게 대단히 관심이 있는 여러 중요한 문제가 회의에 제기될 것이기 때문에 회의는 1892년 5월 10일 4시 정각까지 연기되어야 하며 그러한 취지로 전보가 지금 서울에 있는 회장과 명예 서기에게 보내져야 한다."

만장일치로 통과되었다.

그러고 나서 회의는 휴회했다.

(서명) F. 크리엔
의장. p. t.

(서명) 칼 볼터
명예 서기. p. t.

Present : M. Krien, Nosse, Nishiwaki, Stripling and Wolter.

Chairman and Secretary. The President and Hon. Secretary both not being present, it was proposed by M. Stripling and seconded by M. Nosse, "that M. Krien should take the chair and M. Wolter act as Hon. Secretary for this Meeting."

Carried unanimously.

Minutes of meeting 15th March 1892 duly read and confirmed.

Postponement of Meeting : M. Stripling proposed and M. Nishiwakiseconded :

"That the Meeting be postponed until 4 o'clock on the 10th of May 1892 as there are several important questions to be brought before the Meeting which greatly concern several members now absent and that telegrams to that effect be sent to the President and the Hon. Secretary, now at Söul."

Carried unanimously.

The Meeting then adjourned.

(signed) F. Krien
Chairman. p.t.

(signed) Carl Wolter
Honorary Secretary. p.t.

1892년 5월 10일 휴회된 회의

Adjourned Meeting of 10th May, 1892

-- 번역본 --

참석 : 크리엔 씨(의장에), 노쎄, 니시와키, 스트리플링, 볼터 씨.

1892년 5월 9일 회의록을 적절한 절차에 따라 읽고 확인했다.

하야시 씨의 은퇴 : 제물포를 떠나기 때문에 부의장직을 사퇴해야만 한다고 신동공사에게 알리는 하야시 씨로부터의 편지를 읽었다.

볼터 씨가 제안했고 스트리플링 씨가 재청했다.

"하야시 씨에게 그의 친절한 복무에 대하여 감사의 투표를"

만장일치로 통과되었다.

새 부의장 : 하야시 씨가 은퇴했기에, 스트리플링 씨가 제안하고 볼터 씨가 재청했다.

"크리엔 씨가 이번 해에 부의장으로서 대행해야 한다."

만장일치로 통과되었다.

크리엔 씨가 수락했다.

신동공사 부지에 신동공사 건물과 경찰 숙소 : 볼터 씨가 방 네 개, 별채, 경찰 숙소, 창고 등등이 있는 집의 설계도를 회의에 제시했다.

이 문제가 논의되기 전에, 의장은 회장인 허드 씨로부터의 전보와 명예 서기인 스콧 씨로부터의 편지를 읽었다. 두 신사 모두는 어제 그들에게 보내진 전보에 대한 응답으로 오늘 회의에 참석하지 못하는 것에 대한 유감을 표명했다.

중국 영사 : 헝 씨가 회의에 참석할 수 없을 것이라고 신동공사에 알리는 루 씨로부터 편지를 읽었다.

신동공사 건물 및 경찰 숙소의 설계도

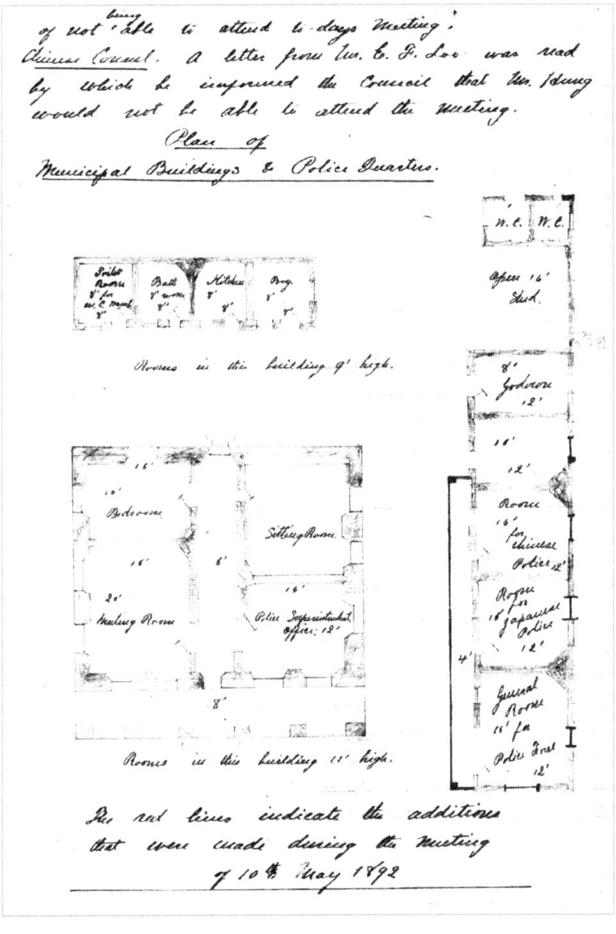

신동공사 부지에 신동공사 건물과 경찰 숙소: 이 문제로 돌아가서, 볼터 씨는 그의 설계도를 자세하게 설명(모든 세부사항은 위의 스케치에서 볼 수 있을 것이다)했다. 그(볼터 씨)는 신동공사 건물이 지난 해 7월에 충분하다고 생각되었던 것보다 많은 비용이 들 것이라고 지적했다. 하지만 그는 튼튼하고 실질적인 집과 튼튼한 경찰 숙소를 짓는 것이 좋을 것이라는 의견을 내었다. 본채는 벽돌 두 개 두께의 벽으로 지어질 것이다. 그래서 미래에 한 층을 올리는 것이 필요해지면, 완전히 안전하고도 최소한의 비용으로 그렇게 될 수 있다. 반면에 단지 벽돌 하나 두께로 짓는다면 다만 지금 200달러 절약하는 대신 물론 이와 같은 건물 위에 다른 층을 올리는 것은 불가능하게 될 것이다. 다른 건물의 벽돌 모두뿐만 아니라 본채의 내부 벽돌은 벽돌 하나 두께다. 주 건물의 바닥은 잘 마른 은촉붙임(tongued and grooved) 목재로 되어 있고, 다른 보통 목재에는, 잘 마른 견목(hard wood)로 만들어진 본채에서 문과 창문, 부드럽게 잘 말린 목재는 다른 모든 건물에, 지붕은 질 좋은 일본 타일로 덮여있다.

그는 대략의 견적서 두 개를 현재 제물포에 있는 유일한 중국인 계약자 두 명으로부터 받았다.

하나는,

본채에	$1880
별채에	$280
경찰 숙소에	$1150
총	$3310

다른 것은,

본채에	$1770
별채에	$200
경찰 숙소에	$390
총	$2360

두 번째 견적서에서 틀림없이 실수가 있었다. 경찰 숙소에 390달러를 책정했으니, 아마도 약 600달러는 더 필요하게 될 것이다. 그는 계획에 관하여 신동공사의 의견을 얻기를 바랬다.

몇몇 대화가 이어졌다. 그리고 본채와 별채가 당분간은 우리가 원하는 전부라는 게 일반적인 의견이었다. 하지만 경찰 막사에 관해서는 여러 문제가 제기되었으며, 노쎄 씨는 일본 경찰의 경우 일인당 다다미 (다다미 하나 = 가로 6인치 세로 3인치) 5개만큼 있다고 언급했다. 하지만 신동공사 설계도는 일본경찰과 중국경찰 모두를 위한 공통의 방을 제공하고 그 각각에 다다미 약 10개 공간의 특별 방이 있다. 거기에 침상이 놓일 수 있도록 하는 것이 절대적으로 필요하므로 이 방들을 더 이상 크게 만들지 않기로 만장일치로 동의되었다.

스트리플링 씨는 거주하게 될 이 방들 앞에 작은 베란다를 더하는 게 필요하다고 생각했다. 그리고 그 뿐 아니라 창문 몇 개도 더 경찰 숙소에 더해져야 한다고 마침내 합의되었다.

그러고 나서 **스트리플링 씨**가 제안했으며 **니시와키 씨**는 재청했다.

"볼터 씨가 제출한 설계도는 경찰 숙소 앞에 좁은 베란다를 추가해서 받아들여져야 하며 신동공사가 필요하다고 간주할 경우 사소한 변경들이 이루어져야 한다."

만장일치로 통과되었다.

일본인 업자들이 견적서를 제출해야 하는지에 대한 문제도 제기되었다. 일반적인 의견은 최종 설계도와 공사작업의 명세서가 만들어지고 난 뒤에 중국 계약자부터만이 아니라 일본 계약자에게서도 입찰을 받아야 한다는 것이었다. 노쎄 씨와 니시와키 씨가 그들의 나라 사람들에게 적절한 시기에 알려주는 것을 기꺼이 맡았다.

크리엔 씨는 최종 결정에 이르기 전에 이 사업에 신동공사 구성원 모두의 관심을 환기시키는 통보가 회의를 소집하는 통보에 더해져야 한다는 것이 그의 의견이라고 말했다. 이러한 건물들은 우리 자본 중 큰 부분이 걸려있기 때문에 매우 중요한 문제이며, 사실상 아마도 가장 중요한 문제이다. 그래서 그는 가능한 많은 회원이 이와 같은 경비의 문제가 최종적으로 처리될 때인 다음 회의에 참석하기를 바랬다.

스트리플링 씨는 우리가 계약을 작성함에 있어 얼마나 아주 꼼꼼해야 하는지를 언급했다. 여기 계약자들이 나쁜 목재와 나쁜 벽돌을 사용하거나 타일을 지붕에 조금만 얹는 식으로 비용을 줄이기를 좋아하기 때문이다.

볼터 씨가 마침내 제안했고, **스트리플링 씨**가 재청했다.

"막 통과된 예비 설계도에 따라 적절한 설계도를 만들기 위해, 세부 명세를 만들기 위해, 그리고 신동공사 부지에 건물의 건립을 감독하기 위해, 100달러를 넘지 않는 비용으로 건축사가 고용되어야 한다."

만장일치로 통과되었다.

어느 부분이 그리고 어떤 비율로 건물이 신동공사 부지에 세워져야 하는지에 관한 문제도 제기 되었으며, 이 문제는 마지막 설계도가 만들어질 때까지 남겨두어야 한다고 합의되었다.

휴회. **볼터 씨**가 제안했고, **노쎄 씨**가 재청했다.

"회의는 1892년 5월 11일 10시 정각까지 휴회되어야 한다."

만장일치로 통과되었다.

.. – **영문원본** – ..

Present : Messrs Krien(in the chair) Nosse, Nishiwaki, Stripling and Wolter.

Minutes of Meeting of 9th May 1892 duly read and confirmed.

Retirement of M. Hayashi : A letter from M. Hayashi was read informing the Council that owing to his leaving Chemulpo he had to resign the Vice Presidentship.

M. Wolter proposed and M. Stripling seconded.

"a vote of thanks to M. Hayashi for his kind services."

Carried unanimously.

New Vice President : M. Hayashi having retired, it was proposed by M. Stripling and seconded by M. Wolter.

"That M. Krien act as Vice President for the present year."

Carried unanimously.

M. Krien accepted.

Municipal Building and Police quarters on M. C. Lot : M. Wolter put a plan before the Meeting for a home with 4 rooms & outhouses, and Quarters for Police Force, godown etc, etc.

Before this matter was discussed, the chairman read a telegram from M. Heard, the President and a letter from M. Scott, the Hon. Secretary; both gentlemen in reply to the telegrams sent to them yesterday expressed their regret of not being able to attend today's Meeting.

Chinese Consul : a letter from M. C. F. Loo was read by which he informs the Council that M. Hung would not be able to attend the Meeting.

Plan of Municipal Buildings & Police Quarters

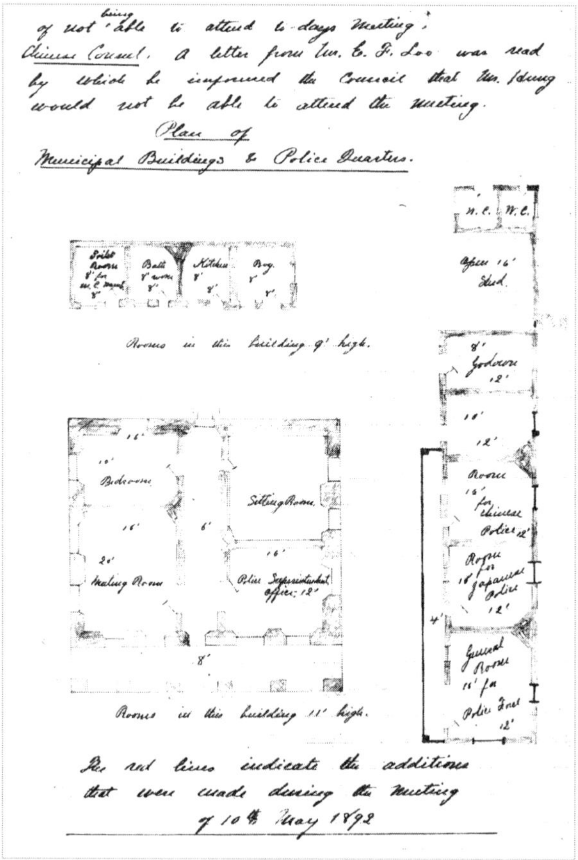

Municipal Building and Police Quarters on lot M. C : On resuming this question M. Wolter gave an exact description of his plan (all details to be seen in above sketch), he pointed out that the Buildings would cost a good deal more than was thought sufficient in July last year but he gave it as his opinion that it would be better to build a good substantial house and good quarters for the Police Force. The main building would be build with walls two bricks thick, so that, if in years to come it should be found necessary to add another story this could be done with perfect safety and very little expense whereas with walls only one brick thick we would only save now above $200, and it would of course be impossible to put another story on top of such a building. The inner walls of the main buildings as well as all the walls of the other buildings are one brick thick; floor in main buildings well seasoned tongued and grooved wood, in others common wood - Doors and windows in main building of well seasoned hard wood; of soft well seasoned wood in all other buildings; Roofs covered with good Japanese tiles.

He had received two rough estimates from the only two Chinese contractors who were here in Chemulpo at present.

The one was :	
For the main building	$1880
For the outhouses	$280
For the Police quarters	$1150
together	$3310

the other was :	
For the main building	$1770
For the outhouses	$200

For the Police quarters	$390
together	$2360

In the second estimate there was no doubt a mistake, in as much as $390 had been put down for the Police quarters, it would probably come to about $600 more. He wished to have Council's opinion about plan.

Some conversation ensued; it was the general opinion that the main building and the outhouses were all we wanted for some time, about the Police quarters however several questions were raised, M. Nosse mentioning that a Japanese policeman got as much as 5 tatamis (one latami = 6' by 3') for himself in Japanese Police quarters, as the plan however provided for a general room for both forces Japanese and Chinese, and each of these had a special room of about 10 tatamis space, into which it absolutely necessary bunks could be put, it was unanimously agreed not to make these rooms any bigger.

M. Stripling thought it necessary to add a small verandah in front of those rooms which were going to be inhabited and it was finally agreed that this as well as a few more windows should be added to the Police quarters.

M. Stripling then proposed and M. Nishiwaki seconded:

"That the Plan submitted by M. Wolter be accepted with the addition of a narrow verandah in front of the Constables quarters and subject to such minor alterations as might be deemed by the Council to be necessary"

Carried unanimously.

The question was also raised whether Japanese contracters should not send in estimates. The general opinion was that after the final plan and a minute description of the whole work had been made out tenders should be asked for from Japanese as well as from Chinese contractors, M. Nosse and M. Nishiwaki kindly undertaking to inform their countrymen at the proper time.

M. Krien gave it as his opinion that before the final decision had been come to, a notice calling the attention of all the Members of the council to his business should be added to the Notice calling the Meeting. These buildings were a very important matter, in fact perhaps the most important matter, as it involved the greater part of our capital and he wished that as many members as possible would be present at the next meeting when the question of such an outlay would be finally settled.

M. Stripling mentioned how very exact we ought to be in drawing up the contract, as contractors here liked to save money by using bad wood, bad bricks or by scrimping tiles when putting these on the roof.

It was finally proposed by M. Wolter and seconded by M. Stripling.

"That an architect be engaged for not more than $100 to draw up a proper plan according to the preliminary one just passed, to make out specifications and to superintend the erection of the buildings on the M. C. Lot."

Carried unanimously.

The question was also raised on which part and in what portion the buildings should be erected on the M. C. lot and it was agreed that this question should be left open until the final plan had been made.

Adjournment. M. Wolter proposed and M. Nosse seconded.

"that the meeting be adjourned until 10 o'clock 11th May 1892."

Carried unanimously.

1892년 5월 11일 휴회된 회의

Adjourned Meeting of 11th May, 1892

.. – **번역본** – ..

참석 : 크리엔(의장석에) 노쎄, 니시와키, 스트리플링, 볼터 씨.

세관 부두(Landing Place)로부터 조계지 북쪽 부분까지 해안가에 길 : (첨부된) 편지를 읽었으며, 그 편지에는 로저스, 뤼어즈, 스트리플링, 볼터 씨가 해안가에 영국 영사관 언덕 주변 세관 부두로부터 조계지 북쪽 부분에 이르는 길에 대해 물었다.

스트리플링 씨는 그의 의견이 이 길이 매우 필요하며 조용히 지어져야 하는데, 부두로부터 B 부지들로 이르는 적절한 길이 없고, 부두로부터 B 부지들에 이르려고 한다면 세관에서 언덕을 올라가야 하며, 청국 전관조계지를 통과하고 나서 각국 공동 조계지로 내려가야 하고, 이는 분명히 어떤 상품의 운송을 위해 이러한 부분들을 연결하는 적절한 길이 아니라고 말했다.

모든 회원들은 스트리플링 씨의 의견에 동조했으며 오랜 논의가 이어졌다. 감리서 감리가 정부로부터 도로를 평탄화하기로 지시를 받았음에도 아무것도 하지 않았다고 언급되자, 마침내 볼터 씨가 제안하고 **스트리플링 씨**가 재청했다.

"노쎄 씨와 헝 씨는 감리서 감리를 방문하여, 도로 평탄화 문제, 특히 로저스 씨와 다른 이들이 요구한 이 특정 도로에 대해 압박을 가해야 한다."

만장일치로 통과되었다.

D 39에서 D 2로 이르는 도로 : 이 길의 중국 쪽 면에 대해 불만족스러운 상태가 언급되었고, 가능한 빨리 그 도로를 적절한 상태로 유지하는 것이 바람직하다고 생각되었다. 1891년의 10월 6일과 20일의 회의록을 읽었으며, 볼터 씨가 제안하고 니시와키 씨가 재청했다.

"명예서기가 서울에 외국인 대표단에게 D 39에서 B 2에 이르는 도로에서 중국 당국이 그들의 몫을 평탄화 하는 것을 마련하도록 요구하는 서신을 써야 한다."

만장일치로 통과되었다.

신동공사는 회의가 끝나자마자 이 도로를 검토하기로 동의했다.

1891의 회계보고의 인쇄물 : 니시와키 씨는 1891년의 회계보고가 인쇄된 일부 양식들을 제출했으며 그 일부를 일본 지주들에게 배부하는 것을 맡는 동안 볼터 씨는 다른 모든 지주들 사이에 일본인 지주들에게 배부하는 것을 맡았다. 신동공사의 요청에 따라 니시와키 씨는 더 많은 부수들을 인쇄하는 것을 맡았다.

휴회 : 회의는 그러고 나서 같은 날 3시 정각까지 휴회했다.

Present : Messrs Krien(in the chair) Nosse, Nishiwaki, Stripling and Wolter.

Road on the water front from the Customs Landing Place to the Northern Part of Settlement :

A letter (annexed) was read by which messrs Rogers, Luhrs, Stripling and Wolter asked for a road leading from the Customs Landing place round the English Consular Hill on the water front to the Northern Part of Settlement.

M. Stripling said that in his opinion this road was very necessary and should be built quietly; there being no proper road leading from the jetty to the B lots, if you would to reach the B lots now from the jetty you had to climb the hill at the Customs House, go through the Chinese Settlement and then descend into the Foreign Settlement; this was certainly not a proper road connecting these parts for the transport of any goods.

All members joined in M. Stripling's opinion and a long conversation ensued, it being mentioned that the Kaumi although he had received instruction from his government to grade the roads, had done nothing at all, finally M. Wolter proposed and M. Stripling seconded:

"That M. Nosse and M. Hung be requested to call on the Kaumi in order to press the question of grading roads, amongst others this particular road mentioned in the petition of M. Rodgers and others."

Carried unanimously.

Road leading from D 39 to D 2.

The unsatisfactory state of the Chinese side of this road was mentioned and it was thought advisable to have the road put into proper order as soon as possible. The minutes of the Meeting of 6th and of 20th October [18]91 were read and it was proposed by M. Wolter and seconded by M. Nishiwaki :

"that a letter be written by the Hon Secretary to the Foreign Representatives at Seoul asking them to arrange with the Chinese authorities to grade their part of the road leading from D 39 to B 2."

Carried unanimously.

The Council agreed to go over this road as soon as the Meeting was over.

Printed Accounts for 1891.

M. Nishwaki handed in some printed forms of the accounts for 1891 and undertook to distribute some to Japanese landholders whilst M. Wolter undertook to distribute them amongst all other landholders. At the request of the Council M. Nishwaki undertook also to have more copies printed.

Adjournment : The Meeting then adjourned until 3 o'clock the same day.

1892년 5월 11일 휴회된 회의

Adjourned Meeting of 11th May, 1892

.. – 번역본 – ..

참석 : 같은 회원들.

D 39에서 B 2에 이르는 길 : 모든 회원들이 이 길을 검토하고, 같은 양 – D 39에 더 많은 양 – 이 깎여야 하고, 그럼에도 그 깊이는 미결 문제로 남겨진다는 것이 일반적인 의견이었다. 크리엔 씨는 친절하게도 이 문제를 외국인 대표단에게 제출하는 일을 맡았다.

한국 무덤들 : 노쎄 씨가 제안했고 니시와키 씨가 재청했다:

"명예 서기가 감리서 감리에게 각국 공동 조계지에 무덤들, 특히 공원과 묘지에 있는 무덤들을 3주 이내로 제거하도록 요청하고, 그 시기가 만료되고 나면 더 이상의 통보 없이 신동공사가 그 무덤들을 철거할 것이라는 서신을 보내야 한다."

B 4, D 2 및 4 부지에 대한 1891년 세금 : 볼터 씨는 지금까지 그(볼터 씨)는 존스턴 씨로부터 받지 못했던 B 4, D 2 및 D 4 부지에 1891년 세금에 대한 문제를 제기했다. 그(볼터 씨)는 돈을 원했으며 왜 아직 지불되지 않았는지 이해할 수 없었다. 이 부지들에 대한 세금 중 243달러 99센트는 한국 정부가 가지고 있고, 그가 받아야만 한다.

$243.99

$47.76

$196.23

스트리플링 씨는 그 금액이 3월 초에 지급되었다고 언급했다.

마침내 **볼터 씨**가 제안하고 **스트리플링 씨**가 재청했다.

"존스턴 씨에게 신동공사가 돈을 원하기 때문에 196달러 23센트의 금액을 명예 서기에게 보내라고 요청하는 서신이 써져야 한다."

만장일치로 통과되었다.

감옥 : 노쎄 씨가 각국 공동 조계지에서 감옥이 있는 것이 권할만한지 그리고 신동공사가 어떤 사람을 구금할 권리가 있는지에 대한 문제를 제기했다.

크리엔 씨는 일본 및 중국 당국을 예외로 하고 다른 누구도 여기 제물포에서 감옥을 가지고 있지 않다고 언급했다. 누군가가 범죄를 저지르면 무엇을 해야 할까? 고베의 경우 각국 공동 조계지에 회의소에 인접한 적절한 감옥과 올바로 감옥을 유지하기 위한 감옥 규칙과 일상의 업무가 정해져있다. 그는 분명히 신동공사 건물에 제대로 된 감옥이 있으면 좋다고 생각한다. 어떤 이름을 그 장소에 붙이는지는 정말 중요하지 않지만, 적절한 당국이라면 당연히 죄수를 밤 동안이나 더 긴 기간 동안 가둘 수 있는 제대로 된 튼튼한 방이 있어야 한다. 그(크리엔 씨)의 의견으로는 신동공사는 물론 범죄자를 가둘 권리가 없지만, 적절한 당국에 인계할 때까지 이와 같은 범죄자를 구금하는 것이 신동공사의 권리이며, 권리일 뿐 아니라 의무이기도 하다.

Present : same members.

Road leading from D 39 to B 2.

All members having gone over this road, it was the general opinion that the same ought to be cut down a good deal more at D 39, the depth was however left an open question. M. Krien kindly undertook to bring this matter before the Foreign Representatives.

Corean Graves : Proposed by M. Nosse and seconded by M. Nishiwaki :

"that a letter be addressed by the Hon. Secretary to the Kaumi asking him to have the Graves in the G. F. S. especially those in the Public Garden and the cemetery removed within 3 weeks or else the M. C. would have them removed without further notice after the expiration of that period."

Taxes on Lots B 4, D 2 & 4 for 1891.

M. Wolter raised the question of taxes for [18]91 on Lots B4, D2 & D4 which, so far he had not yet received from M. Johnston; he wanted money and he could not understand why it had not been paid yet. The taxes were for these lots $243.99 of which the Corean Government kept so he ought to have received.

$243.99
$47.76
$196.23

M. Stripling mentioned that the amount had been paid at the beginning of March.

Finally M. Wolter proposed and M. Stripling seconded :

"That a letter be written to M. Johnston asking him to send the amount of $196.23 to the Hon Treasurer as the Council wanted money."

Carried unanimously.

Prison : The question was raised by M. Nosse whether it was advisable to have any prison at all in the G. F. S. and Whether the Municipality had a right to imprison any body.

M. Krien mentioned that with the exception of the Japanese and Chinese Authorities no other ones had a prison here in Chemulpo. What should they do if somebody committed a crime? In Kobe in the Foreign Settlement they had a proper prison adjoining the Muncipal Buildings, prison regulations and daily charges for the keeping of prisoners were made out. He would certainly like to see the Council building a proper prison; what name they gave to the place was quite immaterial but they ought to have a good and strong room where a prisoner could be kept for a night or for a longer period if the proper Authorities should wish it. In his opinion the Council had of course not the right to imprison offenders but they had certainly the right, and not only the right but it was their duty to detain such offenders until taken over by the proper Authorities.

Foreign Settlements, Chemulpo Minutes Vol. I

- 원문스캔자료 -

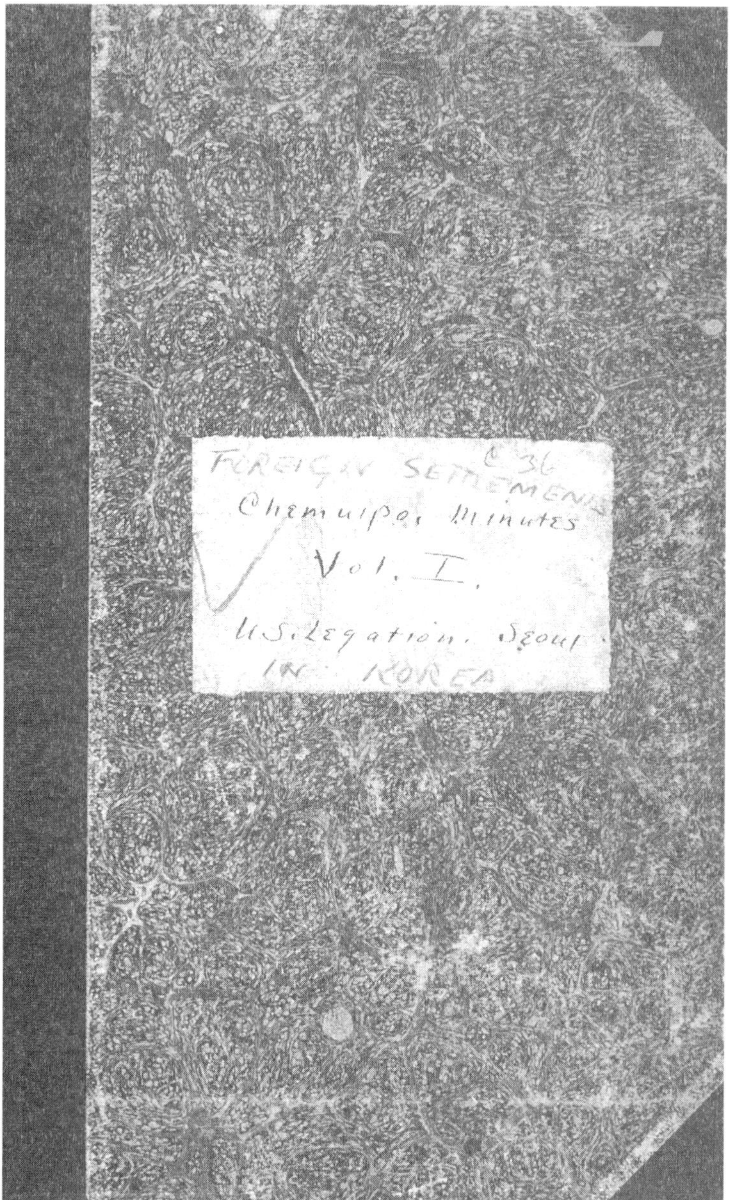

Foreign Settlements, Chemulpo Minutes Vol. I

Minutes of Meetings of the Official members of the Municipal Council of the General Foreign Settlement at Chemulpo, held 5th December 1888. and Record of the election of three land holders to serve as Members of the said Council, held the same day

The election of the three members above mentioned was fixed in accordance with rules issued by the Foreign Representatives in Söul, for 5th December 1888 at H. I. Japanese Majesty's Consulate between the hours of 3 and 5 p.m. A notice to that effect was issued to the land holders on December 1st by H. I. M's Consul, Mr Suzuki, Senior official member residing at Chemulpo.

A meeting of the official members of the Council was held at the said Consulate at 2 p.m. the same day to discuss various questions in connection with the election.

Present: Mr Dinsmore, United States Minister
Mr Krien, German Consul
Mr Suzuki, Japanese Consul
Mr Li, Chinese Consul
Mr Fulford, British vice Consul
Mr Kim, Corean official

Mr Fulford consented to act as temporary Secretary.

Mr Dinsmore, Senior official member in the Chair. Mr Dinsmore: There is one question which I think it would be well for us to decide before the voters come in. It is a subject which I have reason to believe is certain to be opened. I refer to the doubts as to the Eligibility of one of the voters. Mr Schoenicke, the Acting Commissioner of Customs. Any objections to his vote had better be made before the election and I shall be glad to hear the opinions of members on the matter.

Mr Krien. I hold the opinion that Mr Schoenicke has no right to vote as he is not a registered land-holder.

Mr Hulford. I think, if there is any doubt about any particular person being a land-holder we should at once refer to the official deeds which have been brought here from the Kamni's office.

Mr Dinsmore. Certain lots have been reserved for the Corean Customs. Title deeds have been issued in the name of the Commissioner of Customs and Mr Schoenicke has signed these deeds as Commissioner.

Mr Krien. Those lots are owned by the Royal Corean Customs. No voting by proxy is allowed and Mr Schoenicke should not therefore vote for the Customs. Let me refer you to the agreement which says:-

Art 6. The Municipal Council shall consist of a Corean local official of suitable rank etc. etc. and three registered land holders who shall be elected by the other registered land holders etc. etc. Now as we know, Mr Kim is the official Member, chosen by the Corean Government to represent Corean interests. Mr Schoenicke is also a Corean official and if he be allowed to vote and be consequently eligible for election as a member of the Council it will follow, if he be elected, that the Co-have actually two representatives on the Council instead of the one agreed to in the Agreement. That I must protest against as opposed to the whole spirit of the agreement. The three non official members are intended to be bona fide foreign land owners. I would mention also that Mr Schoenicke cannot be considered in every respect the Representative of the Customs. The financial business or representation is I believe, in the hands of the Kammi (the Superintendent of Trade).

Mr Hulford. Mr Krien has alluded to the spirit of the agreement. Surely we should be going far beyond our powers if we take upon ourselves to disregard the letter of our Rules and Regulations which seem to me to clearly prescribe our course of action, on the grounds that we are carrying out their spirit or intention. Either Mr Schoenicke is a land holder in accordance with the provisions of the Chemulpo Foreign Settlement Land Regulations or he is not. If he is, we are bound to allow him a vote - without regard to the question of the proper representation of the Corean Customs or any other question which his election may raise

Mr Krien. Mr Schoenicke is a German subject. If he therefore held these lots, if they were in his name, the Deeds would have to be registered in my Consulate. They are not registered and Mr Schoenicke is consequently not the real owner of the land; he simply holds the lots as a Customs official.

Dinsmore. We all have a duty to perform in this matter. I have a sincere desire [illegible]

mine and, I am sure the other members have also. It is not with any idea of influencing the decision of any member but simply to put before you the reasons for my own course of action that I wish to state fully my reasons for thinking that Mr Schoernicke has a vote. Now we have an agreement before us which is our authority for this election and by this we must abide strictly. Differences of opinion as to the precise meaning of any set of rules or laws however carefully worded constantly arise, but we can only decide to the best of our ability what the Rules before us mean. According to Mr Krien the Coreans have already a Representative. It is true that the Corean official member mentioned in the agreement has already been chosen, he is Mr Kim but Mr Schoernicke, if chosen, will not be another Corean official member, he will be chosen as a land holder. Mr Krien again says if Mr Schoernicke hold these lots the Deeds should be registered in the German Consulate for Mr Schoernicke is a German subject. I cannot find any rule to that effect in the Land Regulations.

Mr Krien. I beg to refer you to Article 5. you will see that Deeds for German subjects should pass through the German Consulate.

Mr Dinsmore: There is really nothing to show that these Deeds should have passed through the German Consulate. If Mr Schoernicke be allowed to vote, he will vote as a land holder. Mr Krien says, he must be the actual owner of the land. Look at Article 5. again. In this instance the Corean Government is the transferer of the lots. They are not called upon to sign before the authorities of other powers. I am of opinion that by keeping to the strict letter of the Agreement we shall be really carrying out its intention. It seems to me that since the true interest of this Settlement not only the first purchasers of lots but also sublessees who sign the declaration attached to the Deeds should also have votes. What is the end and aim of these Regulations; surely the benefit of all the foreigners resident in Chemulpo. Are only actual land owners to have a voice in the matter? Rules will be made by the Municipal Council for all residents and all residents will pay in various ways in defrayment of expenses. Let us look finally at the case in point. Here are some valuable lots which will pay considerable taxes to the Municipality and Mr. Schoenicke produces the Deeds made out in the name of the Commissioner of Customs and signed by himself in that capacity. He claims a vote and I certainly think should be allowed a vote.

Mr Suzuki. If the Commissioner of Customs were a Corean would these arguments hold?

Mr Dinsmore. Most certainly.

Mr Krien. Again protested against proxy voting.

Mr Fulford. How can a Government except by a representative? This is not proxy voting as prohibited by the Rules.

Mr Krien. The Corean Government is already represented.

Mr Fulford. But these lots are not represented

Mr Dinsmore. If the German Government held a lot in your name as Consul would you have a vote?

Mr Krien. No! I could not vote. I am an official member.

Mr Hulford. It seems to me that in case of a Government holding a lot in the name of its representative that representative has certainly a vote wether he be an official member or not. He may not care to exercise the right but I think he has it.

On putting the matter to the vote four were in favor of allowing the vote of Mr Schonicke, the four were: Mr Dinsmore, Suzuki, Hulford and Li — against Messrs Krien and Li.

Mr Krien. I wish to mention another matter a notification has been issued without my knowledge or sanction, signed by Mr Suzuki as senior official member of the Municipal Council. It is addressed to the Leaseholders of the General Foreign Settlement. Now the proper term is Landholders. Mr Suzuki again is not the senior official member. He is the Senior Consul residing at Chemulpo. The Municipal Council does not yet exist.

It was agreed to place Mr Krien's remark on record as he wished to point out that foreigners acquired the ownership of land in Chemulpo and not the lease hold as in Japan and China.

The election then took place with the following result:

Mr Yenami	10	votes
Mr Townsend	10	"
Mr Schoenicke	9	"
Mr Wolter	5	"
Mr Lührs	4	"
Mr Brinckmeyer	3	"
Commissioner of C.	1	"

The first three were accordingly declared elected. A protest was signed by several voters and others against the vote of Mr Schoenicke being received and is left herewith (Marked A).

Protests against the refusal to accept their proxy votes were also made by Mr C. H. Cooper and Mr C. Duncan and a protest signed by Mr J. H. Morsel was left with the Chairman by Mr Cooper and one signed by himself by Mr Duncan (marked B and C).

The following is the list of persons who voted numbered in the order in which their voting papers were received. Each voter's number was written on his voting paper by the Chairman and the paper was then placed in the ballot box.

No 1 Mr C. J. Schoenicke
2 " H. D. Townsend
3 " Brinckmeier
4 " Hollingsworth
5 " Lührs
6 " Hori Kiu
7 " Oda
8 " Yenami
9 " [illegible]

No 10 Mr Gorschalki.
" 11 " Wolter
" 12 " Horiguchi
" 13 " Moza
" 14 " Shimanchi
" 15 " Stripling

Mr Steinbeck tendered his paper but it was not accepted by the official members as he has no Title Deeds as required by the Regulations. Mr Wolter tendered a second voting paper as one of the firm of E. Meyer & Co which holds several lots.

Three of the official members were in favor of accepting and three were for rejecting this vote. It was consequently not accepted.–

(signed) Hugh A Dinsmore. Senior member & Chairman

(signed) H. E. Fulford. H B. M's Acting Vice Consul and Acting Secretary.

In pursuance of the provisions of Paragraph 6 of the Chemulpo Foreign Settlement Land Regulations it is agreed between the Foreign Authorities therein referred to that the three Members of the Municipal Council of Chemulpo to be chosen from the registered land holders of the Foreign Settlement shall be elected according to the following Rules namely:

1. The three Members shall, except as herein after provided, continue in office during a term of three years each year being reckoned as beginning on the first day of January and terminating on the thirty first of December.

2. Only registered land holders in accordance with the provisions of the Chemulpo Foreign Settlement Land Regulations are eligible for Election.

3. Each such registered land holder as aforesaid shall be entitled to one vote, but in no case shall voting by proxy be allowed.

4. On Wednesday the 5th day of December 1888 there shall be an election of three members one of whom shall retire on the 31st of December 1889, one on the 31st of December 1890 and the third on the 31st of December 1891. The elected Member who has polled the smallest number of votes shall retire first, the one who has polled the next largest number of votes shall retire next and the member who has polled the largest number of votes shall retire last. In the case of equality of votes or if only three candidates are nominated the order of retirement shall be determined by lot amongst the three elected candidates in such manner as may be agreed upon by them.

5. In order to fill up the vacancy caused

by the retirement of a member at the termination of his term of office an election shall be held on the first Wednesday in the month of December in each year of a member to serve for the three years then next ensuing which shall be conducted in the mode herein provided.

6. The Election shall be conducted under the direction of the official members of the Municipal Council and in the presence of at least three of the said members who shall act as judges thereof and after the polls are closed shall count the votes and shall declare the candidate having the largest number of votes to be duly elected.

7. The voting shall be by ballot. Each voter at the election shall present to the judges thereof a piece of paper with the name or names of the candidate or candidates of his choice written or printed thereon. These ballots at the time they are received shall be deposited by the said judges in a closed box to be provided for that purpose, and then kept till the time fixed for the close of the polls, when they shall be taken out to be counted.

8. The office of a member shall be vacated by his death or resignation or by his ceasing during the term of his tenure of office to be a registered land holder.

When a vacancy occurs from any of these causes the remaining members of the Council may elect any qualified person to fill the office till the next yearly election when the vacancy shall be filled up in accordance with these Rules. The person then elected shall retire at the termination of the term of office of [illegible] in whose stead he shall have been elected.

(signed)

Hugh A Dinsmore. Minister Resident of the United States.

V. Collin de Plancy, Commissaire du Gouvernement Français.

Yuan Shi Kwai H. I. C. M's. Resident.

Colin M. Ford. H.B.M. Acting Consul General.

F. Krien, Consul of the German Empire.

Kondo Masuki, Chargé d'Affaires de S.M. de l'Empereur du Japon.

Seoul the 21st of November 1888.

A. We the undersigned respectfully protest against anyone not being a landowner in the General Foreign Settlement of Chemulpo being allowed to vote or to become a member of the Municipal Council of this port.

Chemulpo 5th December 1888.

(signed) Carl Wolter.

" E. Meyer & Co

" Alfred B. Stripling

" F. H. Mörsel.

" per C. H. Cooper.
F. H. Mörsel.

" A. Gorschalki.

" Chesney Duncan.
per D. A. Allmacher.

" Carl Lührs.

D. Steinbeck (not a landholder in accordance with agreem.)

Chemulpo 5/12/88.

The Chairman

Sir,

I am directed by Mr. Allmacher, whose legally appointed representative I am, to state that until the decree prohibiting voting by proxy is withdrawn he considers that anything done at this meeting is wholly illegal and that he will not recognise any Council elected today and he will not pay any municipall taxes whatsoever.

Yours faithfully,

signed. Chesney Duncan

To the
Honorable Chairman
Sir,
As my legal Proctor has not been permitted by this meeting to cast my vote, I protest against such a proceeding, first as it is not regular, secondly as it has never been brought before the land owners and accepted by them either en bloc, or by Majority, and as the Council has prohibited me during my absent from Corea for a short time only to cast my vote through my agent, I will think it my right to accept either some or all of such rules as being established this day on my return.

I hope you will this my Protest make known to the Meeting Present.

I beg to remain
Respectfully Yours
(Signed) J. H. Mörsel

Chemulpo, 30th November [illegible]

1st Meeting.

Minutes of meeting of the Municipal Council of the General Foreign Settlement Chemulpo held at H B M's Vice Consulate, Chemulpo on the 23rd day of March 1889

Present; Mr Dinsmore United States Minister.
Mr Krien German Consul
Mr Li, Chinese Consul.
Mr Hayashi Japanese Vice Consul
Mr Fulford British Vice Consul.
Mr Kim Corean Magistrate, and
Messrs [illegible] and Townsend. Mr Ford, British Consul General and Mr Collin de Plancy Commissaire de France were also present by invitation of the Council, and Mr Carl Walter also attended.

Mr Dinsmore in the Chair.
Mr Fulford acted as Secretary.
Notice convening the meeting read by the [illegible]

The first question brought before the meeting was with reference to the election of the three non official members of the Council. The minutes or record of the Election which took place on 5th December 1888 were read by the Secretary. These showed that Messrs [illegible] Townsend and Schoenicke were duly declared elected.

Mr Dinsmore informed the meeting that Mr Schoenicke had subsequently sent a letter to the United States Legation declining [illegible] serve as a member. Mr Walter had also sent a letter to the U.S. Legation claiming that, by reason of having received as a landholder, the next highest number of votes after Mr Schoenicke, he becomes de facto Mr Schoenicke's successor as a member of the Council. The chairman asked for opinions of the meeting.

Krien and Mr Townsend spoke in favour of Mr Walter's becoming a member of the Council.

Mr Fulford said that Mr Schoenicke having refused to serve, a vacancy was created as contemplated by rule 8 for the guidance of the election, and that the vacancy should be filled as therein prescribed.

Mr Walter announced that he would not accept office if he was to be chosen by the Council as mentioned in rule 8 to fill a vacancy. He would take office if the official members declared him elected by the land holders on 5th December as having received the next highest number of votes to Mr Schoenicke.

Mr Townsend was of opinion that Mr Walter might be chosen by the official members to fill the vacancy.

Mr Krien spoke at length in favour of Mr Walter's being declared elected on 5th December last. He contended that Mr Schoenicke was never a member of the Council as he had refused to take office and his refusal was dated prior to the 1st January 1889 the day on which the three non-official members were to assume office in accordance with the Election Rules. If such were the case then Mr Walter having received the next highest number of votes should be declared elected. No vacancy as defined by Rule 8 having occurred there was no occasion for action as laid down in that Rule.

Mr Dinsmore did not agree with that view. Mr Schoenicke had been elected, Mr Walter had not. Mr Schoenicke had declined to serve which was a resignation of his membership. In his knowledge the laws of no country in the world would permit the person receiving the 2d highest number of votes at an election to claim the seat which it was provided by Rules should be taken by the person receiving the highest number of votes. Though considering Mr Walter a very proper person to become a member and being quite ready to vote that he be chosen as such by the Council in accordance with Rule 8 he thought that if Mr Walter were to be declared to have been elected on 5th December as advocated by Mr Krien it would be an illegal and invalid proceeding. To give an instance, supposing that subsequently to the late election in November last of a President of the United States of America and prior to March instant when the new President assumes office, Mr Harrison who was elected, declined to serve would Mr Cleveland who had received the next highest number of votes be declared elected. No, by no means, and he held that the present was an exactly similar case.

Mr North (having asked permission to address the meeting) agreed with Mr Dinsmore's views. He was of opinion that no one could be declared elected who was not one of those who had received the three highest number of votes as provided in the Rules. He pointed out that it would not be a fair proceeding to allow such an election, for there was no certainty that if one of the persons' names who had received votes from the Electors had been withdrawn from the Election the votes would have been distributed in the same way or in the same proportion.

Mr Krien then moved the resolution.

That Mr Carl Wolter be declared by the official members of the Council to be a member of the Council.

Mr Fulford moved as an amendment that Mr Carl Wolter be declared Member of this Municipal Council to fill the vacancy caused by the refusal of Mr Schornecke to accept office.

The resolution as amended was put to the meeting and carried.

In view of Mr Wolter's previous statement on the subject, Mr Fulford suggested that Mr Wolter be formally informed of the passing of the above resolution. Mr Wolter thereupon stated that he declined to accept office conferred in the above manner and withdrew from the meeting.

Mr Krien then said that he should move for a Committee to enquire into the legality of the Election held on 5th December last. He had been informed that improper means of obtaining votes had been resorted to, what was called "touting" for votes had taken place and undue influence exercised in the case of employers and employed. Moreover that transfers of lands had been made immediately prior to the election. On 1st Dec. four lots were transferred from Japanese holders to other Japanese. He moved that a Committee be appointed to enquire into the legality of the election of 5th December last.

Mr Wadashi objected to such an enquiry as unnecessary and a waste of time. To enquire into the private reasons which induced each voter to vote as he did was a difficult and invidious task. It would introduce personalities which it would be much better to avoid.

Mr Kinsmore pointed out that asking for votes does not make the election illegal. If fraud were used, or bribery practised, or votes given under duress of any kind the case would be different but soliciting votes is no abuse. If Mr Krieo contends that he can show that illegal influence or means were used to obtain votes then he would be the last to refuse enquiry.

Mr Townsend asked if any man had said that he was forced to vote as he did against his will.

Mr Krieo could not say that but in one case at least a man was told to vote in a certain way and being a subordinate he did not like to refuse.

Mr Townsend did not see the use of an enquiry if no fraud was proposed to be shown.

The resolution was put to the meeting and was rejected.

Mr Townsend thought the vacancy on the Council ought to be filled. He would have been [illegible] to see Mr Walter in the Council, but as he had refused to accept the seat offered to him another choice must be made.

After several suggestions Mr Woo Li Ting's name was mentioned and the Chinese Consul Mr Li was asked to telegraph to Mr Woo in Seoul and enquire if he would accept office.

The meeting then adjourned till 3. p. m.

On resuming Mr Li said no reply to his telegram had yet been received.

Mr Woo's consent being subsequently received.

Mr Pulford proposed that Mr Woo Li Ting be hereby elected a member of this Council to fill the vacancy caused by the refusal of Mr Schoenicke to act.

Put to the Meeting and Carried.

Mr Krien said he did not vote for or against as he considered that no vacancy existed.

The meeting then proceeded to debate the drawing up of the Rules and the appointment of officers and after some discussion.

Mr Krien said that having other urgent official business to attend to he must leave. He requested that should any Committee for any purpose be appointed by the Council his name should not be included as he would not accept.

Mr Krien then withdrew from the meeting.

Mr Dinsmore then suggested that a letter should be sent to Mr Krien asking him his intentions as regards Municipal Affairs. The following resolution was proposed by Mr Townsend and seconded by Mr Pulford:-

Resolution marked 1.

Put to the meeting and Carried unanimously.

Proposed by Mr Townsend and seconded by Mr Yenami that
Messrs Dinsmore, Hayashi and Fulford be appointed a Committee to consider and formulate [illegible] provisional rules as may be necessary for the government of the General Foreign Settlement and report to the Council at the next meeting.

Amendment proposed by Mr Hayashi and seconded by Mr Fulford that Mr Townsend's name be added to the Committee.

The amendment was put and carried and the resolution as amended was put and carried unanimously.

The meeting then adjourned till Tuesday 26th instant at 10 a.m.

Sign: Hugh A. Dinsmore
Acting Chairman.

Signed H. E. Fulford
Acting Secretary

A

1. Resolved that:
In view of the refusal of the German Consul, on the grounds that no vacancy exists, to vote in the election held this day, under rule 8 of the Rules adopted by the Foreign Representatives for the election of those non-official members of the municipal Council of Chemulpo to fill a vacancy in the Council caused by the retirement of Mr. J. F. Schoenicke who was chosen a member of the Council at an election by the land-holders held at Chemulpo on the 5th day of December 1888, and in view of his statement to the Council in session, that he would not serve upon any Committee appointed by them, and in view of his withdrawal from the meeting today, it is the decision of the Council to know from the Consul for Germany if in his official capacity it is his purpose to refrain from participation in the deliberations of the Council and from assistance in carrying out the purposes of the Foreign Settlement Agreement.

2. Resolved that a copy of this resolution be furnished to the Consul of Germany by the Acting Secretary of the Council accompanied by a note respectfully requesting from him the information herein desired.

Signed. Hugh A. Dinsmore, Senior Member-Chairman
H. E. Mulford. Acting Secretary

2nd Meeting.

Minutes of Meeting of the Chemulpo Municipal Council held 26th March 1889 at H.B.M's Vice Consulate.

Present Messrs Dinsmore, Krien, Li, Hayashi, Fulford, Kim and Townsend.
Messrs Collin de Plancy and Ford were also present by request.

Mr Dinsmore in chair, Mr Fulford acting as Secretary.

The minutes of the last meeting, held on 23rd inst, read by the Secretary.

Mr Krien said he must take exception to the paragraph regarding his retirement from the meeting on Saturday. The only reason for his stating his motives in abstaining from voting on the resolution concerning the election of Mr Woo Li Tang was to assure the Chinese Consul that he had no objection to Mr Woo as a member. He contended that the Council had no right to ask him the question embodied in the Resolution. As to his wish not to be appointed on any Committee of the Council it arose simply from his opinion that the persons serving on such Committee should be resident in Chemulpo for the sake of convenience. Being thoroughly convinced that the Council was not justified in putting such a question to him, and the resolution, moreover, imputing to him motives other than those he had assigned he would beg that the resolution be rescinded.

Mr Dinsmore said that as the Resolution had been brought before the Council at his suggestion he thought it proper for him to make a few remarks on the subject. Referring to the minutes he considered Mr Krien in error as to the meaning intended to be conveyed by the paragraph in question; however, the minutes could be amended in that respect with the consent of the meeting. On his own behalf and in behalf of all the members of the Council he repudiated emphatically any desire to criticise Mr Krien's conduct in the matter or to reflect upon in any way. The Council thought that there were appearances that Mr Krien would not participate in its proceedings, and question arose as to what would be the result if Mr Krien were going to offer obstruction, it would be better to pause.

Now Mr Krien claims that the Council had no right to put this question as to his intentions. But while disclaiming any idea of reflecting upon Mr Krien and asserting that the Council was actuated simply by the purpose of an intelligent discharge of its duties, he must maintain that the Council was justified in its action and that facts warranted the Resolution. He would call Mr Krien's attention to the facts and their correlation. Mr Krien had of course a perfect right to abstain from voting and need not have given any reasons therefore. But he also said he would not serve or as corrected by Mr Krien would not accept office in any Committee and gave no reasons. If Mr Krien had made at the time the statement he had just given no doubt whatever could have arisen. Though perfectly willing and glad to hear and accept the explanation now offered, he must say that Mr Krien's statement at the last meeting coming as it did without explanation had led him to suppose that Mr Krien intended to abstain from future participation in the deliberations of the Council. He therefore considered the Resolution appropriate, proper, justifiable. He would further refer to Mr Krien's note of 24th instant to Mr Gulford, the Acting Secretary, in answer to the Communication by Mr Gulford of the Council; the note says:-

" I decline to answer the wholly unjustified "question put to me in yesterday's Resolution of certain members of the Municipal Council" in behalf of himself and the Gentlemen who answered and seconded that Resolution he begged to state that it passed without one dissentient voice after being fully explained to all presents. He must therefore object to its being rescinded from the minutes, but was glad to hear Mr Krien's explanation and to have it embodied in the Minutes of the present Meeting.

Certain slight verbal alterations were then made in the Minutes of the last Meeting. Mr Krien then formally proposed:-

" Resolved that the two Resolutions passed at " the Municipal Council meeting of 23rd " March 1889 with regard to a certain question " put to the Consul for Germany shall be " rescinded, as the Municipal Council has no " right to ask such a question and the que...

itself is not warranted by the facts.—

Mr Pulford said that the impression produced upon the entire meeting was that Mr Krien did not intend to participate further in their proceedings. In view of what Mr Krien had just stated it was a matter for regret that such an impression had been produced, but there was no doubt it had been produced, and upon all present. Mr Krien's statement that no vacancy existed taken in connection with his announcement that he would not accept office on any committee, gave rise to the idea that he might make objections to anything which the Council might go on to do, and in view of the fact that Mr Krien was an important factor in carrying out the provisions of the Land Agreement as far as regards German subjects it was open to doubt whether it were worth while going further before ascertaining distinctly Mr Krien's intentions. There was no case left then, but to adopt some resolution to the effect of the one under discussion and request Mr Krien's views. Another matter might be mentioned which [illegible] the supposition of the Council. Had Mr Krien mentioned in the forenoon that he could only attend for a very short time in the afternoon adjournment could have been made accordingly as the Council had no wish to proceed with its important preliminaries in the absence of one of its members.

Mr Krien stated that he did not know in the morning for certain that he would have to go to [illegible] the German man of war, "Iltis" [illegible] afternoon. He had written to the Captain for a boat and only received his answer in the afternoon. He was bound by the Regulations of his service to call on German men-of-war within 24 hours of their arrival. He would further point out that there was a great difference between "declining to accept office on a Committee" and refusing to participate further in the deliberations of the Council.

Mr Dinsmore. But did it not occur to you that your statement made without any explanation was calculated to raise doubts as to your intentions?

Mr Krien. I would like to ask if it did not occur to the Council that if I had left for the reason that I did not intend to participate further in the deliberations of the Council, I would have said so. I still hold that the Council had not the right ask me the question embodied in the Resolution.

Mr Hayashi temporarily took the chair and Mr Dinsmore proposed and Mr Pelford seconded the following resolution in lieu of the one proposed by Mr Krien. This was accepted by Mr Krien and carried unanimously.

Resolved that the explanation made today by the Consul for Germany of his course at the session of the Council on the 23rd instant as set forth in a resolution passed by the Council on that date making inquiry of him whether it was his purpose to refrain from further participation in the deliberations of the Council etc etc and his regret expressed at this time that he did not fully explain on that occasion are accepted by the Council as satisfying the members that the Consul for Germany did not intend as the Council inferred in passing such Resolutions.

Mr Krien explained that he meant no reflection on any particular members of the Council in the words "certain members of the Council" used in his note, which he (wrote) looked upon as a private one to Mr Fulford; what he meant was those members who happened to be present at the time the resolution was passed or those who had passed it.

Mr Li then stated that Mr Woo Li Tang on hearing of the wish of the Municipal Council that he should become a member was very unwilling to accept office as he lived in Seoul and had official duties to perform. But if it were the general wish and no suitable land holder resident in Chemulpo could be found to accept office he would not refuse.

Mr Li was asked by the Council to assure Mr Woo that he was chosen unanimously.

The minutes of the last meeting 23d March were then confirmed and signed.

The report of the Committee appointed 23d March to formulate Rules etc. was read by Mr Fulford.

This consisted of the Rules proposed by them as drawn up separately. The Committee also alluded to rules for a police force.

Mr Townsend said that there seemed to be a general opinion among the rate payers that there was no immediate need of a police force. It would be well to ascertain if this opinion were well founded or not. There had hitherto been little need of police and the executive Committee proposed to be appointed by the Council might be able to arrange to get the services of the Japanese Settlement Police when occasion arose.

Mr Paléka. Well, in any case we should want a European employé, head Constable and general supervisor of Street lighting, cleaning etc. Then a policeman is wanted day and night on the Jetty and we can hardly expect the Japanese Police to be always at our disposal. We cannot either expect anyone to voluntarily undertake the overlooking duties above mentioned. It would involve much demands on his time and we must have a paid officer.

Mr Dinsmore pointed out that the respective Governments represented on the Council were interested in the welfare of the Settlement and it devolved upon the Council to improve the Settlement and place it in such a condition as to attract immigration, commerce etc. There must be an appropriation of funds for Municipal purposes and to carry out such purposes there must be a police force of some kind and some one to superintend cleaning of roads etc. etc. The land holders were allowed to acquire land here under certain conditions, arranged for them by their Governments in Treaty with the Corean Government. They did not and could not acquire land here except under these conditions which prescribe certain taxes. If we waited for people to agree to pay taxes of course nothing would ever be done. People always refuse everywhere to pay taxes if they have the chance to make themselves heard. They don't really mean it and end by paying them. The taxes they have to bear are very light after all in Chemulpo.

Meeting adjourned till 3 p.m.

On resuming Mr Woo Li Taw was present and stated that he wished to decline the honor of membership offered to him.

Mr Dinsmore suggested that he continue to be a member till next meeting in April and if he did not like the position and still wished to resign, the matter could again be considered.

Mr Krien asked if Mr Woo now withdraw his resignation.

Mr Woo. Yes till next meeting.

Mr Fulford proposed and Mr Hayashi seconded.

"That the Council resolve itself into a Committee of the whole Council to consider the formation of rules and Bye Laws and to report thereon to the Council."

Put and carried.

On resuming the Chairman of Committee, Mr Krien reported the Rules as read and discussed.

Mr Fulford proposed and Mr Hayashi seconded.

"That a copy of the proposed Rules and Bye Laws be prepared and submitted for the private consideration of each member previous to the next meeting after tomorrow, of the Council."

Put and carried.

Meeting adjourned till 10 a.m. 27th March.

Signed. Hugh A. Dinsmore. Acting Chairman.

Signed. H. E. Fulford Acting Secretary

31

3d Meeting.

Minutes of meeting of the Municipal Council General Foreign Settlement of Chemulpo held at H.B.M's Vice Consulate 27th March 1888

Present: Messrs Dinsmore, Li Kwei, Fulford, Kim, Hayashi, Townsend and Woo Li Tang. Messrs Collin de Plancy and Ford were also present by request.

Mr Dinsmore in the Chair Mr Fulford acting as Secretary.

The minutes of the last meeting not having been written out were left over till the next meeting.

The question of the division into lots of the land to the North of lots D 29 to 36 and the marking out of the roads therein was then discussed.

Mr Fulford read a despatch addressed to him by the Superintendent of Trade with reference to the application of a British subject for part of the said land, stating that French subjects also wished to rent some of the land and that he was suggesting to the Corean Foreign Office that this land be divided into two lots and certain roads left.

After some desultory talk and inspection of the plan

Mr Fulford moved:

That the Council advise that the land under consideration at the back of lots D 29 to 36 be divided into four lots of as equal sizes as practicable, roads being left of corresponding width to existing roads along

32.

the South, West and East sides of the whole block in question.

Mr Hayashi moved as an amendment:

That a road be also left in the middle of the block in question in continuation of and of the same width as, the existing road leading thereto.

The Council agreed to postpone its decision till its members had personally inspected the site.

Mr Gulford then said that the question of bunding in front of the C lots held by Messrs E. Meyer & Co had been mentioned to him by the Corean magistrate Kim. These lots adjoin the Japanese Settlement on the sea front. Japanese had applied that the foreshore be put up to auction, the renter to fill up and bund (the) his land.

The Council then adjourned to inspect these lots and the hill lots above mentioned.

On resuming at 3 p.m.

Mr Gulford accepted Mr Hayashi's amendment and proposed the resolution as before written, with the addition thereto of Hayashi's Clause providing a middle road.

Mr Hayashi seconded.

Mr Krien while thinking that a middle road should be left was of opinion that if it went straight up the hill it would be too steep for carriages; should a cart road be needed in the future a curved or zigzag road might be ...

Mr Gulford pointed out that the gradient was not very steep and should ...

ever be needed a slight cutting in the [illegible] of the hill would render the ascent a very easy one. A zigzag road would needlessly cut into the lots on each side and spoil the building site.

Motion [illegible]

Mr Gulford then moved.

That in the opinion of this meeting it is not desirable that any of the foreshore land in front of the C. lots of the settlement should be at present put up for auction.

Mr Hayashi seconded.

Motion put and passed.

Mr Krien proposed.

"That the Corean Authorities be requested to survey and mark off a lot 6 metres in width immediately to the East of lots D. No 7. The western boundary of such lot would be the whole length of the Eastern side of lot D. No 7 and the Southern and northern boundaries would be the existing roads as marked on the plan."

Mr Krien explained that Mr Brinckmeier who holds lot D 7 wished to buy this extra slip of land as the space at the back of his house is insufficient.

Mr Gulford seconded.

Motion put and carried.

Mr Townsend moved:

That the Temporary Secretary of the Municipal Council be instructed to request of the Corean Authorities that steps be taken by them, as soon as possible, to remove all Korean graves now within the boundaries of the Chemulpo General [illegible]

34.

Mr Hayashi seconded.

At the suggestion of [illegible] the following words were added to the above resolution.

"beginning with such graves as are within "lots and streets now surveyed and to prevent "further burials within the limits of the "General Foreign Settlement."

Resolution as added to

Put to meeting and carried

Some of the byelaws proposed were then read over and informally discussed.

The Secretary was requested to communicate to the Corean Authorities the opinion of the Council regarding the land to the North of lots D29 to 36, and also the land to the East of Lot D7, and the removal of graves from the Settlement.

Mr Dinsmore undertook to introduce the first two subjects to the notice of the Foreign Representatives in Soul and inform them of the opinion of the Council thereon.

Proposed by Mr Townsend

That the Council adjourn till Wednesday 24th April 1889 at 10 a. m.

Seconded by Mr Krien.

Motion put and carried.

(sign) Hugh A Dinsmore. (sign.) H. E. Fulford
Acting Chairman. Acting Secretary

Rough sketch showing foreshore land in front of lots C1 to 5 proposed to be bunded and sold.

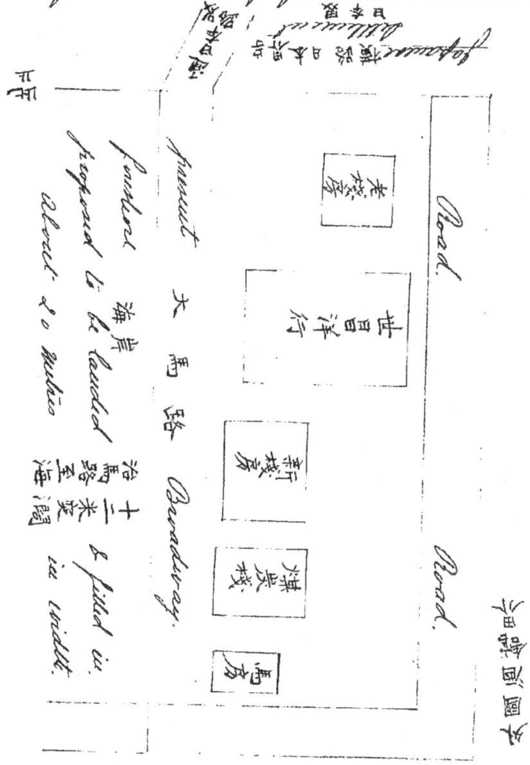

Discussed at 3rd meeting of M. Council Chemulpo. held 27th March 1889.
Decided to oppose any meeting as above at present.

4th Meeting.

Minutes of meeting of the Municipal Council of the General Foreign Settlement at Chemulpo held 24th April 1889 at H.B.M's Vice Consulate. Chemulpo.

Present: Messrs Dinsmore, Krien, de Plancy, Li, Hayashi, Fulford, Kim and Yee.
In the afternoon Mr Townsend was also present.
Mr Dinsmore in the chair, Mr Fulford acting as Secretary.
The Minutes of the last two meetings were read and confirmed.
Also the letters addressed by the Acting Secretary, Mr Fulford, to the Superintendent of Trade with reference to the laying out of new lots and the removal of graves in accordance with Resolutions passed at the last meeting, and the replies of the Superintendent to two of these letters. No reply had been received to the letter on the subject of the laying out of a new lot adjoining lots D7 held by Mr Brinckmeier.
Mr Dinsmore stated with reference to the record in the Minutes of his having undertaken to communicate to the Foreign Representatives in Seoul the opinion of the Council as to laying out the land to the North of lots D29 to 36 and the land to the East of lot D7 that he had, under some misapprehension, not done this but had on the other hand written to the Superintendent of Trade on the subject. He would, however, make a point of carrying out his engagement

as soon as possible. He had been to see Mr Merrill, the Chief Commissioner of Customs who assisted the Corean Authorities in these Settlement matters, in which they themselves lacked experience and had suggested to him that it would be a good plan to have the whole of the unsurveyed or unmarked in lots portions of the Settlement surveyed and marked in the plan so that the complete Plan could be passed and agreed to by the Representatives and the Corean Authorities and future difficulties avoided. The lots would of course have to be laid out in careful accordance with the natural features of the land so as to form desirable sites. A great difficulty was to find a competent surveyor. Mr Brinckmeier of the Customs might do the work.

Mr Pelford suggested that if the Municipal Council were empowered by the foreign Representatives to decide questions of further roads and the size of lots to be put up for Auction it would save much delay and trouble, the Representatives. The Council could inform the Corean Authorities that is the Superintendent of Trade of its decisions when any additional surveys were required and the Superintendent could accept the Council's assent to the laying out of the lots and roads as an assent of the Foreign Representatives in Seoul. The Representatives were practically all upon the Council and it would probably be more convenient to them to decide such questions when so assembled. Such an arrangement would obviate the necessity of a complete survey at the present time, a survey which would be a difficulty both from the want of a competent surveyor and the nature of the land to be surveyed. The land was very hilly and should be laid out as far as practicable to suit purchasers, due regard being paid to the retention of proper roads and lots of a size which would allow of competition in the auction.

Mr Dinsmore. But after all, the necessary alterations to the plan would have to be submitted on each separate occasion to the Representatives in Seoul which would be very troublesome.

Mr Pulford said that his idea was that the Municipal Council should be empowered to agree to alterations in the plan. This would relieve the Representatives of the trouble of consulting on every little addition to the plan.

Mr Dinsmore had not thought of the matter in that light. The Representatives could of course consider such a proposal.

The Council then resolved itself into a Committee to consider the formation of Rules and Byelaws.

Adjourned at 12 noon till 3 p.m.

On resuming Mr Townsend was also present.

Mr Krien and Mr De Planey spoke on the subject of a Court of Consuls which could hear cases brought against the Council.

Mr Dinsmore was of opinion that such a court was desirable but it was naturally a matter for the Representatives to decide. A clause could be added to the Land Agreement by the Foreign Representatives in conjunction with the Corean Authorities.

Rules and Bye-laws again considered

in Committee.

After much discussion Mr Fulford moved and Mr Hayashi seconded:

"That the formation of Bye-laws for submission for the Consideration of the Council be referred to the Committee previously appointed for such purpose."

Put and carried.

Adjournment till Thursday 25th April at 10. a.m.

(signed) Hugh A. Dinsmore, Acting Chairman.

H. E. Fulford, Acting Secretary.

5th Meeting.

Minutes of meeting of the Municipal Council of the General Foreign Settlement at Chemulpo held 25th April 1889 at H.B.M's Vice Consulate Chemulpo.

Present: Messrs Dinsmore, de Plancy, Krien, Li, Hayashi, Gulford, Kim, Townsend and Yonamin.

Mr Dinsmore, Chair; Mr Gulford, Secretary. Minutes of last meeting read and confirmed. The report of the Committee upon Rules and Bye-laws read.

The Council then resolved itself into a Committee of the whole Council to consider Rules and Bye-laws. Mr Hayashi, Chairman, with reference to proposed Bye-law No 4 which stated that the Council would make a thorough system of drainage along the streets and alleys of the Settlement, Mr Townsend thought a proviso should be added to the effect that the Council undertook no responsibility for the control of the water course running through lots C 6 & 7. This water course looked tame enough at the present time, but in the raining season was a torrent. Claims might be made unless such a proviso were made against the Council for damage to property done thereby. He believed that persons were last year previously, deterred from buying these C. lots as they were informed by the Auctioneer that they would have to look after the water course themselves. In every case he did not think it right for the Council to undertake the task of drainage in this respect.

Mr Dinsmore was of opinion that the Council could not avoid its responsibility for this drain. It was a natural feature of the Settlement under their control and should be accepted as such and treated in the manner considered advisable. We could not expect the Coreans to take it off our hands by diverting its course.

Mr Gulford did not see the necessity for the proviso, as the rule did not bind the Council to touch this drain. It said the Council shall make drains along the streets etc. On the point of the watercourse being a natural feature of the land and as such to be accepted as unavoidable, he would agree if the watercourse were in its natural condition, but it had been made a cesspool and drain of the Corean village adjoining and the Council could not be expected to carry off the filth, thus poured into it by a drain through part of the Settlement. By a small cutting the water could be made to flow outside the Settlement boundary into the sea.

After some discussion the rule was altered to read to the effect that the Council shall make such drains as may be deemed necessary.

— Adjourned at 12 noon till 3 p.m.

On resuming at 3 p.m. Mr Hayashi in chair.

Mr Dinsmore drew attention to proposed Rule 2 of section C re appropriation and assessment of Municipal Funds. He thought the Council had no power to alter the rate of taxes fixed in the agreement. It was advisable that the taxes be lowered as they were too high as generally acknowledged. He read a notification to —

American subjects, dated 26th March 1887 from Mr Rockhill, which stated that the taxes would not be collected in full for the present, as showing that the Foreign and Korean Authorities had already agreed to a reduction of the taxes. At the same time no alteration had been formally made to the Land Agreement, which should be done, and he would undertake to request the consideration of the Foreign Representatives to the matter. It would certainly be better if the Council were empowered to fix the proportion of the taxes mentioned in the Agreement which they would require in each year. At present they had no power to do so and ought not to frame a Rule beyond the powers conferred upon them by the Land agreement.

Mr Fulford also spoke in favour of altering proposed rule, which would then merely provide that the Council make appropriations of its funds for the ensuing year at the last regular meeting in each year.

Mr Krien thought the Rule had better stand as first proposed, then, if the Representatives and Korean Authorities agreed, it could be carried into effect.

Mr Dinsmore thought that this would be assuming an improper attitude with regard to the Representatives. It would be making a Rule: we had no power to make a rule altering an important part of the Land Agreement and then afterwards asking permission to do what we had already done. He agreed with Mr Krien's view entirely as to the excessive rate of the taxes mentioned in the Agreement and fully intended to move the Representation to give the Council power to collect only so much of them as might be required.

Mr Krien signified his consent to the alteration in the proposed Rule on this understanding

The Council resumed with Mr Dinsmore in Chair.

Mr Krien drew the attention of the Meeting to the fact that one of the members was absent. Mr Woo Li Tang. Could we pass these Rules and Bye Laws unless the whole Council passed them. The Land Agreement Article No 6. says the Municipal Council can make Byelaws etc. it says nothing about a majority.

Mr Dinsmore read a letter from Mr Woo dated 24th April resigning his seat on the Council, as he could not attend meetings on account of his official duties.

Mr Li proposed and Mr Townsend seconded that the Council proceed to the election of a Member in place of Mr Woo Li Tang.

Put and carried.

Mr Krien said Mr Walter had reconsidered the question of his taking a seat upon the Council and had been prevailed upon by German land holders and a British land holder to accept a seat, if he were elected unanimously by the other Members of the Council. He nominated Mr Walter for the vacant seat.

Mr Gilford asked Mr Krien, in view of a statement just made if he thought the Council could not make these Rules and Byelaws except by the unanimous vote of the Council. Would an

Dissentient be able to stop the making of any Rule or Byelaw. If so it would be a difficult matter to get any Rules passed in an assembly of ten.

Mr Krien thought that these primary Rules and Byelaws must be passed unanimously. As to future Rules and Byelaws the Majority which would pass them would no doubt form a part of the Rules now to be made.

Mr Hayashi took the Chair and Mr Dinsmore said that though he had no objection to the nomination of Mr Wolter whom he had all along regarded as an excellent representative of large interests in the Settlement, still he felt bound to nominate Mr Laporte whom he had caused to be approached on the matter and who had signified his consent to serve. He must point out that Mr Wolter had been elected unanimously by the Council and had refused to serve and that Mr Krien had stated to the Council that no German subject would accept office on the Council. He had therefore no idea that any German was willing to become a Member, and Mr Laporte being a fit and proper person and land holder, he begged to nominate him.

Mr Krien then said he withdrew the nomination of Mr Wolter.

Mr Fulford seconded Mr Laporte's nomination.

Voting by ballot, Mr Laporte received seven votes. Mr Wolter one and one voting paper was blank.

The Chairman then declared Mr Laporte elected.

Mr Dinsmore suggested that Mr Laporte be

furnished with a Copy of proposed Rules and Byelaws that he might be ready at the next meeting to vote upon them.

The Chairman read a letter from Mr Gorschalki dated 24th April, asking for employment in the Police.

Mr Krien informed the Council that though Mr Walter had seemingly changed his views, he himself had not done so.

Mr Yulford proposed and Mr Townsend seconded adjournment till 10 a.m on 27th April.

Sig. Hugh A. Dinsmore. Acting Chairman.

H. E. Yulford. Acting Secretary.

6th Meeting

Minutes of Meeting of the Municipal Council of the General Foreign Settlement of Chemulpo held at H. B. M.'s Vice Consulate, Chemulpo, on the 26th April 1889.

Present: Messrs Dinsmore, De Plancy, Krien, Li, Hayashi, Fulford, Kim, Townsend, Yenami and Laporte.

Mr Dinsmore in the Chair.

Mr Fulford acting as Secretary.

The Minutes of the last Meeting read and Confirmed.

The Council then proceeded to vote upon the adoption of the Rules and Byelaws formulated by the Committee appointed for that purpose and discussed and approved by the Council Committee. The adoption of Section A of the Rules was moved by Mr Fulford and seconded by Mr De Plancy. Section A provides for the election and appointment of Officers of the Council and defines their duties.

Put and Carried.

The adoption of Section B of the Rules was moved by Mr Fulford and seconded by Mr De Plancy. Section B provides for (Deliberations) regulating the Deliberation of the Council.

Put and Carried.

Mr Fulford moved and Mr De Plancy seconded the adoption of Section C of the Rules. Section C provides for the appropriation and expenditure of Municipal Funds.

Put and Carried.

The adoption of the Byelaws 17 in number was proposed by Mr Townsend and seconded by Mr Laporte.

Put and Carried.

Mr Krien refrained from voting on any of the above motions, against which there was no dissentient vote, all the other Members voting for them.

Mr Dinsmore had noticed that Mr Krien did not vote on the question of the adoption of these Rules and Byelaws. He disclaimed any intention of criticising Mr Krien's course of action, he had a perfect right of course to refrain from voting, but he would be very glad if Mr Krien would favour the Council with his views. From what Mr Krien had said yesterday, that these Rules etc. must be passed by the whole Council, he could only infer that Mr Krien would consider that by refraining from voting he would render such Rules etc. invalid. Was such Mr Krien's intention? As Mr Krien had shared in the labours of the Council in forming these Rules, taken part in discussion thereon and signified his consent thereto in Committee, he thought it his duty, to enable himself to discharge intelligently his functions as member of the Council and the Representation of his Government, to ask Mr Krien to give his reasons for not voting.

Mr Krien pointed out that there was a great difference between the two situations, a Member being absent while the Rules were passed, and a member who was present refraining from voting. He had given no opinion on the latter situation as to the reason why he refrained from voting, it was this. He did not vote on technical grounds. The case in which there was a vote against a proposal was quite different from that in which there was no dissentient vote.

Mr Wilford proposed and Mr Hayashi seconded that the Acting Secretary be instructed to submit a copy of the Rules and Byelaws just approved to the Foreign Representatives in Seoul through the Senior Representative, requesting their sanction thereto.

Put and Carried

Mr Townsend proposed and Mr Laporte seconded that the Acting Treasurer be directed to deposit $6000.– of the Municipal funds on one year's fixed deposit with the First National Bank, at the best rate of interest the Bank will allow, and to use his influence with the Bank to obtain interest on the amount now lying in the Bank at the rate for current accounts from the dates of deposit. The balance of funds above $6000 to remain on current account on the best terms obtainable.

Put and Carried unanimously.

Mention being made of copies of the Rules and Byelaws passed, Mr Wilford the Acting Secretary said he would send the rough copy to any Member desiring to make a copy for himself.

Mr Townsend moved and Mr Wilford seconded.

" That the Council do now adjourn, subject
" to a call by the Acting Chairman, to
" meet as soon as convenient after the decision
" of the Foreign Representatives as to the
" Rules and Byelaws.

Put and Carried.

(Sigd.) H. E. Sulford. (Sigd.) High Lillieman
Acting Secretary Chairman.

5

Record of the election of a non official Member of the Municipal Council of the General Foreign Settlement at Chemulpo held at the Japanese Consulate Chemulpo at 3 P.M. on the 4th December 1889 Wednesday.

The official Members present were

Mr Dinsmore, United States Minister.
Mr Krien German Consul
Mr Tang, Chinese Consul
Mr Hayashi, Japanese Vice Consul
Mr Fulford, British Vice Consul
Mr Kim Korean Official Member.

The voting was by ballot and the election conducted according to the Rules of election agreed to by the Foreign Representatives in Seoul Nov. 21st 1888.

On Mr J. C. Johnston, Acting Commissioner of Korean Customs tendering his voting paper Mr Krien objected that he had no vote. The question was again shortly discussed as at the election in Dec. 188[illegible] and the official members voted on the subject. Four, Messrs Dinsmore, Fulford, Tang and Kim were in favour of allowing Mr Johnston's vote — two Messrs Krien and Hayashi were against doing so.

Mr Johnston's vote was accordingly accepted

Mr Krien desired that a note might be made of his protest against this course of action.

The ballot was then counted and found as follows.

Mr Wolter 12 votes
Mr Laporte [illegible]

Mr Seitz 1 vote.

Mr Carl Wolter was accordingly declared elected.

The title deeds for the Customs lots are made out to the "Commissioner of Customs, Jenchuan and were signed by Mr J. F. Schoenicke, Acting Commissioner of Customs.

Chemulpo, 3. Dec. 1889.

(Sig. ᵈ) H. E. Gulford.
Acting Secretary

7th Meeting

Minutes of Meeting of 16th December 1889 Municipal Council, General Foreign Settlement, Chemulpo
at H.B.M.'s Vice-Consulate
Chemulpo.

Present: Messrs Dinsmore in Chair, Hung, Hayashi, Wolfert, Johnston and Townsend.

The Minutes of Meeting of 26th April 1889 were read and Confirmed.

Mr Dinsmore stated that he had received a letter from the President of the Korean Foreign Office informing him that Mr J. C. Johnston, Acting Commissioner of Customs at Chemulpo had been appointed Korean Official Member of the Council in place of Mr Kim, who from his ignorance of the English language found difficulties in following the proceedings.

Mr J. C. Johnston informed the Council that he had received instructions from the Chief Commissioner in Seoul to represent the Korean Government on the Council, and he had come that day to take his seat as Korean Official Member.

In view of the unavoidable absence of several members and the importance of the business to be transacted in choosing the officers of the Council and appropriating funds for next year's expenditure, Mr Hayashi moved and Mr Townsend seconded a motion for adjournment till Tuesday 17th instant at 10, 30 a.m.

Carried unanimously.

Sig^d Hugh A Dinsmore,
Chairman.

(Sig^d) H. E. Fulford,
acting Secretary.

8th Meeting

Minutes of Meeting of the Municipal Council G. F. S. Chemulpo 17th December 1889.

Present: Messrs Dinsmore, in the Chair,
De Plancy, Hung, Hayashi, Fulford,
Johnston, Townsend and Yenami.

Minutes of Meeting of 11th December read and confirmed.

Rules and Byelaws signed by the Representatives in Seoul and the Korean Foreign Office were presented to the Council by the Chairman.

The question of Appropriations for the Year 1890 was discussed and it was moved by Mr Fulford and seconded by Mr De Plancy.

"Resolved that the following amounts
"be and are hereby appropriated out of any
"funds belonging to the Municipal Council
"for the General Foreign Settlement at Chemulpo
"to defray expenses hereafter mentioned for and
"during the Year 1890.

"Making Streets	$ 1000.
"Wages of Police	1560.
"Lighting the streets	200.
"Lamps and Lamp-posts	100.
"Trees for the Streets	200.
"House rent and Office furniture	300.
Fund for such as printing Rules and Byelaws, providing tools uniform and accomodations for Constables etc. etc.	500.
	$ 3860

33

Put to the Meeting and Carried unanimously.

Mr Townsend moved and Mr Wilford seconded the following.

Resolved that the Secretary be, and he is hereby, ordered to draw upon the Treasurer at any time upon the suggestion of two members of the executive Committee for such sums, as they may require to Carry out their duties in expenditure of funds subject to the purposes and limitations of the resolution of appropriations for the Year 1890.

Put to the Meeting and Carried unanimously.

The Council then proceeded to elect its officers for the Year 1890.

Mr Dinsmore was elected President but thanked the Council and declined to serve in view of his approaching termination of office as Minister of the United States.

Mr de Plancy was then elected President and Mr Hayashi Vice President.

Mr Wilford was elected Secretary and Mr J. C. Johnston Treasurer.

The following members were elected executive Committee. Messrs Townsend, Johnston, and Dennemer.

Adjournment till Wednesday 18th at 10.30 a.m. Moved by Mr Townsend seconded by Mr Wilford.

Sigd Hugh A. Dinsmore
Chairman.

Sigd H. E. Wilford.
Hon. Secretary

336

9th Meeting

Minutes of Meeting of Municipal Council of Foreign Settlement, Chemulpo, held December 18th 1889.

President: Messrs Kinsman in the Chair, De Planey, Hung, Hayashi, Telford, Johnston, Townsend and Gomni.

Minutes of Meeting of 17th December were read and confirmed.

The following resolution was moved by Mr Telford and seconded by Mr Townsend.

Resolved that the Secretary be, and is hereby, instructed to write a letter to the Senior Representative of the Treaty Powers in Seoul, laying before him the opinion of the Council that it would facilitate the laying out of the portion of the Settlement still unmarked upon the official plan, if the Council were empowered by the Representatives to arrange with the Korean Superintendent of Trade the survey and marking on the plan of any land in the said Settlement for which application to purchase is made, and to request him, to move the Foreign Representatives to take such action in the matter as may seem to them desirable.

Put to the Meeting and Carried.

Mr Telford moved and Mr Hayashi seconded.

Resolved that the sum of $100 be appropriated from the Municipal funds to be repealed by the Executive Committee in enclosing and interring the Foreign Cemetery.

Put to the Meeting and Carried.

Mr [illegible] Moved and Mr Johnston Seconded:

Resolved that Secretary be and is hereby directed to issue under proper Conditions such licenses as are referred to in Byelaw No 11 charging for each such license the sum of $10. for each Calendar Year or part thereof unexpired at the date of issue of the license.

Put to the Meeting and Carried.

The order for making a Seal for the Council was left to the executive Committee such Seal to be hereafter submitted to the Council for Approval and adoption.

On the motion of Mr [illegible]ford seconded by Mr Townsend the Council adjourned to meet again during the last week in February, subject to a notice to be issued one week beforehand by the Secretary.

Sigd. H. E. [illegible]ford. Y. [illegible]shi.
Hon Secretary. Vice President

58

1st Meeting 1890

Minutes of Meeting of the Municipal Council of the General Foreign Settlement of Chemulpo held 28th February 1890.

Present Mr [illegible], Vice President in the Chair and Messrs Dinsmore, Krien, Welford, Johnston, Townsend and Wolter

The Minutes of the last Meeting of 18th December last, were read and confirmed.

Mr Welford read the letter dated 19th December last which he had written to the United States Minister Seoul in accordance with a resolution of the Council with reference to the survey and marking an official plan of new lots in the Settlement; and also of the reply of the United States Minister promising to lay the proposal of the Council before the Representatives in Seoul.

Mr Dinsmore informed the Meeting that the President of the Korean Foreign Office had agreed to recommend the Course proposed by the Council to his Government, and that he, Mr Dinsmore had lately received a letter from the Foreign Office, stating that instructions had been sent to the Korean Superintendent of Trade at Chemulpo to consult with the Council as to the survey and marking out of new lots. He would forward a copy of the letter to the Council.

Mr Krien suggested that the Council write a letter to the Superintendent of Trade informing him that the Council is ready to cooperate with him in the survey and marking out-etc. of new lots.

Mr Gulford pointed out that the Council had not received authority from the Representatives to act as aforesaid.

Mr Dinsmore admitted that no formal authority had yet been given, but the Representatives were all in favour of the proposal. He hoped the Council would not wait for a formal authority before taking action in the matter. At the same time he would recommend that a letter be written to the Council in the sense required.

Mr Krien then proposed

"Resolved that the Secretary of the "Municipal Council is hereby instructed to "address a note to the Superintendent of Trade, "Chemulpo, expressing the desire of the Council "to cooperate with him in carrying out whatever agreement has been reached between "the Korean Government and the Representatives of the tiventy Powers for carrying "out and placing upon the official plan "the unsurveyed lots of the Foreign Settlement.

Seconded by Mr Dinsmore.

Carried unanimously.

Mr Gelford proposed and Mr Wolter seconded

Resolved that the Secretary be and is hereby instructed to act in conjunction with the Superintendent of Trade in the survey and marking on the official plan of the new lots to the East of Lot D 7 and of the Creek to the North of Lot D 29 to 36 in accordance with the resolutions of the Council at their meeting of 27th March 1889. The remaining the North sides of the said four New Lots to be eight metres only in width.

Carried unanimously.

Mr Wolter asked about the foreshore in front of the Japanese Settlement and the C Lots. If this foreshore were filled in, would it form part of the General Foreign Settlement.

He referred to Section 7 of the Land Agreement as bearing this view.

Mr Hayashi thought that the foreshore in front of the Japanese Settlement could not be considered as part of the Foreign Settlement. At least not for a considerable distance south of the present bund. Near Aston's Island it might be so. Some Japanese had applied for this foreshore, and he had suggested to Mr Kondo to make an arrangement with the Korean Government on the matter. He had not heard of any having been made as yet.

The Japanese Land Agreement stated that if the Japanese wished to enlarge their Settlement, they could apply to the Korean Authorities, and in his own opinion this would infer an exclusive concession.

Mr Dinsmore thought that the intention was that all the foreshore was to be part of the Foreign Settlement when filled up.

Mr Walford read a Memorandum by Mr Aston formerly British Consul General in Seoul which stated this clearly. This Memo dates probably May 1884.

Mr Wolter then moved and Mr Townsend seconded

Resolved that the Secretary of the Council be requested to ask the opinion of the Foreign

" Representatives whether land in front of
" the Japanese Settlement and Southern
" portion of the Foreign Settlement which
" may be hereafter filled in would belong
" to the present Foreign Settlement.

Carried unanimously.

Mr Walter proposed and Mr Townsend seconded:

Resolved that the executive Committee be and is hereby instructed to submit an estimate for a bund in continuation of the Japanese bund, as far as the Seoul Road.

Carried unanimously.

Adjournment till tomorrow 1st March at 10.30. a.m.

Sigd H. E. [illegible]
Hon Secretary.

Sigd [illegible]
Vice Pres[illegible]

62

1st Meeting 1890 contd

Minutes of Meeting of the Municipal Council of the General Foreign Settlement at Chemulpo, held 1st March 1890.

Present: Messrs Hayashi, Vice President in the Chair, Dinsmore, Krien, Gulford, Johnston, Townsend and Wolter.

The Minutes of the Meeting of Febr 28th were read and confirmed.

Mr Krien referred to the election of Officers and executive Committee held at the Meeting of 17 December last. Article 1 of Section A of the Rules for Regulating the proceedings of the Council provides that officers shall hold office for and during the current calendar year. It would therefore seem that officers elected during 1889 should hold office during that year only. As to the executive Committee Mr Krien was of opinion that, as the Land holders had so few representatives on the Council in comparison with official Members, the three non official Members should all be on the Committee.

Mr Hayashi stated that it had not occurred to any member at the Meeting in December last that the election should be deferred till the present year. It had been held by common consent, without question.

Mr Dinsmore admitted that the Rules had not been strictly observed in holding the election in December for the ensuing year. He for his own part had been mislead by the Rules for election of the three Non official Members, which is appointed for December in each Year.

Mr Yulford said that the Council, when they met in December, were without officers of any kind and they proceeded to the election without delay. As regards the officers this was not quite in accordance with the Rules. The executive Committee however were not on the same footing; the Rules not stating when they should be elected or for how long a period they should hold office. They had been elected in December to serve during the Year 1890.

Mr Krien moved:

Resolved that the election of the officers of the Council and the Members of the executive Committee which took place at the Meeting of the Municipal Council on 17th December 1889 for the Year 1890 shall be and are hereby confirmed.

Mr Dinsmore said he should vote for the resolution but did not think it was necessary as regards the executive Committee. The Council were certainly not acting against the Rules in electing them as was done at the Meeting in December.

Mr Townsend stated that as a member of the executive Committee he would prefer to have his election confirmed. It was better to have not the slightest doubt as to the authority of the Committee.

The Motion was seconded by Mr Yulford

64

and Carried unanimously.

Several questions were asked by Mr Krien and Walter as to the appropriations for 1890 which were made in December last.

Mr Fulford Moved and Mr Dinsmore seconded:

Resolved that the Secretary be and is hereby instructed to state in the Circular calling the next meeting of the Council, that an alteration in the Rules will be considered to the effect that the executive Committee shall hold office for one Calendar Year and that the election of the Officers of the Council and the executive Committee shall be held at the last regular meeting in each Year. The Members then elected to hold office during the ensuing Calendar Year.

Carried unanimously.

Mr Krien proposed and Mr Dinsmore seconded adjournment till Wednesday 16th April next.

Carried.

Signed H. E. Fulford. G. Hayashi.
Hon Secretary. Vice President.

65

Meeting of 16th April 1890.

Wednesday.

Present: Mr Hayashi, Vice President in the Chair and Messrs Hung, Fulford, Johnston, Townsend and Wolter.

The Minutes of the Meeting of March 1st 1890 were read and Confirmed.

Mr Hayashi mentioned that he had received a telegram from Mr De Plancy stating that he and Mr Krien were coming down from Seoul this day.

Mr Wolter proposed and Mr Townsend seconded a resolution to adjourn till Thursday 17th instant at 10, 30 a.m.

Carried unanimously.

Signed V. Collin De Plancy.
H. E. Fulford.
Hon. Secretary.

Read and Confirmed.
April 17th 1890.

66

Meeting of 17th April 1890

Present: Mr Collin De Plancy, President and Messrs Krien, Hung, Hayashi, Fulford Johnstone, Townsend and Wolter.

The Minutes of the Meeting of 16th April were read and Confirmed.

The Secretary read a letter from Hon Mr Dinsmore, United States Minister, and Doyen of the Foreign Representatives, Seoul, dated 17th March 1890, informing the Council that the Representatives do not feel at this time in a position to express an opinion as to whether lots, known as water lots in front of the Japanese Settlement and the General Foreign Settlement at Chemulpo belong to the General Foreign Settlement, and also informing the Council that the Council is instructed to carry out an Agreement, made between the Representatives of the Powers Signatory to the Chemulpo Land Regulations and the Korean Government, to the effect that in future the laying out of lots in the General Foreign Settlement and Marking the same upon the official plan shall be under the control of the Municipal Council acting in Conjunction with the Superintendent of Trade at Chemulpo. (Vide letter received No. 3 of 1890.)

The Secretary also read two letters which he had written to the Superintendent of Trade dated March 4th and April 5th in accordance with resolutions of the Council, on the Subject of the Survey and Marking on plan of new lots; also of two letters dated April 3rd and

April 11th to Mr J Steinbeck on the subject of a License for the Hotel de Coree.

Mr Gulford then proposed in accordance with the notice of Meeting issued on April 8th the following addition to article 3 of Section A of the Rules of the Council.

Resolved that the following words shall be added to Article 3 of Section A of the Rules for regulating the proceedings of the Council and the duties of its officers.

The executive Committee shall hold office for one Calendar Year and shall be elected at the last regular Meeting in each Year to hold office during the ensuing Calendar Year.

Seconded by Mr Hayashi.

Carried unanimously.

Mr Gulford also proposed the following alterations to article 1. of Section A aforesaid.

Resolved that the words at the regular Meeting in each Year shall be inserted in Article 1 of Section A of the Rules for regulating the proceedings of the Council and the duties of its officers after the words "who shall be chosen by the Council" and that the word "current in the sentence and shall hold office for and during the Current Calendar Year in the same article shall be altered to "ensuing.

The executive committee reported progress. An American subject Mr Ragsdale had been engaged from 14th March as Constable, – Foreman of works and at a Salary of $70 a month. He is also provided with quarters, a house being rented at $15 a month. The terms of his engagement are a month's notice on either side. He has no other allowance beyond his wages of $70 a month. A Chinese foreman has been engaged at $10 a month. The work of levelling roads and digging drains has been going on from 28th March. No police force has been organized as yet, but the coolies employed in roadmaking etc. are available to assist Mr Ragsdale if necessary. At present daily expenses for road making etc. are small, but when the stone drains are made a good deal of money will be required. The executive Committee therefore suggests that a further appropriation for drains should be considered at next meeting, especially if the paddy ground and drain in the (Settlement) South east corner of the Settlement adjoining the Korean village are to be improved.

Mr Townsend moved and Mr Walter seconded

Resolved that at the next meeting the Council will consider the question of a further appropriation of funds for the purpose of constructing drains.

Carried unanimously.

Mr Townsend mentioned that a Chinese contractor had given an estimate for bunding the foreshore in front of lots C1 to 5 for $948. He thought it could be done for less and would recommend doing a portion without a contract to see what it would cost. If the foreshore mud could be used, it would reduce expenses for filling in.

The executive Committee submitted a Seal which had been proposed for use as the

Official Seal of the Council.

Mr Gulford wished to ask the opinion of the Council with respect to the division of an existing lot D No 15 area 1312 Sq metres. This lot was bought by a British subject Hollingsworth, who had sold half to the British subject Hopkins. Each wished for a Title Deed. The Council and the Superintendent of Trade were now empowered to lay out lots and mark the same on the official plan.

Mr Gulford moved and Mr Hayashi seconded.

Resolved that the Council has no objection to the division of lot D 15 into two equal or nearly equal portions, the official plan being altered accordingly and a Title Deed issued for each portion.

Carried unanimously. xxx Here insert the resolution below.

Mr Wolter hoped that no policeman would be engaged for the present. He thought that if an engagement could be made for the Japanese police to patrol the Foreign Settlement, much expense would be saved. One man by night and day would probably be enough and the Council could contribute accordingly.

Mr Hayashi mentioned that the Japanese police force was very small only 7 men; he feared that they would not be able to spare enough for the G. Foreign Settlement.

Mr Wolter moved and Mr Townsend seconded

Resolved that Mr Hayashi be requested to ascertain what arrangement could be made for the Japanese police" to patrol the General

70

Foreign Settlement."

Carried.

x x x See above.

Mr Walter moved and Mr Fulford seconded.

Resolved that the Council is of opinion that no Title Deed should be issued for any division of a less area than 600 Square Metres of existing lots.

Carried unanimously.

Mr Hung proposed and Mr Hayashi seconded.

Resolved that the Executive Committee be and are hereby empowered to arrange with the Chinese Consul a place for a well to be dug by the Chinese Consul on the road dividing the Chinese Settlement from the General Foreign Settlement on the north side adjoining lot B.

Carried unanimously.

Mr Fulford moved and Mr Walter seconded.

"Resolved that the executive Committee be and are hereby empowered to drain the low lying ground to the South East of the Settlement bordering the Korean village."

Carried unanimously.

Mr Fulford proposed and Mr Townsend seconded.

adjournment till Friday 23rd May at 10.30 a.m.

Carried.

Signed G. Hayashi.
Vice President.
James Scott
Hon Secretary.

Read and confirmed 23rd May 1890.

71

Meeting of 23d May 1890.

Present: Mr Hayashi, Vice President and Messrs Krien, Johnston, Scott and Yenami.

The minutes of the meeting of 17th April 1890 were read and duly confirmed.

Letter read from Mr Fulford announcing his resignation of the Honorary Secretaryship (12 May 1890) Resignation accepted, and Mr Krien proposed that Mr Scott be Honorary Secretary, carried by acclamation.

Mr Johnston, on behalf of the Executive Committee reported that they were proceeding with the work of drains, roads etc in a satisfactory manner. He proposed that one thousand dollars be appropriated for drains for the present. Mr Krien seconded and carried unanimously.

Mr Johnston reported that pending further instruction, he had transferred the fixed deposit of 3d May to account current.

Mr Krien proposed that the action of the Honorary Treasurer be approved of in this respect and further that the sum of four thousand dollars be placed on fixed deposit for one year with the first National Bank of Japan in Chemulpo and that the Balance of the Municipal Funds be left on account current with that Bank.

Mr Yenami seconded & carried unanimously.

Mr Yenami proposed that the next meeting of the Council be held Friday 25th July at 10.30 a.m.

Mr Krien seconded & carried unanimously.

72

(signed:) G. Hayashi
Vice President
Signed: C. W. Campbell
per H. B. M. Vice Consul
& Honorary Secretary

Meeting of 25th July 1890.

Present:- Mr Hayashi, Vice President, and Messrs Krien, Johnston, Townsend, Walter and Campbell (acting for Mr Scott), the Honorary Secretary of the Council.

The Minutes of the meeting of 23rd May were read and passed.

With reference to the collection of the taxes for the half year ending 30th June Mr Johnston brought to the Council's notice that, so far he had barely collected half the amount. After some consultation, Mr Johnston proposed and Mr Walter seconded that a circular be addressed by the consuls to their Nationals, to remind those who have not paid the half year's taxes that they should do so without delay.

Carried.

Mr Townsend proposed that the Secretary be requested to communicate with the Corean Authorities to ascertain whether they have any objections to the Municipal Council quarrying rock for the uses of the Settlement on the Southern side of Roze Island. Mr Walter seconded and the proposition was carried.

Mr Walter moved and Mr Townsend seconded that Mr Ragsdale be asked to send in a report on any encroachments that may have been made in the public roads of the Settlement, and that the Secretary be requested to act on the report by communicating with the owners of encroaching properties.

Carried.

In reply to an enquiry made by Mr Walter

74

At the Meeting of 17th April last Mr Hayashi mentioned to the Consideration of the Council that a contribution of $30 a month to the Japanese Municipality would secure the services of 2 or 3 policemen for night and day duty, if the Council agreed to pay this Mr Hayashi would address his Government on the subject and obtain the necessary authorities.

Mr Krien proposed a vote of thanks to Mr Hayashi for his kindness in making the enquiries on behalf of the Chemulpo Municipality.

Mr Townsend seconded the proposition and it was carried unanimously.

Mr Walter moved and Mr Krien seconded that the next meeting of the Council be held on the 4th October next.

Carried.

Signed: G. Hayashi
Vice President

Signed: James Scott
Honorary Secretary

Read and Confirmed 4 October 1890.

Meeting of 4. October 1890.

Present; Mr Hayashi Vice President in chair.
Messrs Heard, Prior, Johnston, Townsend, Walter and Scott.

Mr Johnston raised the question of the nonpayment of taxes by five land holders and the consequent want of fund to meet current expenses.

Mr Walter proposed that the defaulting land holders be warned through their respective Consuls that if the land tax due by them be not paid before the 31st Oct. 1890, legal proceedings will be taken by the M. C. to enforce payment.

Mr Townsend seconded & carried unanimously.

Mr Townsend proposed that the Treasurer will inform the Secretary at the end of the month of any defaulting land holders and that the Secretary be instructed to take legal proceedings in the proper Consular Court against any land holder who has failed to pay his taxes.

Mr Johnston seconded & carried unanimously.

Mr Walter proposed that the road lying between L. C 24 to the N. and Lots C 15 & 16 to the S be discontinued and thrown into Lot C 16 & the whole piece of ground to be called L. C. 16 providing that the H.M. R.R. and the Corean authorities in Seoul and the adjoining land holders agree in consenting to this arrangements that the President be moved to obtain the necessary sanction of the H.M. R.R. & Corean authorities in Seoul.

Seconded by Mr Townsend & carried unanimously.

76.

Mr Townsend proposed that the road lying N. of Lot D 20, 21, 22 & 23 & S of Lot D 33, 34, 35 & 36 be discontinued and thrown into the adjoining lots & that the price payable shall be at the D class rate, provided the consent of the adjoining land holders and of the J. & R.R. & Corean Authorities in Seoul be obtained.

Mr Walker seconded & carried unanimously.

Mr Townsend proposed that the sum of one thousand dollars be appropriated at the next meeting of the Municipal Council for bunds, roads and other working purposes.

Mr Krien seconded & carried unanimously.

Mr Hayashi proposed that the Secretary be instructed to request the Corean Authorities to keep the roads leading to Jenchuan & Seoul in decent repair and wideness.

Mr Townsend seconded & carried unanimously.

Mr Krien proposed that the next meeting of the Municipal Council be held on Wednesday the 3rd Dec. 1890 at 10.30 a.m.

Mr Johnston seconded & carried unanimously.

Signed; G. Hayashi
Vice President
James Scott
Honorary Secretary

Meeting of 3d December 1890.

Present; Mr Hayashi, Vice President in the chair.
Mr Hoffmann (?), Walter, Yenami, Townsend, the Kammy (by invitation) and Scott.

In accordance with the Resolution of the Municipal meeting of the 17th April 1890. Lot No 15 of the D class was divided on the official Plan (placed before the meeting by the Kammi) into two equal halves; the E portion remaining as Lot D 15. and measuring Six hundred & fifty Six square metres while the W. portion was signed and numbered D 10 and measures Six hundred & fifty Six square metres.

Proposed by Mr Walter that the meeting be adjourned until 10.30. of the 17th Dec. 1890.

Seconded by Mr Townsend & carried unanimously.

Signed. G. Hayashi.
Vice President
James Scott.
Hon. Secretary

78.

Municipal Council.
Chemulpo 3rd December 1890.

Record of an election of Non Official member held at the English Vice Consulate Chemulpo at 4 p.m. of the 3rd of December 1890 in place Mr Yenami retired by rotation.
The official members present were

Mr Hung	Chinese Consul.
" Krien	German Consul.
" Hayashi	Japanese Consul.
" Scott	British Vice Consul.

The voting was by ballot and the election conducted according to the rules of election agreed to by the Foreign Representatives in Seoul Nov: 21st 1888.
The poll was conducted and found as follows:-

Mr Yenami	Seven votes
" Laporte	Three votes
" Townsend	Two votes
" Stripling	Two votes
" Woo Li Tang	One votes

Mr Yenami was accordingly declared elected.

(signed) Hung Tsz Pin, sigd F. Krien, sigd G. Hayashi by E. T. L.

Signed. James Scott.

Adjourned Meeting of 17 December 1890

Present. Mr Hayashi in Chair, Messrs Krien Johnston, Gendrin, Walter, Townsend & Scott.

Minutes of meeting & Record of Election of 3rd Dec. 1890 duly read and passed.

Mr Johnston proposed that taxes be collected for first half of 1891 as was done in 1890 and that the J. G. R.R. & Corean Govt be duly moved thereto.

Mr Scott seconded.

Mr Walter proposed as an amendment that as the Municipal Council collected $1800 last year covering daily expenses more than twice, only 10 per cent be collected for 1891 and that the J. G. R.R. & Corean Govt be duly moved thereto.

Mr Townsend seconded & carried by a majority.

Mr Krien proposed that the sum of $3000 be appropriated and placed at the disposal of the Executive Committee to defray expenses for roads, streets, drains and other charges for the year 1891.

Mr Walter seconded & carried unanimously.

Mr Walter proposed that Mr Mörsel be informed by the Secretary that the matter of his letter of 25th Oct. 1890 does not concern the Municipal Council.

Mr Scott seconded & carried unanimously.

Mr Townsend proposed that the amount received from the Acting Commissioner of Customs as per his letter of 16 Dec 1890 viz. $1804. be handed to the Hon. Treasurer to be deposited to the credit of the Municipal Council

with the First National Bank of Japan.
Mr Walker seconded and carried unanimously.
Letter read from Mr de Planey desiring not to be elected President in consequence of his early departure from Korea 1st December, 1890.
Mr Hayashi proposed that a letter of acknowledgement & thanks for passed services be sent to Mr de Planey on 1st January 1891.
Mr Yenami seconded and carried unanimously.
Mr Walker proposed that $2000.- be placed on fixed deposit for six months with the First National Bank of Japan.
Mr Yenami seconded and carried unanimously.
Mr Krien proposed that Mr Heard be elected President and Mr Hayashi as Vice President for 1891.
Mr Scott seconded and carried unanimously.
Mr Townsend proposed that a vote of thanks be given to Mr Johnston for his services during the past year, that Mr Scott be requested to act as Treasurer and Secretary for 1891 and that he be elected accordingly.
Mr Hung seconded & carried unanimously.
Mr Scott proposed that Messrs Townsend, Yenami and Walker be elected Executive Committee for 1891.
Mr Johnston seconded & carried unanimously.
Mr Krien proposed a vote of thanks be given to the Executive Committee for their past year's services.
Mr Hung seconded and carried unanimously.
Mr Townsend proposed that the President be moved to communicate with the

81

H. B. M. in Seoul regarding the question of the foreshore and its extension in connection with Paragraph 7 of the Land Regulations.
Mr Walter seconded & carried by a Majority.
Mr Scott proposed that the proposal of the meeting of the 4th Oct 1890 to discontinue certain roads in the Settlement could not be carried out.
Proposed by Mr Yenami, seconded by Mr Johnston & carried unanimously that the next meeting be held sometime in the 2nd week of March at 10.30. a.m. on a day to be fixed by the members resident in Chemulpo after Consultation.

Signed: Augustine Heard
Chairman
" James Scott.
Hon. Secretary.

82

Meeting of 10th April 1891

Present: Mr Heard in Chair, Messrs Krien, Hung, Johnston, Townsend, Walker and Scott.

Mr Heard explained the question of taxes as discussed by the F.R. who considered that 10% was two small, and objection shared by the Corean Government. The F.R. decided and the Corean Govt finally accepted that taxes for the first Half of the year only be collected as had been done previously.

Mr Heard detailed the amounts thus considered necessary for the proper regulation of the Settlement.

Viz.	4 Police pr. annum	$ 624
	4 Scavengers	180
	20 Lamps	200
	Rent of Constables quarters	180
	Repairs & improvements to Roads	400
	Head of Police	240
		$1,824

Mr Johnston proposed & Mr Scott seconded that such an appropriation as detailed by Mr Heard be made and accepted.

Mr Walker proposed that the M.C. confirm the laying out of roads on the land N. of Lots D 33, 34, 35, 36.

Mr Townsend seconded & carried unanimously.

Lots D 42 & 43 were accordingly entered on the official plan in conjunction with the Kamni who was present by request for the purpose.

Mr Walter proposed as an amendment to Mr Johnston's motion that proper notice be given to the members of the Council & that these appropriations be discussed at the next meeting after 90 days notice.

Mr Townsend seconded on the grounds that Mr Hayashi & Mr Yenami were absent.

amendment lost, Messrs Heard, Hung Johnston & Scott being against it and Messrs Walter, Townsend & Krien being in favor of it.

Mr Walter declared that he would resign if the F.R. insisted in levying such heavy taxes as fifty per cent and Mr Townsend declared his view to coincide with Mr Walter's opinions and that he also would resign.

Mr Krien proposed as an amendment that in view of Messrs Hayashi & Yenami being prevented from attending the meeting & considering that the Japanese land holders have great interests in the Settlement, this question of running expenses be deferred to next meeting in order to ascertain their views.

Mr Walter seconded & amendment carried by a majority.

Mr Krien proposed that the meeting adjourn to 2.30 p.m. of 10th April 1891.

Mr Townsend seconded & carried unanimously.

<u>Adjourned meeting of 10th April 1891.</u>

Same members present, - Mrs Johnston & Townsend being absent.

Mr Krien proposed that the lot of land N. of Lots D.33 & 34 & W. of Lot D43 be applied for by the M.C. and purchased for Municipal purposes.

Mr Walter seconded & carried unanimously.

Mr Hung proposed that the Executive Committee be requested to draw up an Estimate of the

84

building suitable for Municipal purposes to be erected on the ground and report at next meeting.

Mr Krien seconded & carried unanimously.

Mr Scott proposed that the Executive Committee be requested to arrange for digging wells for public use.

Mr Hung seconded & carried unanimously.

Mr Townsend reported the Expenses & receipts for the past year & Mr Scott proposed that the report be accepted & entered in the official cash book.

Mr Krien seconded & carried unanimously.

Mr Walter proposed that out of the sum of $3394.^{36}$ spent on roads, drains &c. the amount of $1400.^{00}$ was expended for grading streets & roads & that the H. B. be moved to take into consideration the expediency of requesting the Cor: an Government to refund this latter amount in terms of Art. III of the Land Regulations & to call on them to lay out and grade the remaining roads in accordance with the Plan.

Mr Townsend seconded & carried by a majority.

Mr Krien proposed that the Secretary reply to Mr Stripling that the laying out of roads to the W. of the Settlement will be taken in hand at an early date by the Executive Committee.

Mr Scott seconded & carried unanimously.

Mr Scott proposed that the next meeting be held at 10.30 a.m. of 1st May 1891.

Mr Krien seconded & carried unanimously.

Mr Walter proposed that the Secretary be asked to insert in the Minutes of the previous meeting that is was mentioned that the Foreign Settlement was in a filthy condition.

Seconded by Mr Townsend.

Mr Scott moved as an amendment that this question be adjourned.

Seconded by Mr Hing and carried by Majority.

Signed: G. Hayashi.
Vice President.
" James Scott.
Hon. Secretary.

86.

Meeting of 1st May 1891

Present: Mr Hayashi in chair, Messrs Krien, Hung, Johnston, Walter, Yenami, Scott and Townsend.

Mr Johnston proposed that the M.C. take in hand the policing, scavengering, lighting and other requirements of the Settlement as detailed by Mr Heard at last meeting on the grounds of public utility and good order.

Mr Scott seconded.

Amendment moved by Mr Townsend that the Executive Committee be allowed to make expenditures for the current year as voted 17th December 1890 by the Council.

Seconded by Mr Walter.

Mr Scott proposed that the Executive Committee be requested to engage Police and arrange for lighting scavengering the Settlement and report to next meeting.

Mr Hung seconded.

Mr Hung, Hayashi, Johnston & Scott voted in favor of Mr Scott's proposition while Mr Krien, Yenami, Walter & Townsend voted against it. Mr Scott's proposition not carried accordingly and Mr Townsend's amendment carried by a majority.

Meeting adjourned to 3. p.m. & on resuming (Mr Hung being absent) Mr Johnston desired to obtain the sense of the Municipal Council regarding taxes payable on land purchased after 30 June ult. Question left for consideration of F. R. through the Chairman.

Treasurer was desired to renew Deposit Receipt on expiry, adding accrued interest.

Permission granted to Tennis Club to lay out another court at their own expense in Public Garden in continuation of existing Court.

Mr Yonami proposed that the next meeting be held at 10.a.m. of the second week in June on a day to be fixed by the local members.

Mr Krien seconded & carried unanimously.

Note. Before proceeding to business the question of the accuracy of the minutes of the meeting of the 10th April 1891 was raised by Mr Walter & after some discussion the motion made by him (seconded by Mr Townsend.) and the amendment of Mr Scott (seconded by Mr Hung) was put to the vote & entered in the minutes of 10th April before these last were signed by the chairman.

The motion and amendment were as follows:-

Mr Walter proposed that the Secretary be asked to insert in the minutes of the previous meeting that it was mentioned that the Foreign Settlement was in a filthy condition.

Seconded by Mr Townsend.

Mr Scott moved as an amendment that the question be adjourned.

Seconded by Mr Hung & carried by a Majority.

At this meeting it was agreed that the Executive Committee be authorised to consider the laying out of the ground and roads West of Lots 40 42 & 44.

Signed. Augustine Heard.
President

88.

Meeting of July 10, 1891.

Present: Mr Heard President in the chair
Messrs Hayashi, Reinsdorf, Hung, Johnston, Walter and Ker (Acting for H.B.M. Vice Consul & Hon. Secretary) Mr Kajiyama also present by invitation.

Minutes of 10th a.m.
With reference to Mr Walter's proposal to make an insertion in the Minutes of April 10th, to the effect that it had been mentioned that the foreign Settlement was in a filthy condition.
Mr Johnston moved, that the remark referred to be not inserted in the Minutes, as the circumstances were fully explained by the chairman.
Mr Hayashi seconded, carried.

Works etc. Two letters of May 12th referring to works etc. from the Executive Committee to Mr Heard were then read.
Mr Heard stated that these letters had been laid before the Foreign Representatives in Seoul, and that he had subsequently had a long conversation with the President of the F.O. with reference to the subjects treated. He would formally reply to those letters and meanwhile he would say that he hoped for some measure of success to his representation.

Municipal buildings.
Mr Heard referring to the previous Minutes asked what had been done about the lot to be bought for Municipal purposes & the building it was proposed to erect.

Mr Walter said the lots had been purchased and the Executive Committee wished to ascertain the views of the Council as to how much money the Council was prepared to spend in building and as to the nature of the building that would be required.

Some conversation ensued, and it was thought that an expenditure of about $2000. would be sufficient.

Unpaid Taxes. Mr Johnston moved, that the defaulting land holders be warned through their respective Consuls that if the land tax due by them be not paid before the 31st August, legal proceedings would be taken by the Municipal Council to enforce payment.

Mr Hayashi seconded. Carried unanimously.

Adjournment.

Mr Walter proposed, that this meeting adjourn till 2.30 p.m.

Mr Hayashi seconded. Carried unanimously.

Adjourned Meeting of 10/7.91.

The meeting was resumed at 2.30 P.M. Present, the same members as before with the addition of Mr Townsend.

Tramway. Mr Hayashi asked the sense of the meeting as to allowing a tramway for the conveyance of goods to be laid by the Nippon Yusen Kaisha from their office to the Jetty, and recommended the proposal as in the general interest of trade.

It was considered right that before a decision was come to, the N.Y.K. should furnish the Council with full particulars as to how they wished to construct the tramway.

Taxes. Mr Hard, referring to the Minutes of Past

meeting said he had not had time to consult with the Foreign Reps about the payment of taxes on land purchased after 30th June.

The subject was then discussed and it was thought to be in accordance with the spirit of the arrangement between the Government and the For. Reps that such land should pay a half tax rate in proportion to the time it is in possession of the purchaser.

Executive Committee.

Mr Walter then proceeded to explain the matters treated in the second letter of May 12 from the Executive Committee, the roads to Seoul and to Inchon, the graves not yet removed from the General Foreign Settlement, the state of the Corean Settlement etc.

Mr Hayashi moved that this meeting approve of the action of the Executive Committee in bringing before the notice of the For. Reps the matters treated in the letter of May 12th.

Mr Reinsdorf seconded. Carried.

Cemetery wall. Mr Walter submitted a contract for the building of a wall round the cemetery at a cost of $275. Mr Hayashi moved that this contract be accepted. Mr Johnston seconded. Carried unanimously.

Caretaker's Lodge. Mr Johnston moved that the Executive Committee be authorized to expend $70 or $80 in the erection of a caretaker's lodge outside the cemetery wall.

Mr Hayashi seconded. Carried unanimously.

Police. The Executive Committee asked the Chinese Consul for his assistance in securing the services of two reliable Chinese to act as policemen. — The Chinese Consul promised to do his best in the matter.

Coal Godown. Mr Wolter moved, that the Secretary be asked to write to the Kamun requesting him either to remove the Coal Godowns erected by the Corean Government W. of lots B1-2 or to have the Lot on which the Godowns stand measured and marked on the plan.

Mr Townsend seconded. Carried.

German Consular Site. Mr Wolter moved, that the Secretary be asked to write to the German Consul to ascertain whether or not his Government desires to retain the lot reserved for a Consulate.

Mr Townsend seconded. Carried.

Lots reserved by Corean Government. With reference to the Lot W. of Lot D44 proposed to be reserved by the Corean Government for official purposes.

Mr Wolter denied the right of the Corean Government to reserve land as they now proposed to do. He considered that any further land, the Corean Government desired to hold, should be put up to auction in the usual manner. He enumerated the lots already held by the Corean Government, pointed out that their Lot D5, had never been built upon and asked, whether they would go on indefinitely reserving land in the Settlement. The lot now proposed to be reserved was the most valuable site left, and would, he was sure, fetch a very high price.

Mr Johnston said that the Corean Government had no desire to monopolize land in the Settlement. The lot they now proposed to reserve, was to be used for building residences for Customs officials. He considered the Government were acting quite within their right in reserving it for such a purpose.

Mr Townsend moved that the question be submitted by the Secretary to the Foreign Representatives, whether or not the Corean Government have the right, under Paragraph 5 of the Land Regulations, to reserve without payment further land for official purposes.

Mr Walter seconded. Carried.

Next Meeting. Mr Townsend moved, that the next meeting be held during the third week of September, on a day to be fixed by the local members.

Mr Hayashi seconded. Carried unanimously.

Signed. G. Hayashi
Vice President.

93

Special Meeting
of 27th July 1893

President. Mr Hayashi, Vice President, in the Chair.
Messrs Hung, Reinsdorf, Johnston Townsend and Ker (Acting for H. B. M. Vice Consul & Hon Secretary.)

Minutes of last meeting read and approved.

Notice calling a special meeting for this day taken as read.

Mr Townsend read a letter from Mr Heard, who was unable to be present, giving an Explanation concerning the withdrawal of the Municipal funds from the First National Bank of Japan.

Mr Townsend moved that the Council approve the action of the President and Treasurer in withdrawing the Municipal funds from the First National Bank, Chemulpo, and that the Treasurer be instructed to remit Six thousand Dollars to Shanghai to be placed on current account with the Hong Kong & Shanghai Banking Corporation, the balance of the amount withdrawn to be kept by the Treasurer for current expenses.

Mr Johnston seconded. Carried.

Mr Townsend moved that the Executive Committee be authorized to make the wall round the Cemetry 150 feet square instead of 100 feet square, at an additional expense over the original estimate for 100 ft. sq. of $120.

Mr Hung seconded. Carried

With reference to the price land between

the Eastern boundary of the General Foreign Settlement and the new Chinese Settlement, mentioned in Paragraph 6 of the second letter of May 12th from the Executive Committee to the Doyen of the For. Representatives.

Mr Yung explained that when the letter was read he did not understand that this was the land referred to. He now desired that the D. F. R. be made acquainted with the fact that this land had been already promised to the Chinese Settlement.

Mr Townsend moved adjournment till the next regular meeting in September.

Mr Johnston seconded, Carried.

signed. Reinsdorf.
Chairman.
G. H. Fraser.
Hon. Secretary.

Extraordinary Meeting of 6th October 1891.

Present: Mr Reinsdorf in the chair & Messrs Hung, Johnston, Townsend & Fraser (Acting as Secretary)

Mr Fraser read the Notice calling the meeting and two letters just received from Mr Stripling, one of which was held to concern the Foreign Representatives only & directed to be sent to Mr Heard, while as to the other Mr Stripling was informed by letter that the Council would inspect the road near Lot B 4 at noon that day (6th Oct.) when he might attend, but that the Council preferred that he should address them in writing on any points he wished to bring before them & they were not prepared to see him personally in the Board room.

Road cutting. Mr Johnston laid a complaint before the Council concerning the grading of the road in front of the residence of the Commissioner of Customs lot D 39, and added that the Corean authorities had sent in a written complaint to Mr Heard as to damage done to their Lot D 40 by the grading. The road had been "graded" to a depth varying from three to twelve feet. Underneath the West entrance to D 39 the cutting was six feet deep & a long established entrance to the Commissioner's premises was taken away. Such grading he thought quite unnecessary. A cutting of a foot or so would have met all requirements & left adjoining lots uninjured. In any case owners of neighboring lots should have been consulted. The foreman of works, Mr Ragsdale, was, it appeared, directed to carry out grading from Lot D3 to the East end of Lot D39 at a level that, when completed, would have deprived the Commissioner of Customs of both his entrances, for the cutting in front of his East gate would have been twelve feet deep, and how was he to get in, to say nothing of ponies, chairs etc. He would like to know if the Council had authorized such a work. For it seemed to him that work of such a nature should be entered upon only with approval of all concerned and great caution. The work spoke for itself & he invited the Council to go & see what had been done during his absence from the port. The cutting was simply a trench and a dangerous trench; the next rainy season if not the winter frost would assuredly cause the total collapse of part of the Korean Government Transport Office & a landslip at Lot D39. Even now stones & earth in small quantities fell into the trench whenever there was a shower of rain. He had only to add, that some three months ago, a member of the Executive Committee, meeting him outside his East Entrance asked if he had any objection to the grading of the road in front of D39. He replied that he had none, since, no particulars being given, he naturally was under the impression that the grading would be so slight as not to injure the stability of the property. He therefore asked what steps the Council proposed to take to remedy the damage done.

Mr Townsend explained that he had, in the first instance, objected to any large expenditure

97

on roads round Lot B4 before houses were begun on that lot thinking it enough to promise Mr Stripling that roads would be duly made when & as required. He had later declined to have anything to do with the roads at the westend of the Settlement as he found Mr Stripling's language at the discussion about such roads unpleasant. Mr Stripling seemed then to have persuaded Mr Walter of the prime importance of & need for the road in question as the only connection between the parts of the Settlement under the Council's jurisdiction. He was present when Mr Walter told Mr Johnston that he proposed grading the road & said that Mr Hung agreed to cut down the Chinese half of the road to same level.

Mr Hung protested that he had no notice of proposed cutting, Mr Walter calling only after the work was partly carried out. He sent a member of his Consulate with Mr Walter & at his request, who told Mr Walter that the Chinese wanted any earth taken from their half of the road for their own Settlement. He Mr Hung never agreed to this manner of cutting the road & declined all responsability for landslips from the Chinese half into the cutting. To level down his half to the level of the cutting would endanger the foundations of his Consulate.

Mr Reinsdorf suggested levelling up by cutting away Chinese half of road to half depth of present cutting which could be filled in with earth so obtained adding that the road was indeed a very important connection between the two parts of the Settlement; but

98.

Mr Hung could not assent to this, as he wanted, or might want, the soil for filling in opposite lots B2, 3 & 4 on border of Chinese Settlement.

Mr Townsend then begged to tender his resignation of his seat on the Executive Committee as he found he had not time to attend to the multifarious & often vexatious calls the work made upon him. He had nothing to do with the cutting & was of opinion that adjoining lot-holders should be consulted & their wishes followed, except in case of an important thoroughfare which this road was not as yet at any rate. In his view the official members were more suited to act upon the Executive Committee than the Elected members. He added that $600 had been used & there was no balance left.

On Mr Johnston's motion the Council adjourned & viewed the cutting referred to.

On their reassembling Mr Reinsdorf proposed, seconded by Mr Fraser: "That a retaining wall be built on the north side of the road along Lot D 3 - D 40 D 39, where cutting has taken place, the question of liability for the cost thereof being left to the meeting on the 20th October.

Carried.

After some conversation Mr Hung said that, as he might require the soil in his half of the road for Chinese Settlement, he would not promise the Council any of it, nor could he say when he was likely to begin the work. Under these circumstances the walling of the south side of the cutting

was left over for the present.
The meeting then adjourned till the 20th October, 1891 at 10.30 a.m.

(signed) Reinsdorf
Chairman

" E. H. Fraser
Hon. Secretary

Meeting of 20th October 1891.

Present; Messrs Reinsdorf (in the chair.) Hung, Johnston, Townsend, Walter, Dr Allen (as Deputy Consul Gen) & Mr Fraser.

Mr Fraser read notice calling the meeting.

Hon. Sec. Mr Heard's reply to Mr Scott's letter resigning his post as Hon. Secretary & Treasurer having been read. Mr Reinsdorf proposed & Mr Johnston seconded that Mr Fraser be appointed Hon. Secr. Carried.

Hon Treas. Mr Walter was then appointed Hon. Treasurer in proposal of Mr Fraser seconded by Mr Reinsdorf.

Dr Allen. Mr Fraser read letter from Mr Heard sending his Deputy Consul General.

Minutes of Meetings of 27th July & 6th October read & approved.

Roads past Lots D39 & 40 Mr Walter explained that Mr Hung sent a member of Consulate with him to whom exact depth of road was pointed out, said member assented & said Chinese would begin as soon as Council's half finished. To Mr Johnston he explained that road near his entrance on East side would be cut down to boundary stone there & he understood that Mr Johnston had no objection. Road could not be made there without cutting. Mr Hung said that before his road between Chinese & for. Settlement was touched, he and the Chinese should have been definitely consulted. Mr Walter did not call till 5 or 6 feet already cut & gave no limit of depth. Mr Walter wanted earth from chinese half but was told, he would not have it. The person sent had no authority to bind him.

Mr Walter said he understood that Mr Hung said the person sent had the necessary authority and Mr Fraser suggested there was some misunderstanding due to faulty interpreting.

Mr Walter said cuttings of 6 & 8 ft had already been made in other cases & walls paid for by lot holders.

Mr Johnston had little to add to his remarks at last meeting. He thought lot holders should receive due notice of such deep grading & Council should be consulted before such serious work undertaken. He doubted whether anyone else would agree, if warned, to such injury to his property. He thought in this case Council should pay.

Mr Walter cited similar instances in case of other lot holders, Mr Johnston however argued that this case was different as there were long established entrances & houses already built suffered. Corean Government property had been damaged.

Mr Reinsdorf thought the road necessary, as did Mr Walter who also quoted Mörsel & Wooltang as being in same position as Lot holders of D 39 & 40.

Mr Johnston wished to argue this case specially & added that the work was not done with the unanimous consent of Committee.

Mr Townsend thereon said he made no objection, simply declined to take part in the work at this end of Settlement. Mr Townsend put in plan showing extent & cost of retaining wall.

After some Conversation as to Councils power to grade, even if adjoining lots suffered, in support of which Dr Allen quoted American law on the subject, & as to Council's Consent to action of Committee.

Mr Reinsdorf proposed that:
"As Executive Committee had the duty of building roads, they had the duty of grading roads & are not responsible for damage to adjoining lots due to such grading: therefore, any walling required should be paid for by the lot-holders affected.

Dr Allen seconded.

Mr Johnston moved, as an amendment, that in this case the Council is liable for expense of building the wall, considering that property has been damaged, therefore expenses should be paid out of the Municipal funds.

Mr Fraser seconded.

Dr Allen suggested a compromise as lot-holders not fully informed & there was uncertainty as to liability, provided the case is not allowed to be a precedent.

Mr Townsend doubted whether, if Council wished to save establishing a precedent, they could do more than express regret.

After some conversation arising from Mr Johnston's declining to pay or to assent to Compromise without Consulting his superiors:

Mr Johnston's amendment was put to meeting

& lost by 4 votes to 3. Messrs Fraser, Hung & Johnston supporting, Messrs Allen, Townsend, Reinsdorf & Walter opposing it.

The original motion was then put to meeting & carried, the votes being for it Messrs Allen, Reinsdorf, Townsend & Walter, against it Messrs Fraser, Hung and Johnston.

New elected member: Mr Yenami having resigned. Mr Townsend proposed Mr Nishiwaki the manager of First National Bank, as he thought a Japanese should be chosen in view of greatness of Japanese interests here.
On motion of Mr Fraser, seconded by Mr Reinsdorf question postponed till next meeting, as Mr Hayashi not present.

Executive Committee Messrs Walter & Townsend resigned; after a good deal of discussion Messrs Fraser & Walter agreed to act till next meeting.

Taxes Mr Johnston announced that Messrs Hutchison & Stripling were only defaulters.

Roads. Mr Walter proposed, seconded by Mr Fraser that the alteration of road between Lots B 1. 3. 4 and D 2 & 5 be approved – Carried.

Mr Walter proposed, seconded by Mr Fraser that Lots B 4 & D 2 be remeasured in consequence of the change of the above road – Carried.

Complaint from Mr Morsel against Mr Woohtang for cutting close up to his boundary. Council held that complainant should apply to his Consul.

On motion of Mr Johnston, seconded by Mr Walter, meeting adjourned till 2.30. p.m. same day.

104.

Adjourned Meeting of 20. October 1891

Present: Mr Reinsdorf (in the chair) Messrs Johnston, Townsend, Walter, Allen, Fraser Hon Secr.

Letter from Mr Stripling as to deficiency in his lot D2 & other matters read. Council decided to inspect the lots affected by proposed change of road line.

Municipal Lot. Mr Johnston reminded Council that this Lot has not been paid nor title deed issued, and he put in following statement of landsales to date.

Lot	Sq. Mtrs.	Sold for:	upset price. to Cor. Got:	Balance due to Council.
D42	7.700	$308.00	$231.00	$77.00
" 43	3.780	" 251.37	" 113.40	" 137.97
" 44	3.780	" 1082.97	" 113.40	" 969.57
" 48.	18.07	55.11	" 54.21	" .90.
		$1697.45	$512.01	$1185.44

Less amount due by Council for D 44 1082.97

Due by Corean Government A. M. Cone $. 102.47

Mr Walter proposed, seconded by Mr Townsend that the Secretary write to the Kamni forwarding above statement & requesting a title deed for the Municipal Lot D44. and payment of the balance due to the Council. Carried.

Lighting. Some conversation ensued on this point, Mr Townsend stating that there were now five lamps in the East end of the Settlement. It was ultimately agreed to have two more Lamps in East and one large one on the Jetty.

Cemetery. Corean graves in cemetery & Settlement.- After some discussion Mr Fraser proposed that the Kamni be reminded of the promise of the former Supt of Trade in 1887 to remove graves & be especially asked to remove at once the Corean graves inside the Cemetery & those in the Public garden. Dr Allen seconded.- Mr Walter moved to add the words:. If all graves in the Settlement are not removed within three month from this date, the Council will have to remove them themselves.-

Mr Townsend seconded & motion as amended carried.

Boats. After some discussion as to the need for lightning boats in order to have some control over them, it was agreed to leave the matter over to next meeting when the chinese and Japanese Consuls would be present.

Licences. It was suggested that Mr Ragsdale be told to see that Licences were duly taken out by all dealers in wines etc. within the Settlement.

Rice Godown. Mr Johnston mentioned that the Corean Government wished to build a rice godown in front of Lot #5. Their other godowns in that part had been already measured and would be put on the plan & pay taxes. The Council agreed to inspect the proposed site of the godown.

Next meeting. Mr Reinsdorf proposed, Mr Townsend seconded & it was carried unanimously that the next meeting be held in second week of December on a day to be fixed by the local members.

The meeting then adjourned.

Extraordinary Meeting
of the 11th November 1891.

Present: Mr Hayashi in the Chair Messrs Reinsdorf, Johnston, Townsend, Walter & Fraser (Hon. Sec)

Business. Mr Fraser read the notice calling this meeting to discuss the matter of the erection of a building in the North Western part of the Settlement by the Corean Government.

Mr Hayashi stated that since his attention had been called to the preparations to build made without notice, authority, or auction at a point to west of Lot D5, he had received, as had Mr Fraser, a despatch from the Kammi asking for date to be fixed for the survey of a piece of land 40 by 32 metres, adjoining hillslope on N. W. of Lot D5, as Corean Government wished to remove the Transport Office thither.

Mr Walter animadverted on the action of the Corean authorities in beginning work without any notice given & suggested that the new site should be granted if at all, only on condition that the present lot D40 be given up. Some discussion ensued as to the boundary of the Settlement on the West & the advisability of having the question settled by the For. Reps. in Seoul & also as to the extent to which land would be reserved by the Corean Government without being put up to public auction. The General feeling of the meeting was shown in the following resolutions:

Mr Walter moved, seconded, & it was carried, that

the Kamni be informed that the question of reserving ground to west of Lot D5. by the Corean Government must be referred by the Corean Authorities to the Foreign Representatives in Seoul

Mr Johnston moved and Mr Hayashi seconded that the question of the Western foreshore be taken in hand by the Foreign Representatives & the Corean Govt, that, if it be ruled, that the said foreshore is within limits of the Settlement, they decide what Class of lots it is to consist of and fill in the Plan accordingly.

Mr Fraser moved as an amendment that the Sec. write to the Foreign Rep. complaining of the action of the Corean authorities in regard to unauthorized commencement of building inside to W. of D5 and requesting the Representatives to notify the Corean Govt to have the Western foreshore as far as low water line, included in the Plan of the Settlement.

Mr Wolter moved to substitute for the words „to notify - Settlements" in Mr Fraser's amendment the following words," as the population is increasing to draw up in accordance with the Land Regulations, a plan of the water-lots both on the South & the North West sides of the Settlement.

Mr Fraser accepted this amendment & the Amendment as altered, was seconded by Mr Townsend and carried.

Mr Wolter moved, Mr Fraser seconded, that the Secretary at the same time inform the Foreign Reps that the Council is of opinion that the land Regulations give the Corean Government no right to reserve any more ground, without purchasing it at Public auction, within the Settlement, even for public offices or official residences. Carried.

Mr Reinsdorf moved & Mr Townsend seconded to add to the foregoing resolution that the public offices and official residences connected with & for the benefit of the Foreign Settlement e.g. the Custom House.

Carried.

The meeting then adjourned

(signed) Augustine Heard.
President
E. H. Fraser.
Hon. Sec.

110.

Municipal Council.

We the undersigned registered Land owners in the general Foreign Settlement at Chemulpo hereby protest against any one but bona fide land owners, who hold lots registered in their own name, being allowed to vote for the election of Municipal Councillors at Chemulpo.

Signed: A. B. Stripling.
" H. Meyer
" F. H. Mörsel
" A. Gorschalki

To the
Official Members
of the Municipal Council.
Chemulpo.
Dec. 2nd 1891.

Registered Land holders in the Chemulpo General Foreign Settlement on 2nd December 1891.

Order of Voting.	Name	Lots
Absent	F. M. Allmacher.	D 31 - 33.
3	R. Borioni	D 18
18	R. Brinckmeier	D 7-9
absent	Commissioner of Customs,	A 1, 2, 3. D 5, 6, 39, 45.
13.	A. J. Gorschalki	D 3
7.	S. Higuchi	C. 19.
16	T. Hollingsworth	D 15
14	L. A. Hopkins	D 10
6	K. Hori	C. 18, 26, 27.
Absent	W. D. Hutchison	D 11, 12.
Absent	T. Kumamoto	C 13, 14
11	E. Laporte	D 24. 48.
Absent	Li Pei Chien	C 9.
9	C. Lührs	B 1, 2
17	W. Luhrss	D 14.
1	F. Meyer	C. 10, 11 D 42.
absent	H. C. E. Meyer	C 1-4 D 25-28, 37.
2	F. H. Mörsel	C 17, 20, 22, 29, - 31 D 13.
absent	W. Nakai	C 21.
4	C. Nishiwaki	C 25
5	H. Rikitaki	C 12.
8	Shindo	C 15-16
12	A. B. Stripling	B 4 D 2. 4
Absent	Society for Propagation of Gospel	D 43.
15	W. D. Townsend	D 20-23-34-36.
Absent	C. Walter	C 5-8 D 1, 19, 29
10	Woo Litang	C. 23, 24, 28, 32, D 16, 17, 30
—	British Government	D 38
	Pelchang's office.	D 40.

112

Record of an Election of two non-official members of the Municipal Council in place of Mr Townsend, retired in rotation and Mr Yenami, resigned, held at H.B.M's Vice Consulate, Chemulpo at 10.30 a.m. on Wednesday 2nd December 1891.

The official Members present were
Mr Hayashi, H.I.J. Consul
Mr Hung, " " C. M's Consul
Mr Fraser, " B. M's Vice Consul
Mr Reinsdorf " I.G. M's Consul, part of the time.

The voting was by ballot and the election was conducted according to the Rules of Election agreed to by the Foreign Representatives in Seoul on Nov. 21st 1888.

The poll was counted and found as follows

C. Nishiwaki	12	votes
A. B. Stripling	10	"
W. D. Townsend	7	"
L. A. Hopkins	2	"
J. Hollingsworth	1	"
K. Hori	1	"
H. Meyer	1	"
E. Laporte	1	"

Mr Nishiwaki was accordingly declared elected in succession to Mr Townsend & Mr A. B. Stripling was declared elected in place of Mr Yenami, resigned, i.e. Mr Nishiwaki will serve for three years and Mr Stripling for two years from 1st January 1892.

The annexed protest was put in at the meeting.

The following land holders voted:

R. Borioni.	E. Laporte	S. Shindo
R. Brinckmeier.	C. Lührs.	A. B. Stripling.
A. F. Gorschalki.	H. Lührs.	W. D. Townsend.
S. Higashi.	F. Meyer.	Woo Litang.
J. Hollingsworth.	F. H. Mörsel.	eighteen in all.
L. A. Hopkins.	C. Nishiwaki.	
K. Hori.	H. Rikitake.	

signed E. H. Fraser
H. B. M's Vice Consul.

signed Hayashi
H. I. J. M's Consul.

signed Tseng Tszs Pin.
H. I. C. M's Consul.
(by E. T. Loo.)

114.

Meeting of 11th December 1891

Present: Mr Hard in Chair, Messrs Hayashi, Tang Johnston, Reinsdorf, Townsend & Fraser.

Mr Hard signed the title deeds of the Municipal lot.

Secretary read minutes of meetings of 20th Oct. & 11th Nov. & the record of the election of 2. Dec.

Corean Government & ground to N.W. of D5.

The Chairman stated that, at a meeting of For. Rep. to consider the question, the views of Council were practically upheld & replies to an identical note from President claiming that, even if site were inside settlement, Corean Government had right to reserve it under regulations, were sent. President had afterwards in conversation & note seemed inclined to promise, that if this site were granted, no more would be asked. At his request his despatch & the answer withdrawn. Chairman would like to hear views of Council. To his mind the argument as to absence of red line on W. side of Settlement did not apply, as no red line on S. side either.

After some conversation, in which Mr Reinsdorf moved that, if this site were granted, D39 be given up & Mr Fraser pointed out that the Government already held 12 of the area marked in lots, it was agreed to await more definite information from the President.

Appropriation. Mr Johnston calculated net full rental for 1892 @ about $4,000. Mr Fraser said monthly charges $93 add, if $50 of

Mr Ragsdale's Salary still charged to other accounts a course he deprecated in view of the indisposition of the Corean Government to repay cost of making roads etc. Ultimately the following estimate was adopted on the proposal of the Chairman, seconded by Mr Hayashi $50 p.m. of Ragsdale's Salary being still charged to other accounts. Mr Townsend desired to have it recorded that he declined to vote.-

Ragsdale's Salary - part à $20. p.m.	$ 240.-
do rent of Quarters à 15. p.m.	" 180.-
Five Police wages à 12 p.m. each	" 720.-
" uniforms etc à 30 each	" 150.-
10 lamps à 75 cts à $1.- & expense of setting up	" 114.-
4 Scavengers à $16. p.m.	192.-
Repairs to roads	400.
Total	$ 1996.

Secretary put in a statement of drains made during 1890 + 1891 (annexed next page). To the present number of lamps (7 + one jetty) it was decided to add one about middle of Customs Godowns one on road down to Customs past Consulate & to take over the lamp at the jetty steps. – Further three extra police will be engaged & supplied by uniforms by next year's Executive Committee. Meanwhile as a charge on this year's accounts, the Secretary was instructed to pay for uniforms, caps & shoes Ragsdale (say $40.) & the two police (say $26.) & for two great coats (about 15 or 16 $ each) one for each policeman.

The question of amount required for road making etc. and that of the municipal building were left for next meeting as Hon. Treas. absent. It was also the account of rent to be collected.

The meeting then adjourned till 2.30 p.m. same day.

Note. Mr. Henry left the meeting at an early period feeling unwell.

Signed: E. H. Fraser.
Hon. Sec.

Adjourned meeting of 11th December 1891.

Present Messrs. Heard, Hagashi, Johnston, Reinsdorf, Townsend and E. Fraser.

After some conversation as to where Settlement extends to on S. side, the Secretary read correspondence with Mr. Woo Li Tang as to the sidewalk at Lot C.32 & the cutting at back of D16.17. Secretary was instructed to impress on Mr. Woo Li Tang that he had no right whatever to exceed his limits by overhanging eaves or steps & that he has not right to endanger adjoining property by cutting.

Secretary mentioned inconveniences of Japanese and Chinese residents throwing out rubbish on roads after municipal cart had passed & Mr. Hagashi promised to call his nationals attention to the matter. Mr. Ragsdale, it was agreed, should be told to note names and prosecute offenders against the byelaws in this or other matters.

Secretary read letter from Mr. Woo Li Pang complaining of filthy state of triangular space to E of C 32 and of Settlement. Graves Kamni had promised to have graves in the Settlement which he estimates to number 105 removed. Secretary had again urged that those by Cemetery and in Public Garden should be removed first and at once.
Decided to wait till ground free from frost to see what action, if any, Kamni would take.
Ground occupied by Kimura. Mr. Hayashi explained that this ground was bought from a Korean and title deed issued by Kamni in belief that was outside the settlement. He and Mr. Johnston estimated its extent a 1720. Sq. metres and he proposed that it be put on the plan and pay rent from 1st January 1892. Seconded by Mr. Beard and carried unanimously.
It was then agreed that Secretary write to the Kamni on the subject and ask him to fix a day for measurement of this lot and for this lot. and the change of road line between B. 1-4 and B 2 and 5 - to be put on plan.
Tramway Mr. Hayashi submitted rules for N. G. K. tramway. It was decided to wait for full specifications before discussing question.
Election of Officers. Mr. Beard and Mr Hayashi were unanimously reelected President and Vice-President. Mr. Fraser agreed to act as Secretary while in Chemulpo. Mr. Walter was elected Treasurer, and Messrs Nishiwaki, Stripling and Wolter were elected Executive Committee.
Retirement of Mr. Townsend. It [?] heartily vote

of thanks for his services was, on motion of Mr. Fraser, seconded by Mr. Hayashi, carried unanimously.

<u>Next Meeting</u>. It was agreed to hold next meeting in last week of February on a day to be fixed by the Seoul members.

<u>Chemulpo December 2nd 1891.</u>

List of drains layed in 1890	847	feet
large drain at Corean Settlement	825	"
Small drains layed in 1890		"
" " 1 by 18 in D. lots 5 C 13 C	300	"
" " from C 1 to C 5	411	"
" " C 9 " C 11	411	"
" " back of C 9 to C 11	414	"
" " from C 17 to C 20	414	" 7 in
" " back of C 17 to C 20	415	" 7 "
" " next to Japanese Settlement	531	"
B	4946	" 4 "
small drain next to Corean Settlement	830	feet
" " from C 13	447	"
" " in Seoul road	560	"
" " " " "	325	"
" " 1 foot by 6 in from C 21	340	"
" " " "	423	"
" " in front of Mr. Townsend	824	"
" " "	864	"
" " back of "	411	"
" " in front of Mr. Morsel	366	"
" " " "	366	"
" " " Mr. Shinda	365	
" " " "	365	

small drain in front of A. Gorschalki	211	ft.
" " " Mr. Johnston	200	"
large drain back of Mr. Townsend	462	"
" " in front of Mr. Stripling	535	"
drain across the bund at Customs	400	"
	8594	feet.

4946 feet
8594 "
13540 feet

Extraordinary Meeting of 4th February 1892

President Mr. Hayashi, Vice President in the chair, Messrs. Nishiwaki, Stripling, Wolter and Fraser. Hon. Secretary Mr. Johnston joined the meeting later. Secretary read the notice calling the meeting in order to receive the accounts of the Treasurer for 1891 and also to discuss the claim to levy full rent for 1892.

Accounts 91. The Hon. Treasurer submitted the accounts for 1891 stating that, on 1st January 1892, the balances were at Hong Kong and Shanghai Bank, Shanghai $2,911.32, in hands of police Superintendent $1.37, at First National Bank $283.42; there were further several amounts owing, viz: of taxes for 1891 on lots B 4 and D 2 and 4 the amount due to Council $196.22 had not yet been received, also $65.34 the cost of retaining wall along S. side of lots D 39 and 40 had not been repaid by Corean Government, the Council had called on them to repay it; also price of B. 3 sold on Dec. 3 had not been paid over, it was $638.52

The total balance should thus be $7136.17.

The accounts were divided into policing, lighting, Repairs to roads, Drains & making roads (a) grading streets. Under (a) $894.27 spent, including small repairs to roads, which leaves a balance from the $1871.29 due for ½ taxes of $476.62. Under (b) spent $1719.07 and under (c) $1156.24, being only actual expenditure, repairs to roads not being omitted. Following roads were graded in 1891. S of D. 29 to 36. E of D 43 to end of Settlement E of D 32 to N. boundary of Settlement, W of public Garden S. of D 37 to B 2 E of B 4., E of B. 3., B. 3., W. of B 1&2, S. of D 2&3. In General Acct. are included Interest on account & price of Municipal Lot. List of other Council property on 1st January 1892 handed in & appended (vide preceding page) as is Govt. account.

Mr. Johnston having arrived, Mr. Stripling questioned right of Commissioner of Customs to a seat at Council & ask in what capacity he sat. The Chairman having stated that Mr. Johnston was there as representing the Corean Government.

Mr. Stripling was proceeding to discuss the matter when it was agreed that the question should be left for the next ordinary meeting or a fresh meeting specially called to discuss it.

The Secretary explained with regard to price of B 3. that he had twice applied to Kamni without getting any answer & Mr. Johnston stating that he had no power to do more than call Kamni's attention to the matter but offering to see him at once to urge payment,

it was agreed that if money were not paid within 14 days, the Secretary should again write to Kamni and warn him that the Council would have to ask For. Repp. to lay the matter before the Corean F.O.
Mr. Stripling asked about expenditure of $65.74 and was told by Secretary that it was spent by authority of the Council and that Mr. Johnston had applied to his superiors, stating that Council wanted it refunded. The question repayment of money spent on grading streets and from the Corean Govt was raised but after some conversation, left to be settled at the ordinary meeting with other causes of complaint against the Corean Government
On the motion of Mr. Stripling, seconded by Mr. Nishiwaki the accounts were then passed.
Mr. Wolter read a list of roads still to be graded, viz. E of D 3 to 4. E of D 9 to 2 E of Public Garden E. D 37 to boundary of settlement, N. of D 11-16 & gave it as his opinion that Council had no right to spend a cash of taxes on grading roads.
Mr. Stripling concurred in this view, but it was agreed that the Council could hardly at this late period decline to advance money to complete the work of 1890 & 1891.

Full Taxes

Mr. Wolter said the Corean Government had not carried out any of the points they agreed to in Regulations or done anything asked of them by the Council and Mr. Stripling thought For. Repp. should revision of Regns. & diplomatic question. Mr. Wolter stated that he had not paid tax on D 44 & proposed to wait for notice from his Consul besides half taxes.

Mr. Hayashi suggested bringing matter before Repps and Mr. Stripling proposed that Repps be urged to insist on payment of not more than ½ taxes as there was a large balance. He thought it most unreasonable of Corean Government to ask for full taxes, when they had not carried out their part of the agreement. Mr. Fraser opined that lotholders were bound by their title deeds. Mr. Wolter declared he was willing to pay full taxes if the Corean Government did their part. He protested against (1) nonpayment of cost of grading streets (2) bad work at seawall & jetty (3) reserving of lots. He moved, seconded by Mr. Nishiwaki, that the secretary be asked to address the For. Reps. a request that they will arrange with the Corean Government that not more than half taxes be collected for 1892, inasmuch as this amount has been proved to be sufficient for the purpose of policing, lighting, cleaning & all other ordinary expenses of the settlement and, the expenditure of former year having been less than the taxes collected, the Council has still in hand a balance from 1890 of $1341.91 & from 1891 of $894.34 or a total of $2236.25 a sum which exceeds the estimated expenditure for 1892 by $240. Carried. Mr. Johnston declined to vote.

Some conversation ensued as to amalgamation of police force with that of Japanese Settlement; question left for ordinary meeting & publication of accounts. It was ultimately agreed, on motion of Mr. Fraser, seconded by Mr. Stripling, that the General account for 1891 be printed in Japanese & English by the Japanese newspaper & copies distributed to lotholders.

General Account.

Debt

Date	Particulars	$	cts
1891 Jan. 1	To balance $ 6658.55		
	balance taxes 1891.70		
	$ 8550.25		
	Govt owing Council $1400	$ 9400.	25
May. 28	" Interest on deposit	" 216.	—
June 17	" " "	" 47.	—
Aug. 8	" Premium of $6000 to Hogasaki	" 16.	
Nov. 11	" Net proceeds of Land Sale of		
	D 42, 43, 44 & 48	" 1185.	44
Dec. 31	" Int. current a/c. J.H. Bank	" 55	99
" "	" " do	—	30
" "	Balance taxes for 1891 Taxes $ 1871.23 Expenses of policing 894.58		
	Balance	976.	65
	$	11903.	93

Date	Particulars	$	cts
1891 Jan. 1	By Corean Govt owing to Mun. C.		
	grading Streets of 90.	$ 1400.	—
Aug. 29	" Discount of Draft Shai	" 88	67
Nov. 11	" Cost price of M. C. lot, D 44	1072	97
" "	" Rent for this lot for 1891	" 24	65
Dec. 31	" Drains Roads made 1891	" 1719	07
" "	Corean Govt owing to Mun. C.		
	grading Streets of 1891	" 1156	22
" "	" Taxes for 1891 on lots B 4. D 2.84		
	not yet received $ 243.87	196	23
" "	Deposit of Hongkong & Shanghai		
	Bank. Shanghai	" 5911	33
" "	in hand of Police Sergt.	1	37
" "	Bank balance I Nat. B.	323	42
	$	11903.	93

(Signed:) G. Hayashi,
Vice President
(Signed:) E. H. Fraser.
Hon. Secretary.

124

Meeting of 15th March 1892

Present Mr. Hayashi. Vice President in the Chair, Messrs Henry, Reinsdorf, Johnston, Stripling & Scott.

Minutes of meeting of 11 Dec. 1891. 4. Febr. 1892 duly read and confirmed.

Secretary. Mr. Reinsdorff proposed & Mr. Stripling seconded that Mr. Scott be elected Honorary Secretary.
Carried unanimously.

Mr. Johnston proposed & Mr. Henry seconded a vote of thanks to Mr. Fraser for his services as Secretary.

Grading Letter read from Mr. Heard of 11 March 1892. & Seawall. covering Despatch from Corean Foreign Office of March 5th 1892, announcing that Kamni was instructed to grade the roads were necessary and that the Commissioner of Customs has to repair and keep seawall & Jetty in order.

Mr. Johnston announced that he had received the necessary instructions from the Corean Foreign Office.

Mr. Reinsdorf proposed and Mr. Scott seconded, that Messrs Henry and Hayashi be associated with the Executive Committee and arrange with the Kamni for the grading of roads etc. as laid down in Mr. Heards letter of 11th March 1892 and any other necessary work in connection therewith generally.

Carried unanimously.

Tramway. Mr. Hayashi raised question of tramway by Nippon Yusen Kaisha at Jetty etc. It was unanimously agreed await further information from the Commissioner of Customs regarding repair and other alterations of Jetty

and seawall as per the instructions of the Corean Foreign Office of 5th May 1892 above.
Next Meeting. Mr. Henry proposed & Mr. Stripling seconded that the next meeting be held some time in the second week of May on a day to be decided upon by the local members of the Council.

Signed. F. Krien
Chairman p.t.
Sd. Carl Wolter
Hon. Secretary p.t.

Meeting of 9th May. 1892.

Present. Mr. Krien, Nosse, Nishiwaki, Stripling and Wolter.

Chairman) Secretary) The President and Hon. Secretary both not being present, it was proposed by Mr. Stripling and seconded by Mr. Nosse:

" that Mr. Krien should take the chair " and Mr. Wolter act as Hon. Secretary. " for this meeting.

Carried unanimously.

Minutes of Meeting of 15th March 1892 duly read and confirmed,

Postponement of Meeting. Mr. Stripling proposed and Mr. Nishiwaki seconded:

"that the meeting be proposed until 4 o'clock " on the 10th of May 1892 as there are several " important questions to be brought before " the meeting which greatly concern several " members now absent and that telegrams " to that effect be sent to the President " and the Hon. Secretary, now at Seoul.

Carried unanimously

The Meeting then adjourned.

Signed F. Krien. Signed Carl Wolter.
Chairman p.t. Hon. Secretary p.t.

127

Adjourned Meeting of 10th May. 1892.

Present Messrs Krien (in the chair), Nosse Nishiwaki Stripling & Wolter.

Minutes of Meeting of 9th May 1892 duly read and confirmed.

Retirement of Mr. Hayashi. A letter from Mr. Hayashi was read informing the Council that owing to his leaving Chemulpo he had to resign the Vice Presidentship.

Mr. Wolter proposed and Mr. Stripling seconded

"a vote of thanks to Mr. Hayashi for his
"kind services.

Carried unanimously.

New Vice President Mr. Hayashi having retired it was proposed by Mr. Stripling and seconded by Mr. Wolter.

"that Mr. Krien act as Vice President for
"the present year."

Carried unanimously.

Mr. Krien accepted.

Municipal Building and Police quarters on M. C. Lot Mr. Wolter put a plan before the meeting for a house with 4 rooms with outhouses, and quarters for Police Force Godowns etc. etc. Before this matter was discussed, the Chairman read a telegram.

President & Hon. Secretary: from Mr. Heard, the President and a letter from Mr. Scott, the Hon. Secretary; both gentlemen in reply to the telegrams sent to them yesterday expressed their regret

128

of not being able to attend to days meeting.

Chinese Consul. A letter from Mr. E. F. Loo was read by which he informed the Council that Mr. Tdung would not be able to attend the meeting.

Plan of
Municipal Buildings & Police Quarters.

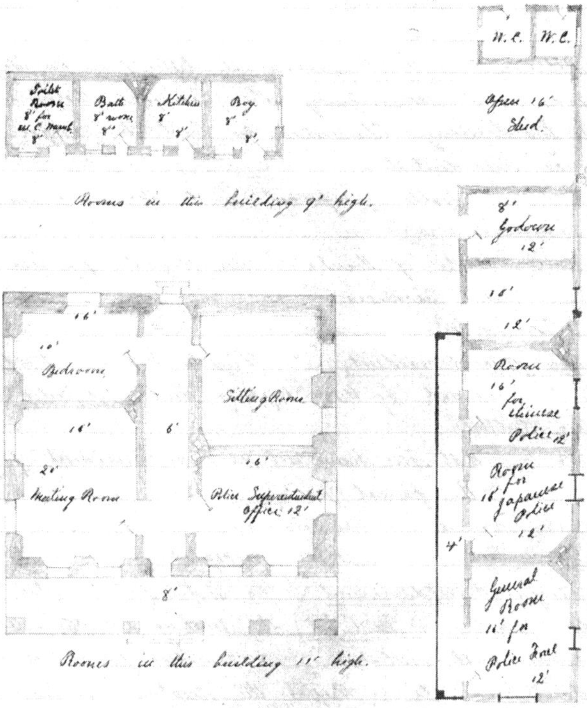

The red lines indicate the additions that were made during the meeting of 10th May 1892

Municipal Building and Police Quarters on Lot W. C. } On resuming this question Mr. Wolter gave an exact description of the place (all details to be seen in above sketch). he pointed out that the Buildings would cost a good deal more than was thought sufficient in July last year but he gave it as his opinion that it would be better to build a good substantial house and good quarters for the police force.

The main building would be built with walls two bricks thick, so that if in years to come, it should be found necessary to add another story this could be done with perfect safety and very little expense, whereas with walls only one brick thick we would only save now about $200, and it would of course be impossible to put another story on top of such a building.

The inner walls of the Main building are one brick thick; Floors in Main building well seasoned tongued and grooved wood, in others common wood. Doors and windows in main building of well seasoned hard wood; of soft well seasoned wood in all other buildings. Roofs covered with good Japanese tiles.

He had received two rough estimate from the only two Chinese Contractors who were in Chemulpo at present

The one was

For the main building	$ 1880
" " outhouses	" 280
" " Police quarters	" 1150
	$ 3310.

the other was: For the main building $ 1770

" " outhouses 200

130

For the Police quarters $ 390
2360

In the second estimate there was no doubt a mistake in as much as only $390.– had been put down for the Police quarters it would probably come to about $600.– more. He wished to have Councils opinion about plan.

Some conversation ensued; it was the general opinion that the main building and the outhouses were all we wanted for some time; about the Police quarters however several questions were raised, Mr. Nosse mentioning that a Japanese policeman got as much as 5 tatamies, (one tatami = 6' by 3') for himself in the Japanese Police quarters. as the plan however provided for a general room for both forces, Japanese and Chinese, and each of these had a special room of about 10 tatamis's space, into which if absolutely necessary bunks could be put it was unanimously agreed not to make these rooms any bigger.

Mr. Stripling thought it necessary to add a small veranda in front of rooms which were going to be inhabited and it was finally agreed that this as well as a few more windows should be added to the Police quarters (vide red lines in plan) Mr. Stripling then proposed and Mr. Nishiwaki seconded:

"that the plan submitted by Mr. Wolter be accepted
"with the addition of a narrow verandah in
"front of the constable's quarters and subject to
"such minor alterations as might be deemed
"by the Council to be necessary.

Carried unanimously

131

The question was also raised whether Japanese Contractors should not send in estimates. The general opinion was that, after the final plan and a minute description of the whole work had been made out, tenders should be asked for from Japanese as well as from Chinese Contractors, Mr. Kosse and Mr. Nishiwaki kindly undertaking to inform their countrymen at the proper time.

Mr. Krien gave it as his opinion that before the final decision had been come to, a Notice calling the attention of all the member of the Council to this business should be added to the Notice calling the meeting. These buildings were a very important matter, as it involved the greater part of our Capital, and he wished that as many members as possible would be present at the next meeting when the question of such an outlay would be finally settled.

Mr. Stripling mentioned how very exact we ought to be in drawing up the Contract, as Contractors here liked to save money by using bad wood, bad bricks or by scrimping tiles when putting them on the roof.

It was finally proposed by Mr. Wolter and seconded by Mr. Stripling:

"that an architect be engaged for not "more than $100 - to draw up a proper "plan according to the preliminary one "just passed to make out specifications "and to superintend the erection of the "building on the M. C. lot."

Carried unanimously.

The question was also raised as

132

which part and in what position the buildings should be erected on the M. C. Lot and it was agreed that this question should be left open until the final plan had been made.

Adjourned. Mr. Wolter proposed and Mr. Nosse seconded.

" that the meeting be adjourned
" until 10 o'clock 11th May '92".–
Carried unanimously.

Adjourned meeting of 11th May 1892.

Present Messrs Krien (in the chair) Nosse, Nishiwaki Stripling and Wolter.

Road on the water front from the Customs Landing Place to the Northern part of Settlement } A letter (annexed) was read by which Messrs Rodgers, Lukas, Stripling and Wolter asked for a road leading from the Customs Landing place around the English Consular Hill on water front to the northern part of Settlement.

Mr. Stripling said that in his opinion this road was very necessary and should be built quickly, the B. lot; if you wanted to reach the B. Lots now from the jetty you had to climb the hill at the Custom House, go through the Chinese settlement and then descend into the Foreign settlement,, this was certainly not a proper road connecting these parts for the transport of any goods.–

All members joined in Mr. Striplings

opinion and a long conversation ensued, it being mentioned that the Kamni although he had received instruction from his Government to grade the roads, had done nothing at all., finally Mr. Wolter proposed and Mr. Stripling seconded:
" that Mr. Kosse and Mr. Hung be requested
" to call on the Kamni in order to press
" the question of grading roads amongst others
" this particular road mentioned in the
" petition of Mr. Rodgers and others.—
Carried unanimously.

Road leading from D 39 to D 2.

The unsatisfactory state of the Chinese side of this road was mentioned and it was thought advisable to have the road put into proper order as soon as possible.— The Minutes of the Meetings of 6th and 20th October 91 were read and it was proposed by Mr. Wolter and seconded by Mr. Nishiwaki:
" that a letter be written by the Hon. Secretary
" to the For. Repp. at Seoul asking them to
" arrange with the Chinese Authorities to
" grade their part of the road leading from
" D 39 to B 2.
Carried unanimously.
The Council agreed to go over this road as soon as the Meeting was over.

Printed Accounts for 1891.

Mr. Nishiwaki handed in some printed forms of the Accounts per 1891 and undertook to distribute some to Japanese landholders whilst Mr. Wolter undertook to distribute them amongst all other landholders.

At the request of the Council Mr. Nishiwaki undertook also to have 50 more copies printed.

Adjournment. The Meeting then adjourned until 3 o'clock the same day.

Adjourned Meeting of 11th May. 1892.

Present. Same Members.

Road leading from D.39 to B.2.

All members having gone over this road it was general opinion that the same ought to be cut down a good deal more at D.39. the depth was however left an open question, Mr. Krien kindly undertook to bring this matter before the Gov. Kipp.

Corean Graves. Proposed by Mr. Hesse & seconded by Mr. Nishiwaki:

„ that a letter be addressed by the Hon. Secr.
„ to the Kamni asking him to have the
„ Graves in the G. F. S. especially those in
„ Public Garden and the cemetery removed
„ within 3 weeks or else the M. C.
„ would have them removed without
„ further notice after the expiration of
„ that period.

Taxes on Lots B.4. D.2 & 4 for 1891. Mr. Walter raised the question of taxes per 91 on Lots B.4. D2 & D.4 which so far he had not yet received from Mr. Johnston, he wanted money and he could not understand why it had not been paid yet.-

The taxes were for these lots = $243.99.
of which the Cor. Govt. Repps 47.76
So we ought to have received: $196.23.

Mr. Stripling mentioned that the amount had been paid at the beginning of March.

Finally Mr. Wolter proposed and Mr. Stripling seconded:

„ that a letter be written to Mr.
„ Johnston asking him to send the amount
„ of 196.23. to the Hon. Treasurer as the
„ Council wanted money.„

Carried unanimously.

Prison. The question was raised by Mr. Mosse whether it was advisable to have any prison at all in the Municipality had a right to imprison anybody.

Mr. Krien mentioned that with the exception of the Japanese and Chinese Authorities no other ones had a prison here in Chemulpo. What should they do if somebody committed a crime? In Kobe in the Foreign Settlement they had a proper prison adjoining the Municipal Buildings; prison regulations and daily charges for the keeping of prisoners were made out. He would certainly like to see the Council building a proper prison; what name they gave to the place was quite immaterial but they ought to have a good and strong room where a prisoner could be kept for a night or for a longer period, if the

136

proper Authorities should wish it; In his opinion the Council had of course not the right to imprison offenders, but they had certainly the right and not only the right but it was their duty to detain such offenders until taken over by the proper Authorities.

박진빈

경희대학교 사학과 교수.
연세대학교를 졸업하고 미국 펜실베이니아대학에서 박사학위를 받았다. 전공은 미국 도시사이며, 사회정책의 역사, 인종갈등과 미국 제국주의에 대해 연구를 진행해왔다.
대표 저서로 『백색국가 건설사』와 『도시로 보는 미국사』가 있다.

인천학자료총서 17

제물포 각국 조계지 회의록 1

2017년 2월 20일 초판 1쇄 펴냄

기 획 인천대학교 인천학연구원
역 자 박진빈
펴낸이 김흥국
펴낸곳 보고사

등록 1990년 12월 13일 제6-0429호
주소 경기도 파주시 회동길 337-15 2층
전화 031-955-9797(대표)
02-922-5120~1(편집), 02-922-2246(영업)
팩스 02-922-6990
메일 kanapub3@naver.com / bogosabooks@naver.com
http://www.bogosabooks.co.kr

ISBN 979-11-5516-634-5 94300
979-11-5516-520-1 (세트)

정가 25,000원